大众之道

经济、政策与战略的劳资共决

THE VOLKSWAGEN WAY

闻效仪 等——著

Economic, Political and Strategic Co-determination

中国工人出版社

前　言

协同合作是大众汽车集团在与中国的关系中一以贯之的原则。

20世纪80年代初期，大众汽车在中国市场上推出的第一台桑塔纳，就是与上海汽车集团合作的成果。乘着改革开放、中外合资的春风，大众汽车在中国不断地结识新朋友、结交新伙伴：通过与一汽集团的合作，成立一汽－大众合资公司，在生产大众车型的同时，也把奥迪品牌介绍给了中国人民。进入千禧年代之后，从合资建立江淮大众，到入股江淮集团，成立大众安徽，大众汽车集团与中国企业合作的广度和深度不断加强。在汽车进入电动化和智能化的移动出行时代后，大众汽车更是积极主动地通过与中国伙伴的合作，深耕在华汽车产业：从与国轩高科在电池方面的合作，到最近与地平线一道研发自动驾驶，都是“在中国，为中国”这一战略的体现。与中国伙伴的通力合作，是大众汽车赢取客户的信任、共同赢得中国市场的基本所在。

在大众汽车集团，协同合作是一种发自内心的实践，特别是在劳资关系中尤显重要。

本书将要介绍的劳资共同决策是一种典型的德国劳资关系。

以协同合作的方式来管控冲突和实现高质量的劳资共决是大众汽车集团劳资关系中独特的基础。劳资双方的代表协同合作、相互尊重，通过协商找到解决冲突的方案。

“二战”后德国经济的腾飞，受益于其建立在知情权、协商权和共决权基础上的劳资关系。劳资共同决策的起源如何，它在德国有怎样的法律基础，大众汽车集团在实践中如何以这种协同合作的管控方式处理劳资关系，它对大众汽车集团的发展壮大又有怎样的推动作用？带着这些问题，中国劳动关系学院的闻效仪教授和他的研究团队，在大众汽车集团（中国）和大众汽车集团欧洲及全球职工委员会的支持下，展开了深入的研究。呈现在您面前的这本《大众之道：经济、政策与战略的劳资共决》全面介绍了劳资共决在大众汽车集团的实践，用详尽的实例展示了不同角色、不同利益、不同目标是如何在大众汽车达到协同整合的。

值得一提的是，研究项目在2019年底启动以后，就遇到了新冠疫情在全球的肆虐，原本的研究和赴德访谈不得不重新进行计划。闻效仪教授带领着项目研究组的老师们克服了重重困难，通过密集的网络连线，深入采访了一大批大众汽车集团的员工、职工委员、管理人员以及德国的劳动关系专家学者，齐心合力在这个极具挑战的时期完成了研究任务。在此，我们衷心感谢闻教授和老师们的辛勤付出，对他们的工作成果表示诚挚祝贺！同样，我们也向所有为这个研究项目作出贡献的同人们表达我们的真挚谢意。

四年寒暑，这部作品即将出版，我们两人作为大众汽车集团企业和职工方的代表，十分荣幸能够一道为这部书撰写前言，以此秉承协同合作的理念，并与中国的读者们共勉！

马库斯·比伯 Markus Bieber

大众汽车品牌总职工委员会秘书长

傅勤彦 Jens Pfitzinger

大众汽车集团（中国）人力资源、组织及信息技术流程执行副总裁

2023 年 10 月

目　录

1938 年，大众汽车有限责任公司（Volkswagenwerk GmbH）在德国的沃尔夫斯堡（Wolfsburg，也被称为狼堡）成立并开始投入生产。[①] 经过近百年的风霜雪雨，其发展为大众汽车集团（Volkswagen Group），并成为世界汽车生产制造的领导者，也是欧洲最大的汽车制造商，共有大众汽车、大众商务汽车、斯柯达、西雅特、奥迪、CUPRA、兰博基尼、宾利、保时捷和杜卡迪 10 个品牌。集团共有 120 个生产基地，分布在欧洲（19 个国家）、美洲、亚洲和非洲（共 10 个国家）。目前，大众汽车集团（以下简称：大众汽车）在世界范围内共有 662575 名员工从事汽车生产和汽车相关服务工作。

共同决策（Mitbestimmung）是德国企业管理的一项重要法律制度，它在大众汽车的企业管理和战略决策中起着不可或缺的作用。本书将沿着大众汽车的发展进程，从历史、法律、企业管理等多个维度，逐步呈现大众汽车劳动关系共同决策制度的图景。

① VW, Volkswagen Chronicle, Wolfsburg 2008, S.8.

第一部分

大众汽车与共同决策

共同决策即人们通过参与和共同决定来影响自己工作与生活方式的管理机制。共同决策中的参与和共同决定是基于法律关系或财产关系而获得授权的，但是这种决定权也同时受限于关联人的共同决策。[①] 共同决策这一概念的内涵非常广泛，它既包括政治上的共同参与（例如参加政党、参与国家治理），也包括经济上的共同参与（例如参加工会、参与企业管理），本书中讨论的大众汽车的共同决策制度，属于经济上的共同参与。共同决策意味着在需要共同决定的领域，职工委员会与雇主必须共同行动，是一种“分享行动的权利”。[②] 德国的共同决策制度是在世界范围内独树一帜的劳动关系理论和实践，而大众汽车的共同决策制度又是特例中的特例。

那么，大众汽车的共同决策制度缘何而起，又是什么驱动大众汽车的劳资共决能够不落窠臼？随着大众汽车的不断发展，它的共同决策制度又是如何发展的？大众汽车的共同决策制度能够不断创新并且能够帮助企业应对各种危机，其背后的组成架构是怎样的？大众汽车的企业文化和内部的规范性文件如何使大众汽

---

① Walther Müller–Jentsch, Mitbestimmung: Arbeitnehmerrechte im Betrieb und Unternehmen, Springer VS 2019, S.1.

② ［德］沃尔夫冈·多伊普勒著，唐伦亿、谢立斌译：《德国雇员权益的维护》，北京：中国工人出版社，2009 年。

车的共同决策制度成为德国企业共同决策的先驱？这些问题的答案可以为我们勾勒出大众汽车共同决策制度的实践图景。

一、共同决策的历史与基础

（一）德国共同决策制度的历史

1. 德国共同决策理念的起源

大众汽车的共同决策起源于德国的共同决策制度。德国有关共同决策制度的理念非常古老，它可以追溯到 1848 年，当时的德意志总工会联合会（德国工会联合会的前身）设计了一套方案，希望能够通过共同决策来实现经济民主：在工作场所由员工直接参与，在集团层面由监事会参与，在整体经济决策中由经济与社会委员会参与。虽然该计划最终并没有得到全面实施，但是这一理念却深深植根于德国。[①] 德国共同决策制度的产生与德国工人运动的斗争和发展息息相关，但事实上真正将实现这种共同决策的职工委员会引入企业内部的是具有革新理念的企业本身。1891 年修正的《工商业条例》（Gewerbeordnung）增设第 134a 至 134h 条，首次全面统一地调整了劳动规则，以确保其合法合理。《工商业法》规定雇佣 20 名以上雇员的工厂有义务颁布劳动规则，并要求雇主在颁布劳动规则前须听取年长劳工或既存的劳工委员会 (Arbeiterausschuss) 的意见，但通常无须获得同意。《工商业条例》

---

① Leo Kißler , Ralph Greifenstein, Karsten Schneider, Die Mitbestimmung in der Bundesrepublik Deutschland, VS Verlag 2011, S.25.

第134b条第1款第1至5项详细规定劳动规则调整以下三类内容：（1）无条件的必备内容：包括日工作的起止时间、成年雇员的休息、结算和支付工资的时间与方式。（2）有条件的必备内容：如终止的预告期限以及即时解雇和辞职的理由、惩戒的形式和强度及其确定、罚款的征收和用途、失业工资的用途等，以上事项本非必须由劳动规则调整，但若劳资双方欲对此作出约定，则出于劳动条件的公开透明，依法由劳动规则调整。（3）选择性的内容：包括企业秩序和雇员行为、雇员使用福利设施的行为和未成年雇员在企业外的行为。①

2. 魏玛共和国时期：共同决策理念的形成

大众汽车的共同决策其实是德国“双元制”治理结构在企业和集团层面的一个体现。1919年，魏玛共和国把设立职工委员会写入了宪法，《魏玛宪法》第165条明确规定：劳动者与员工应当被邀请，在经济共同体中与企业平等地共同参与工资和工作条件的调整，以及参与生产力的全面经济发展。它规划了三层劳动力代表体系，包括职工委员会、按照经济领域划分的区域职工委员会以及帝国职工委员会，其中只有职工委员会最具有实际意义，并且通过1920年的《职工委员会法》予以实现。当时，共同决策被认为是一种经济民主的概念，这恰好与《魏玛宪法》作为一部经济宪法的价值目标一致。即便魏玛共和国并没有实现共同决策制度之下国家规制自主管理的有组织经济的目标，但《魏玛宪法》

① 朱军：《〈劳动合同法〉第4条“平等协商确定”的再解读——基于劳动规章制度的中德比较》，载《华东政法大学学报》，2017年第6期。

还是预见到了一种委员会系统式的经济利益代表，其中职工委员会是最低层级的。[①]1920年德国通过了第一部《职工委员会法》，将这种最低层级的委员会以法律的形式体现出来，规定在拥有20名以上员工的工厂里，要设立拥有相应权力的职工委员会。共同决策制度的发展始终伴随着劳资双方力量的不断博弈。当共同决策制度被写入《魏玛宪法》后，工会的力量在得到稳固的同时进一步增强，但是，劳资关系只有在平衡的模式之下才能够实现双方利益的最大化。由于劳动争议的次数增多、规模加大、后果惨重，导致劳资双方的关系再次失衡，国家开始进行干预，对劳方的共同决策权进行一定程度的限制。到了魏玛共和国消亡之时，资方已经认为共同决策制度以及职工委员会严重遏制了企业的发展，将之视为企业发展的绊脚石。

3.“二战”前后：共同决策的消亡与重生

共同决策制度在纳粹德国时期被完全终止，工人运动受到压制，工会资产被没收，劳资共决在希特勒的高压政策下烟消云散。战后，东西德分道扬镳，西德在英美法联盟的占领下，又重新利用企业共决的制度来规范劳资关系。共决权在西德的发展，一方面主要依靠工会及其联盟的大力推动，要求在所有的资本企业中设立劳资平等的全面共决；另一方面，企业主则希望通过给予工人和工会更多的参与企业经营管理的权力，从而避免企业长期受到英美法等国外势力的影响。在这些因素的影响下，德国的劳资

---

① Reinhard Richardi, Arbeitsrecht im Wandel der Zeit: Chronik des deutschen Arbeitsrechts, C.H. Beck2019, S.55.

共决权首先在矿山、钢铁工业中得到了实施，相应的法律也在不断完善。但是，工会也为此付出了相应的代价，即放弃了工会的社会化和经济规划。由此可以发现，共同决策具有罗马两面神的特点：一方面，它帮助政府和企业防止工会提出更多的要求；另一方面，工会认为它是资本与劳动之间的“历史性妥协”。[①]这种两面性，从微观的角度来看，正是后来职工委员会在企业内部工作的双重准则，既要保证企业的经营与发展，也要维护员工的合法权益。

4. 20 世纪五六十年代：强调公司层面的平等共同决策

在德国，共同决策有两个不同的渠道：一是通过职工委员会来实现的在工作场所层面的共同决策（betriebliche Mitbestimmung），二是通过监事会中的职工代表来实现的公司层面的共同决策（Mitbestimmung auf Unternehmensebene）。在单个企业中，其主要通过两种形式来实现：其一，企业中设立由员工直接选举的职工委员会，通过职工委员会具体参与到企业经营管理的决定中去，以此保障工人的利益。其二，劳方在企业监事会中占有一半或三分之一席位，通过在监事会中行使决定权，影响企业战略经营管理，保障劳方利益。1951 年，德国通过了《煤矿、钢铁企业劳方在监事会和执行董事会中的共同决策法》（以下简称 1951 年《共同决策法》），这部法律以煤矿和钢铁企业的监事会为主要规制对象，强调了监事会中的“平等”，即监事会中来自员工的代表和股

---

① Leo Kißler, Ralph Greifenstein, Karsten Schneider, Die Mitbestimmung in der Bundesrepublik Deutschland, VS Verlag 2011, S.46.

东的代表数量是一样的。同时，该法要求监事会在执行董事会中增设一名人事董事（Arbeitsdirektor），并与其他董事会成员享有同样的权利。实现平等共同决策是20世纪五六十年代德国政治的核心任务。① 有意思的是，从这部法律的题目当中就可以发现，它针对的只是煤矿和钢铁企业，这主要是因为当时盟军统治的政府担心这些企业为德国提供军事和种族主义的支持，随着德国战后自由民主的思潮兴起，这种想法也很快消失了。到了20世纪60年代，其他行业的共同决策与钢铁和煤矿行业的共同决策已经没有什么不同了。②

这一时期，共同决策制度的发展特点强调监事会中的平等共同决策，在1951年《共同决策法》的助力之下，德国的工会入会率也不断上升，企业的专业化管理程度和独立性都有所提升。采用平等共同决策的企业更加关注劳动力政策和人力资源规划。③

5. 20世纪70年代之后：着眼于工作场所层面的共同决策改革

为了检验平等共同决策在德国的运行是否良好，德国政府组建了一个独立的共同决策调查委员会（Mitbestimmungskommission）来调查平等共同决策的经济和社会效果。到1970年初，这项调研工作结束。结果显示：在各个行业推行的监事会层面的平等共同

---

① Wofgang Streeck, Co-determination: the forth decade, International Perspectives on Organizational Democracy, John Wiley & Sons Ltd. 1984, p392-394.

② Wofgang Streeck, Co-determination: the forth decade, International Perspectives on Organizational Democracy, John Wiley & Sons Ltd. 1984, p394-395.

③ Wofgang Streeck, Co-determination: the forth decade, International Perspectives on Organizational Democracy, John Wiley & Sons Ltd. 1984, p398.

决策制度不仅能很好地与市场经济融合，并且不会影响生产效率和利润，同时会对社会稳定起到积极的作用。因此，德国政府将视线转移至更加微观的层面，即工作场所或者说是企业内部最小生产单位层面的共同决策。[①]1972 年，德国通过了新修订的《企业组织法》（Betriebsverfassungsgesetz：BetrVG）并沿用至今。相较于 1951 年《共同决策法》，1972 年《企业组织法》强调了职工委员会的组织基础；强调了职工委员会对管理的影响和作用，尤其是在人力政策和人力资源规划方面的作用。该法将职工委员会与工会之间的关系进一步制度化。[②]

1951 年《共同决策法》和 1972 年《企业组织法》分别侧重监事会和职工委员会，从公司层面和企业层面规制了共同决策制度。德国此后的共同决策制度在此基础上不断完善，例如，德国 1976 年通过的《劳方共同决策法》适用于两千名以上员工的股份制企业和有限公司，就是将 1951 年《共同决策法》的适用范围扩展到煤矿与钢铁企业之外的大型企业。再如，德国 2004 年通过的适用于中小型企业的《三分之一参与法》，使共同决策制度不再只是大型企业的专属，同样也在中小型企业中适用。这意味着，即使共同决策制度在不同国家、不同企业的适用程度不同，但在德国，这一制度已经通过法律全面适用于各种行业与各种规

---

① Wofgang Streeck, Co-determination: the forth decade, International Perspectives on Organizational Demovracy, John Wiley & Sons Ltd. 1984, p399-400.

② Wofgang Streeck, Co-determination: the forth decade, International Perspectives on Organizational Demovracy, John Wiley & Sons Ltd. 1984, p400.

模的企业。

通过简要回顾德国共同决策的历史可以发现（如图1），这一制度一直都是以法律规定的形式呈现出来的，[①] 因而对于企业而言，在企业内部采用共同决策制度是每个企业的法定义务。除了上述与共同决策制度直接相关的法律之外，德国《基本法》、《有限责任公司法》以及《集体合同法》等法律都是共同决策制度的法律基础，而这些法律也正是大众汽车共同决策不断发展的原动力。

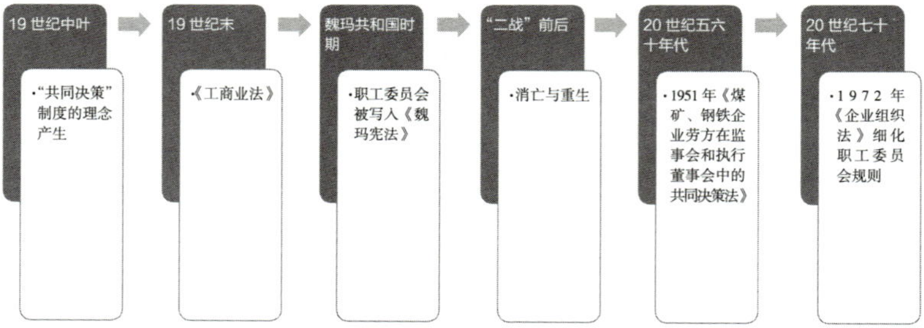

图1　德国共同决策制度的历史演进

（二）大众汽车共同决策的基础

在大众汽车，共同决策是通过邀请劳动者参与企业管理和表达意见，企业和员工之间逐渐形成的一种以协商（Abstimmung）为核心的企业交流文化。不过必须承认，法律为德国企业的共同决策制度提出了最低要求，大众汽车独具特色的共同决策制度被

---

① Walther Müller-Jentsch, Mitbestimmung: Arbeitnehmerrechte im Betrieb und Unternehmen,Springer VS 2019, S.14.

视为“超额完成”了法律规定的义务。可以说，法律是大众汽车共同决策制度的原动力，大众汽车也是在法律规定的基础上对这一制度不断完善和创新，形成独具特色的企业协商文化。

在法律体系严谨完备的德国，共同决策制度处于国家的法律体系当中。其中，德国《基本法》（Grundgesetz：GG）是大众汽车共同决策制度的基础，以《企业组织法》为核心的四部共同决策法律则是核心。此外，《集体合同法》（Tarifvergesetz：TVG）为共同决策制度提供了重要的补充，《大众汽车公司法》（VW-Gesetz）则决定了大众汽车公司的性质，上述法律构成了大众汽车共同决策制度不断发展的发动机。（如图2）

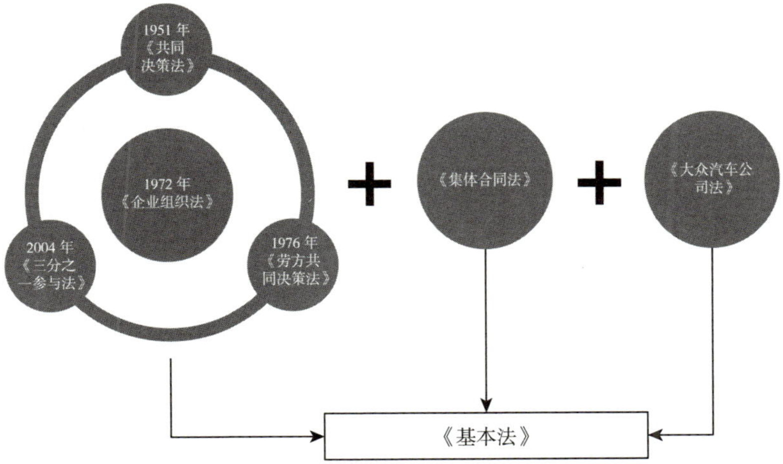

图2 德国共同决策制度的主要法律体系

1.《基本法》

基于《基本法》第5条对言论自由的保护，劳动者可以通过共同决策制度自由并且充分地向雇主表达自己的意见，实现对公司决策的影响。但由于个体员工表达意见的声音是微弱的，因此《基本法》第9条赋予了公民组织工会的权利，增强劳动者意见的重要性和影响。在《基本法》第5条和第9条的基础上，劳动者有权通过合法组织将自己对于企业重大管理决策和战略发展的意见自由地表达出来，雇主也必须为劳动者参与企业决策提供必要的条件并保障其权利的行使。

《基本法》第9条旨在保护并促进劳动与经济条件的结社权利，主要目的是弥补个体劳动者相较于企业薄弱的谈判力量，因此工会的主要作用是代表其会员与企业进行协商，订立集体合同（Tarifvertrag）。德国的工会属于行业工会，集体合同的主要作用是为整个行业提供框架性的规定，进一步成为职工委员会与企业达成企业内部劳资协议（Betriebsvereinbarung）的重要依据。例如，德国五金工业工会（IG Metall）与汽车行业的雇主联合会签订集体合同，推行35小时工作制，那么35小时工作制如何在大众汽车内部具体进行分配和实施，则由企业与职工委员会进行协商，以劳资协议的方式来确定具体的规则。此外，职工委员会中的成员还有来自工会的成员，从而能够在企业内部保障职工的利益。

2.《集体合同法》

《基本法》赋予了劳动者加入工会并与雇主进行协商的权利，体现在集体层面就是各类工会与其所对应的企业以及雇主联合会之间进行集体协商，而《集体合同法》为工会保障劳动者的权利提供了更为具体的保障。1969 年德国通过的《集体合同法》主要规定有权订立集体合同的主体、集体合同的效力、集体合同当事人的权利义务等内容。《集体合同法》第 2 条第 1 款明确规定，集体合同的当事人是工会、雇主以及雇主联合会，也就是说，签订集体合同的主体只能是工会与雇主及雇主联合会，不是职工委员会与雇主。因为职工委员会不能通过签订集体合同的方式来实现共同参与和共同决定，所以 1951 年《共同决策法》特别强调劳方在监事会中的席位，劳方在监事会层面既可以直接参与企业的政策制定，同时也能够在集体协商时给予影响。

此外，根据《集体合同法》的规定，集体合同是可以约定企业和《企业组织法》相关问题的，这说明，集体合同充当着企业内部劳资协议“上位法”的角色，也就为劳资协议的签订提供了框架和指引。所以，从集体合同的主体与约定的内容范围来看，《集体合同法》是在《基本法》的基础上，与《企业组织法》一起协同保障劳动者能够实现参与和共同决定的权利。

3.1972 年《企业组织法》

1972 年《企业组织法》是与共同决策制度最近的一部法律，它是共同决策制度的核心法律规范。该法分为八个部分，分别包括总则、职工委员会、青年和学徒工代表、劳动者的参与和共同决定、个别职工委员会的特殊规定、罚则与罚金、法律的变更、过渡条款和结束条款。该法系统规定了职工委员会（Betriebsrat）的构成、选举规则、任职规则、运行规则以及集团层面职工委员会的职责。职工委员会[①]是企业内部实现共同决策制度的机构，也是企业内部共同决策制度的组织基础。

（1）社会事务的共同决策权

根据1972年《企业组织法》的规定，职工委员会对于企业不同事项参与的程度不同。有权参与社会事务的共同决策是职工委员会参与程度最高、参与强度最大的权利。《企业组织法》第87条明确列举了职工委员会有权参与共同决策的事项：

①关于企业秩序以及劳动者在企业内部的行为规范问题；

②每日工作的起止时间，包括休息以及每个工作日的工作时间分配；

③暂时缩短或延长企业的通常工作时间；

④劳动报酬支付的时间、地点和方式；

⑤当雇主与有关劳动者无法达成一致时，制定一般的休假原则和休假计划以及确定每个劳动者的假期时间范围；

⑥引入和使用确定要监控劳动者行为和工作效率的技术设备；

⑦关于预防工伤和职业病的规定以及在法律规定或事故预防

---

① 对于Betrieb一词在国内现有的译注中有“企业”（参见：［德］W.杜茨著，张国文译：《劳动法》（2003年第5版），北京：法律出版社，2005年；［德］沃尔夫冈·多伊普勒著，王倩译：《德国劳动法》（第11版），上海：上海人民出版社，2016年）和“工厂”（参见：［德］雷蒙德·瓦尔特曼著，沈建峰译：《德国劳动法》，北京：法律出版社，2014年）两种译法。采用“工厂”的译法旨在区分Betrieb与Unternehmen两者在组织与功能上的不同（对两者概念的区分，参见［德］雷蒙德·瓦尔特曼著，沈建峰译：《德国劳动法》，北京：法律出版社，2014年）。为了区分两者并遵循大众汽车的用语习惯，本书中的“企业”指的是Betrieb。例如，职工委员会指的是Betriebsrat，《企业组织法》指的是Betriebsverfassung，企业劳资协议指的是Betriebsvereinbarung等。

规定的框架下健康保护的规则；

⑧范围仅限于企业、公司或者集团的社会机构的形式、组织和管理；

⑨根据存在的劳动关系或者一般的使用条件，分配或取消劳动者的宿舍；

⑩企业工资结构的问题，尤其是薪酬原则的制定和新的薪酬方式及其变化的引入和适用；

⑪确定计件工资标准、奖金标准和可比较的与给付相关的工资，包括货币因素；

⑫企业建议制度的原则；

⑬执行班组工作的原则（本条所说的班组工作指的是在企业运行的框架下，一组劳动者基本上自己负责处理分配给他们的全部任务）；

⑭设计需要使用信息技术和通信技术的移动办公。

法律赋予了所有职工委员会在上述事项中的共同决策权，也就是当涉及上述事项，雇主在采取最终决定时，必须听取职工委员会的意见并与其达成一致。如果双方未达成一致，则需要由企业的调解机构来帮助双方达成一致。

《企业组织法》第 91 条规定，如果工作场所、工作流程或工作环境的改变明显已经违背了工作的人性化设定，而造成劳动者遭受巨大压力，那么职工委员会有权建议雇主采取合理的措施以避免或减轻这种压力。

（2）人事事务的共同决策权

职工委员会不是对所有人事事务都享有共同决策权，根据《企业组织法》的规定，职工委员会仅对人事事务中的具体规划措施享有共同决策权。

①共同决定企业内部的招聘

根据《企业组织法》第93条的规定，在企业工作岗位空缺的情况下，职工委员会有权就一般工作或者特定种类的工作在企业内部进行招聘。该条规定赋予了职工委员会在企业进行外部招聘之前，优先在企业内部进行招聘的权限。大众汽车的“汽车5000”项目实际上也一定程度体现了这一规定，职工委员会要求企业在招聘新员工时优先招聘企业内部现有的员工，可以实现保障现有员工就业的目的。

②共同决定人事调查问卷的内容

《企业组织法》第94条第1款要求企业发放人事调查问卷时必须征求职工委员会的同意。职工委员会与企业有必要就人事调查问卷的内容达成一致，如果双方无法达成一致，企业不得按照自己的意愿直接发放调查问卷，而是需要企业调解机构帮助双方达成一致意见。该款规定同样适用于企业普遍使用的书面劳动合同中关于个人信息的部分。这实际上是通过职工委员会与企业共同决定调查问卷的内容，从而确保对劳动者个人信息的保护。

③共同决定人事选择条例

根据《企业组织法》第95条第1款的规定，企业关于招聘、调动、分组和解雇的条例必须征得职工委员会的同意。

④共同决定职业教育

《企业组织法》第 97 条和第 98 条规定了职工委员会在职业教育方面的共同决策权。当雇主在计划或执行职业教育的措施时，如果导致所涉及的员工的工作发生了变动，并且员工的职业知识和职业技能无法满足他们新的工作，那么职工委员会对于雇主引入职业培训的措施具有共同决策权。同时，职工委员会对于雇主实施企业职业培训的措施也具有共同决定的权利。这一规定也成为大众汽车签订《“大众之道”劳资协议》的法律基础，“大众之道”的目的是将企业构建为一个学习型的组织，员工通过学习和班组工作不断提升自己的职业技能，在保障就业的同时提升企业的竞争力。为了在《“大众之道”劳资协议》中确保员工通过职业培训能够适应新的工作需求，职工委员会要参与到职业培训计划的设定中，通过广泛听取职工的建议来制定和完善职业培训计划，持续优化生产流程。

⑤共同决定个别人事措施

与社会事务（《企业组织法》第 87 条的规定）相比，企业参与人事事务的范围相对较窄。根据《企业组织法》第 99 条的规定，对于招聘、分组、调组和调动的信息，雇主只需要将上述信息及时、全面地通知给职工委员会，但职工委员会没有共同决定的权利。该法第 99 条第 2 款赋予了职工委员会在个别人事措施方面的否定权，用以实现职工委员会的共同决策权，但要满足以下六个条件之一，并且应当在接到雇主的通知后一周内告知雇主拒绝同意的理由，否则将被视为同意雇主所采取的措施。

a. 人事措施违反了法律法规、集体合同或劳资协议、法院的判决。

b. 人事措施违反了《企业组织法》第 95 条的人事条例。

c. 根据有关事实，人们担心企业内的人事措施会导致员工被解雇或者带来其他不利。

d. 所采取的人事措施会伤害所涉及员工的利益，并且没有有关企业或者员工个人支持采取该措施的充足理由。

e. 雇主没有按照《企业组织法》第 93 条的规定，优先在企业内部进行招聘。只有职工委员会享有否定权，才能确保雇主遵守第 93 条的规定。①

f. 根据有关事实，人们担心计划被录用的求职者或员工会因为其违法行为或者违反《企业组织法》第 75 条的规定而破坏企业和平秩序。

⑥ 解雇的共同决定

德国《解雇保护法》规定了正常解雇和非正常解雇两种解雇的类型。根据《企业组织法》第 102 条的规定，职工委员会对于每种类型的解雇都享有听证的权利，雇主必须将解雇劳动者的原因告知职工委员会，如果没有职工委员会的听证程序，那么解雇会因存在程序瑕疵而归于无效。对于正常解雇，职工委员会应当在一周内书面告知雇主意见；对于非正常解雇，职工委员会应当

① ［德］沃尔夫冈·多伊普勒著，唐伦亿、谢立斌译：《德国雇员权益的维护》，北京：中国工人出版社，2009 年。

在三日内书面告知雇主意见，否则视为职工委员会同意雇主的解雇行为。

（3）经济事务的参与权

职工委员会在企业的经济事务中没有共同决策权，而只有参与权。对于经济事务而言，职工委员会共同决策权的程度是最低的。在企业的经济事务决策中，雇主必须征求职工委员会的意见，职工委员会可以通过提出意见或与雇主协商的方式提出自己的意见，但是职工委员会的意见并不能影响雇主的决策。

《企业组织法》第111条规定，在超过20名员工的企业，如果企业的变动可能会给全体或者大部分员工带来不利的后果，企业应当将变动计划及时且全面地告知职工委员会，并与职工委员会进行商讨。企业的这种变动，包括以下5种情形：

①对整个企业或者重要企业部门进行限制生产和停产；

②对整个企业或者重要企业部门进行搬迁；

③与其他企业进行合并或者企业的分立；

④企业组织、企业目的或者企业设备的根本性改变；

⑤引入全新的工作方式和生产方式。

根据本条的规定，职工委员会对于上述企业变动的情况仅有知晓权和参与商讨的权利，但是没有与雇主进行“共同决定”或“共同行动”的权利。换言之，即使职工委员会对企业采取上述变动有不同意见，也不能改变企业的决定，这一定程度上保障了企业的自主经营权。虽然职工委员会表面上没有参与企业在经济事务上的决策，但是前文提到过，企业的监事会在作出企业变动的决定时，监事会中的职工委员会成员会在监事会层面行使共同决策权。

4. 三部共同决策法

除了《企业组织法》之外，还有三部与企业共同决策相关的法律，分别是：1951年的《煤矿、钢铁企业劳方在监事会和执行董事会中的共同决策法》，1976年的适用于两千名以上员工股份制企业和有限公司的《劳方共同决策法》，以及2004年通过的适用于中小型企业的《三分之一参与法》。概括而言，这些法律规定，按照企业的大小不同，在企业的监事会中，必须有三分之一或者一半的劳工代表作为职工监事。他们由工会代表和企业职工代表组成，并且由全体企业员工选举产生。与职工委员参与具体的企业事务不同，职工监事更多是从企业战略层面影响企业决定，从而保障职工的权益，因为监事会决定的是企业执行董事会的人员安排、生产基地的设立和撤销以及产品战略等。另外，《煤矿、钢铁企业劳方在监事会和执行董事会中的共同决策法》中还规定，在企业执行董事会中要设立负责劳动关系的董事或者人事董事这个职位，其提名权掌握在职工监事的手中。正是通过这样的制度设计，使得劳方又多了一把“尚方宝剑”，能够在企业监事会的层面上制约资方。

5.《大众汽车公司法》

1960年7月21日，当时的西德国会通过了《关于将大众汽车有限责任公司股权转让给私人的法律》（后来多被称为《大众汽车

公司法》),[①] 该法标志着大众汽车公司的私有化,这是德国历史上唯一一部专门针对企业私有化的立法。(如图 3)

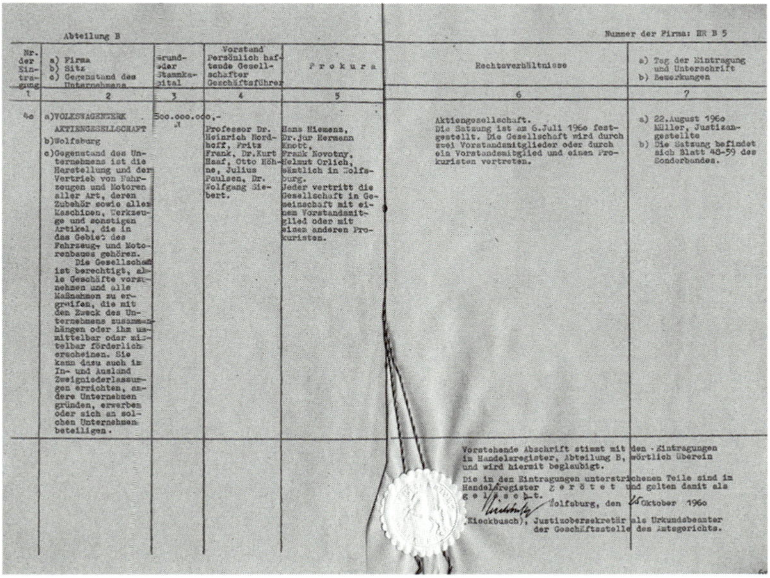

Abteilung B — Nummer der Firma: HR B 5

Nr. der Eintragung	a) Firma b) Sitz c) Gegenstand des Unternehmens	Grund- oder Stammkapital	Vorstand Persönlich haftende Gesellschafter Geschäftsführer	P r o k u r a	Rechtsverhältnisse	a) Tag der Eintragung und Unterschrift b) Bemerkungen
1	2	3	4	5	6	7
4o	a) VOLKSWAGENWERK AKTIENGESELLSCHAFT b) Wolfsburg c) Gegenstand des Unternehmens ist die Herstellung und der Vertrieb von Fahrzeugen und Motoren aller Art, deren Zubehör sowie allen Maschinen, Werkzeuge und sonstigen Artikel, die in das Gebiet des Fahrzeug- und Motorenbaues gehören. Die Gesellschaft ist berechtigt, alle Geschäfte vorzunehmen und alle Maßnahmen zu ergreifen, die mit dem Zweck des Unternehmens zusammenhängen oder ihm unmittelbar oder mittelbar förderlich erscheinen. Sie kann dazu auch im In- und Ausland Zweigniederlassungen errichten, andere Unternehmen gründen, erwerben oder sich an solchen Unternehmen beteiligen.	600.000.000,-	Professor Dr. Heinrich Nordhoff, Fritz Frank, Dr. Kurt Haaf, Otto Höhne, Julius Paulsen, Dr. Wolfgang Siebert.	Hans Hiemenz, Dr. jur Hermann Knott, Frank Novotny, Helmut Orlich, sämtlich in Wolfsburg. Jeder vertritt die Gesellschaft in Gemeinschaft mit einem Vorstandsmitglied oder mit einem anderen Prokuristen.	Aktiengesellschaft. Die Satzung ist am 6. Juli 196o festgestellt. Die Gesellschaft wird durch zwei Vorstandsmitglieder oder durch ein Vorstandsmitglied und einen Prokuristen vertreten.	a) 22. August 196o Müller, Justizangestellte b) Die Satzung befindet sich Blatt 48-59 des Sonderbandes.

Vorstehende Abschrift stimmt mit den Eintragungen im Handelsregister, Abteilung B, wörtlich überein und wird hiermit beglaubigt.

Die in den Eintragungen unterstrichenen Teile sind im Handelsregister g e r ö t e t und gelten damit als g e l ö s c h t.

Wolfsburg, den 15 Oktober 196o

(Kieckbusch), Justizobersekretär als Urkundsbeamter der Geschäftsstelle des Amtsgerichts.

图 3 《大众汽车公司法》

这部法律不仅是为了解决大众汽车公司的所有权争议,同时也是为了保障职工利益。从 1949 年接管大众汽车公司之后,下萨克森州政府就一直对公司进行实质的控制。为了保障州政府对公司的决定权和控制权,该法规定公司 60% 的股份将被作为"大众股票"出售,包括皮耶希家族持有的一部分股份,剩下 40% 的股份则由联邦政府和州政府均分。随后,联邦政府在 1961 年将其所持有的 20% 股份公开出售,下萨克森州依然拥有 20% 的原始股

① VW, Volkswagen Chronicle, Wolfsburg 2008, S.56.

份。[①]这一规定与《股份公司法》存在偏差，这种偏差旨在对政策行动者进行约束。实践证明，《大众汽车公司法》的偏差规定也有利于维护员工的利益，这主要体现在三个方面：

第一，根据《大众汽车公司法》第2条的规定，无论股东持有多少股权，股东的最高投票权不得超过公司股份的20%。这样一来，任何一个股东都不会拥有超过联邦州和联邦政府的投票权。同时，这种方式也可排除其他公司进行恶意收购的可能，即使新股东也无法获得比大众股东更多的投票权。所以州政府实际上具有一票否决权。

第二，根据《大众汽车公司法》的规定，公司章程变更需要80%以上的赞成数，这大大高于《股份公司法》中75%的规定。

第三，《大众汽车公司法》第4条第2款规定，有关生产基地的决定需要在监事会里获得三分之二以上的票数才能通过。这意味着，生产设施的建设与搬迁只能由职工代表投票决定。这确保了大众股东处于主导地位，并且从长远来看，有利于监事会中的职工代表。彼时，大众汽车公司采用福特式生产方式，属于产量不断增加、员工规模不断扩大的时期，并且开始在国内外设立新的工厂（如德国境内的汉诺威、卡塞尔、埃姆登；德国境外的巴西、南非、墨西哥），随着大众汽车公司的国际化和全球化战略不断推进，扩展的共同决策权对生产设施的建设产生了更大的影响。但这不表示监事会中的职工代表能够在个别情况下决定新工厂的

① Werner Widuckel，Paradigmenentwicklung der Mitbestimmung bei Volkswagen，Hahn-Druckerei Wolfsburg 2004，S.16.

建设。他们必须明白，公司以及国内就业保障的成功取决于公司在全球分布的生产设施和占有的国外市场份额。但是，监事会中的职工代表能够利用自己的批准权利来扩大共同参与权，并逐步扩展至新的行动领域，而职工委员会的权利通常仅限于集团的投资计划。这种情况也体现在，职工委员会与政府在维持国内工厂和就业稳定方面有着共同的利益。这为公司代表与政治代表之间的联盟提供了助力，即使在联邦政府于 1961 年出售股份且联邦州成为唯一的公众股东之后依然如此。①

《大众汽车公司法》确保了大众汽车公司稳定的基本股权结构，从监事会层面确保了员工共同决策权的行使，极大程度上保障了劳方对企业管理的参与。这就可以回答此前我们提出的问题——为何大众汽车共同决策的实施要高于法律的规定？其基础是来自《大众汽车公司法》的保障。

显然，《大众汽车公司法》完成的大众汽车公司的私有化并不能令所有人满意。2005 年，当时的欧洲委员会起诉德国联邦政府，认为《大众汽车公司法》将投票权限制为 20% 的规定违背了欧盟资本自由流动的原则。欧洲法院对此进行了审理，认为《大众汽车公司法》与欧盟资本自由流动原则不符，判决德国联邦政府修改或废除该法律。2008 年 5 月，德国联邦政府提交了修订后的《大众汽车公司法》草案，删除了原来第 2 条中对于股东投票的限制，但是公司重大决策仍需经全体股东 80% 以上同意，有关

---

① Thomas Haipeter, Interessenvertretung bei Volkswagen——Neue Konturen einer strategischen Mitbestimmung, VSA: Verlag 2019, S.64.

生产基地的决定需要在监事会里获得三分之二以上的票数才能通过。本质上，《大众汽车公司法》虽然取消了州政府的一票否决权，但在重大决策、生产基地建设等重要内容的投票权方面，劳方依然享有重要的共同决策权利，这与当时在福特制生产模式下对劳动者高度的依赖性也是不可分割的。① 欧洲委员会对该草案提出批评，认为其不足以消除对资本自由流动的限制，于是再次向欧洲法院提起诉讼。2013 年 5 月，欧洲法院驳回欧洲委员会的诉讼，理由是联邦政府已经充分执行了先前判决的要求，根据欧洲法院于 2013 年 10 月作出的判决，《大众汽车公司法》不再违反欧盟法律规定。

在大众汽车完成私有化的过程中，职工委员会的主要工作就是在福特生产方式之下，为员工争取最好的分配政策，促使员工的收入大幅增加。由于福特制生产方式对劳动者的高度依赖，在 1950 年至 1965 年这一时期，职工委员会与企业之间的伙伴关系得到加强，五金工业工会主席也成为大众汽车公司监事会的成员，工会的力量得到了巩固和加强。②

（三）共同决策制度中的法律关系

在中国的语境下谈论共同决策制度时，由于机构设置的不同，

---

① Thomas Haipeter, Interessenvertretung bei Volkswagen——Neue Konturen einer strategischen Mitbestimmung, VSA: Verlag 2019, S.73–75.

② Werner Widuckel，Paradigmenentwicklung der Mitbestimmung bei Volkswagen，Hahn-Druckerei Wolfsburg 2004，S.16.

我们往往会混淆工会、职工委员会和雇主（及雇主联合会）之间的关系。它们之间的联系很紧密，但不同主体之间形成的是不同的法律关系，因此还是有必要厘清三者之间的法律关系。在明确各个主体之间法律关系的基础上，才能更加了解职工委员会的职能，从而理解共同决策制度的功能。

1. 工会与雇主（及雇主联合会）

在德国，工会组织或者劳工代表组织主要是以行业工会的形式存在。只要一个工会自行设立的章程中没有明确规定，工会会员基本都是超越企业和工厂的界限，力争在本行业中实现劳方利益的最大化。工会代表和关注的只是会员的利益，在劳动关系中，它是完全站在雇主利益的对立面来考虑问题和决定其行动的。工会代表其会员与行业雇主联合会或者单个企业签订集体合同。按照法律规定，集体合同仅适用于参与签订合同的工会会员。有的企业往往基于公平和企业内部和谐的需求，自愿将优越的集体合同应用到所有员工的身上，无论该员工是不是该工会的会员。集体合同的内容相当广泛，它包含了工作时间、工资、奖金、劳动争议处理等内容。在签订集体合同的协商过程中，工会为使公司达到自己提出的要求，可以向雇主施加压力。

通常，我国的集体协商是由设立于企业内部的工会与企业直接进行的，所以我们在理解共同决策制度时，容易混淆工会与职工委员会的作用。德国的工会是设立于企业外部的行业工会，相较于职工委员会，它仅代表劳动者的利益，并且工会进行集体协商的目的往往是确定整个行业的框架性标准。职工委员会是企业内部的劳工代表机构，但是它并不仅仅代表劳工利益，同时还肩负着促进企业发展的任务，因而它需要平衡劳资双方利益。总的来说，工会与雇主（及雇主联合会）之间主要是一种协商和谈判的关系，它们之间通过订立集体合同而成为集体合同的双方当事人，受到《集体合同法》的调整和制约。

2. 职工委员会与雇主（企业）

职工委员会是企业内部的劳工代表机构。根据《企业组织法》的规定，职工委员会需要监督和遵守法律、规章条例、安全事故规定、集体合同和企业内部的约定。它具有共同决策的权利，也具有知情权和协商权，有权参与协商制定企业内部的协定。如果说工会是企业外部劳动者的利益代表，那么职工委员会就是企业内部员工强大的利益代表。但正如前文提到的那样，职工委员会不仅是员工的利益代表，它也承担着推动企业发展的重任。所以，它充当着员工与企业的“传声筒”，它需要关注员工具有建设性的声音，整合、突出员工个性和共性的利益，与企业方在企业内部协商并订立企业内部的劳资协议。同时，职工委员会还应当将与企业一方沟通和协商的结果向员工进行通报。所以，职工委员会与雇主之间的关系，其实并不像工会与雇主之间关系那样具有紧张感和冲突感。这不仅是《企业组织法》所限定的，同时也是职工委员会的功能所影响的。

职工委员会与雇主之间主要是以法律和集体合同为基础，进行企业内部的协商并最终签订企业内部的劳资协议或劳资协定，因此职工委员会与雇主是劳资协议的双方当事人。同时，职工委员会在《企业组织法》的框架下还有权对企业部分事务享有共同决策的权利，这种共同决策的权利不仅通过签订劳资协定的方式，也可以通过召开会议的方式参与到具体的事务当中。例如，根据《企业组织法》的规定，企业如果想要解雇一名员工，则职工委员会必须进行听证并给出意见。如果缺少职工委员会的意见或者在职工委员会参与的程序中有瑕疵，解雇都不得成立。职工委员会与雇主之间既有合作与协商的关系，同时也有监督和被监督的关系。就大众汽车而言，职工委员会被认为是大众汽车集团的企业文化和成功因素之一。

职工委员会与雇主的日常工作主要体现在与人力资源部门的对接上。职工委员会与人力资源部门主要通过日常会议的方式进行沟通，每个人事专员负责针对特定的议题与职工委员会的同事对接。每周，人事专员与职工委员会专员进行专门会议，商讨确定季度会议的议题、内容，职工委员会与人力资源部门每季度召开专项的会议。人力资源部门还有专门负责与工会进行集体协商的部门，当集体合同确定的内容需要在企业内部执行时，与工会对接的部门和与职工委员会对接的部门会合作来商讨执行集体合同条款的相关内容。[①]

3. 职工委员会与工会

职工委员会和工会是两种既独立又相关的劳工代表机构，两者结合在一起形成了劳方代表机制的双元结构。

---

① 资料来源：大众汽车人力资源部门工作人员采访。

德国《基本法》保障公民成立工会，可以以各类社团法人的形式登记注册，也可以以无法律行为能力的社团形式存在。因此，在德国存在着各种大大小小的工会组织，甚至在同一行业中也有不同甚至相互对立观念的工会组织。在一个企业里，也可能存在一个仅代表几十个甚至几个员工的工会组织。这就使得我们很难统计，德国到底有多少工会？当然，工会组织的大小，会对其行为能力产生很大的影响。举例而言，工会一个重要的功能是与企业或者雇主联合会协商并签订集体合同。对于法院来讲，一个组织能否代表劳方参与议定集体合同，除了要保证该组织的独立性等基本条件之外，关键在于该组织的章程要明确规定其为劳工利益服务的宗旨和目的，以及保证自己有实现会员利益的行为能力。

德国工会联盟（DGB）由德国主要的八大行业工会组成。它们分别是：五金工业工会（IG Metall，也称金属工业工会）；服务行业工会（Ver.di）；矿产、化工和能源行业工会（IG BCE）；建筑、农业和环境行业工会（IG BAU）；食品、消费和餐饮酒店行业工会（NGG）；铁路和交通运输行业工会（EVG）；教育和科学行业工会（GEW）以及警察工会（GdP）。德国工会联盟与八大行业工会之间并没有上下级的直属关系，在实际的工作中，各个行业工会完全独立自主运作，工会联盟主要起到沟通、协调、交流、促进的作用，并且在德国各州、联邦和欧盟层面上积极代表劳工利益，影响相关政策的制定。工会的经济来源主要是收取会员的会费，因此一个工会的会员越多，其经济实力越强，那么它在与雇主协商时的力量也相应越大。在这个意义上，工会是在经济和社会层面上作为雇主平等的对手而存在的，其前述行为都是在企业外部产生和实现的。而工会行使企业内部事务的共决权，则是通过企业监事会和职工委员会来实现的。

在全球范围内，有超过 40 个工会与大众汽车股份公司进行过对接。2022 年 6 月，大众汽车股份公司在德国的六个生产基地的员工在五金工业工会（IG Metall）的平均入会率达到 93.5%。这意味着五金工业工会是大众汽车股份公司最大的外部工会，也是真正能够在其企业共同决策制度中起到举足轻重作用的工会。

表 1　大众汽车股份公司在德国的六个生产基地的五金工业工会入会率[①]

生产基地	沃尔夫斯堡总部 Wolfsburg	卡塞尔工厂 Kassel	汉诺威工厂 Hannover	埃姆登工厂 Emden	布伦瑞克工厂 Braunschweig	萨尔茨吉特工厂 Salzgitter
五金工业工会入会率	90%	92%	99%	97%	92%	91%

职工委员会是独立于工会的组织，职工委员会的选举、构成、职能和行为由《企业组织法》来规定，企业内部的所有劳动者都可以参与选举。当然，职工委员会中大部分成员都是工会忠实的会员，并且与工会有非常紧密的联系，但从组织的角度而言，两者是完全独立的。工会为职工委员会提供信息以及专业的培训课

① 数据来源：大众汽车股份公司。

程，职工委员会的成员也会在企业内部为工会招募新的成员。[①]

“可以说，职工委员会与工会形成了两顶‘帽子’来保护职工的利益。”

——大众汽车股份公司高层管理人员

企业承担职工委员会工作的所有费用支出。职工委员的数量，以企业的员工数量为基准，按照法律规定的比例决定。企业所有的员工拥有选举权。在企业工作六个月以上的员工有被选举权。候选人的推选需要得到企业 20% 以上员工的联名支持。在这个选举的过程中，工会就参与其中，施加其影响。它往往在企业中推选自己的会员作为候选人，结成党团参加职工委员会的选举。一个工会在企业中有多少会员，往往影响到它在职工委员会中占有席位的多少。而职工委员会是以代议制的方式运作，这就直接影响到工会能在多大程度上参与企业的经营决策。举例而言，在汽车行业中，五金工业工会在单个企业的会员覆盖率能够达到 70%~80%，其在汽车行业的劳工权益保护中有着相当大的影响力。

职工委员会和工会的另一个不同在于，工会按照其章程，只顾及劳方的利益，而职工委员会则必须同时兼顾企业和员工双方的利益。《企业组织法》第 2 条规定，雇主和职工委员会在遵守现

① Joel Rogers and Wolfgang Streeck, Works Councils: Consultation, Representation, and Cooperation in Industrial Relations, The University of Chicago Press 1995, p 61.

行集体合同的条件下，相互信任地在企业中与代表各自利益的工会和雇主代表机构合作，共同为企业和员工的利益而工作。这一原则确定了德国处理劳资关系是以寻求并达成共识为基准的。基于这个原则，职工委员会虽然参与企业内部各项规则的制定，但是不参与集体合同的协商制定，也不允许使用比较激烈的劳动斗争。恰恰是在这一点上，如果工会在一个企业的职工委员会中占有较多席位的话，那么工会在职工委员会工作无果的情况下，会显示出其优势来。这种劳工代表机构的双元结构，一方面，使得工会和职工委员会有着清晰的权责分工；另一方面，通过要求职工委员会顾及企业利益，保障了企业的健康发展，并且弱化了劳资冲突的尖锐性。

在大众汽车，职工加入五金工业工会的动力主要有四个方面：一是自己的理想和意愿；二是能够提供框架性内容的集体协商，而这只能由工会来实现；三是个体员工的力量始终是单一薄弱的，形成集体则可以补足这种力量；四是如果工会的会员增多，那么工会在与企业谈判时，组织上的能力也会加强。[①] 这也在一定程度上反映出工会与职工委员会的关系：一个在企业外部代表并维护工会会员的利益，一个在企业内部代表并维护员工的利益。

4. 职工委员会与信任人

信任人（Vertrauenleute）是在企业内工作的员工，将工会职能部门和企业内工会成员之间连接起来，是工会在每个企业中的

---

① 资料来源：对大众汽车员工的访谈。

具体工作人员。本质上，信任人是属于工会而并不是职工委员会的成员。他们由在企业内工作的工会组织选举并由工会任命产生。企业内的工会信任人、职工委员会中的工会成员、青年和学徒工代表以及残疾人代表共同构成了所谓的信任机构。职工委员会是员工的合法利益代表，但是它不能一比一地取代员工。由于信任人更贴近员工，所以他们是职工委员会得力的工作伙伴。

信任人主要承担的工作包括：一是为其所属工会在企业内的成员提供建议并且向工会成员通知法律法规和集体合同的相关内容；二是向企业内的工会成员通知工会的决定；三是解释各个工会的目标和任务，是他们所在企业的代言人；四是准备企业内部的劳动斗争措施并且实施劳动斗争；五是在企业内招募工会会员。

大众汽车集团中强大的工会组织是大众汽车集团共同决策制度发展的重要保障，其中离不开信任人的工作。在大众汽车集团内部，每个信任人负责联系大约 25 个工会会员。以沃尔夫斯堡工厂为例，大约 4.5 万名五金工业工会会员对应约 1800 个信任人，[①] 每个信任人同时对应着与之业务内容相关联的企业职工委员。“大众汽车集团的信任组织非常完善，它能够深入员工中间，支持职工委员们的工作，也能补充职工委员很多工作上的不足。信任人可以说是工会和职工委员会的眼睛和耳朵，职工委员会可以从信任人的工作中得到保障。如果员工的入会率高，那么信任人会很容易发动员工参与到劳动斗争的过程中。这样的话，企业方就会

① 数据来源：内部资料。

重视和正确对待职工委员会和工会，并且意识到职工委员会和工会的重要性。”①

为保证企业能够在全球化竞争中立于不败之地，同时保证员工稳定可持续的就业，大众汽车的共同决策制度还在不断变化与创新。公司近百年的发展进程中，不仅有来自国家、政府和工会对于大众汽车公司的影响，也有监事会与职工委员会的努力、探索和创新。可以说，没有监事会和职工委员会作为机构保障，大众汽车的共同决策制度无法走到今天。

二、共同决策制度的机构保障

（一）监事会

劳方代表通过在监事会拥有席位并在监事会中提名劳动人事董事，实现在监事会层面的共同决策。由于监事会拥有制定企业重要政策、任命并领导作为监事会执行机构的经理委员会的权力，所以监事会中劳方力量强弱将直接决定企业中劳资共决的程度。

德国在监事会层面的劳资共决通过 1976 年《劳方共同决策法》被制度化，该法在那些雇员人数超过 2000 人的股份公司和有限责任公司中引入了“准平等”原则，即监事会中工人代表和股东代表的数量是一样的。为了避免监事会在陷于僵局时无法采取行动，这部法律制定了另一项规定：如果针对一项提案表决后，

① 资料来源：对学者采访。

支持票和反对票的数量相同，就需进行第二次表决。监事会主席在第二次表决中拥有两票表决权，用以解决股东和职工之间的分歧。由于监事会主席是股东代表，所以这部法律的目的是确保在股东和职工之间有根本分歧时贯彻股东的意见。[①]但是，这种情况几乎从未出现过，原因在于德国具有悠久的合作主义传统，[②]这种传统成为德国解决尖锐劳资矛盾的一种根深蒂固的观念和方法，因此大部分企业在遇到这种分歧时，都会在第二次表决前就组织双方进行协商和谈判。另外，如果企业的根本分歧传到外界，对于公司的名誉也会有一定的影响。事实上，由于劳方在整个决策作出之前已经有了深度参与，所以需要通过监事会主席进行第二次表决的情形也极少出现。

在法律规定的框架下，大众汽车职工委员会的共同决策权除了在企业内部具有专业的组织，还有两种权利来源。第一，大众汽车极高的工会组织程度：一方面，这种组织程度是动员员工的重要基础。另一方面，组织程度也能保证利益代表在公司内部的谈判权利，比如就经营问题或内部集体合同进行谈判。同时，高组织程度与具有广泛分工且数量众多的信任人密不可分，信任人由五金工业工会成员招聘并在工厂各个区域工作。这些信任人为职工委员会的工作提供支持，向员工传播信息，收集员工的话题

---

① ［德］泰赫曼：《德国股份公司的监事会：历史发展与现代挑战》，载《社会科学战线》，2015 年第 5 期。

② 岳伟，邢来顺：《联邦德国劳资共决制的形成及影响》，载《安徽师范大学学报（人文社会科学版）》，2011 年第 6 期。

和建议并传达给职工委员会，他们也是招募年轻人加入职工委员会的重要力量。工会的组织权利和力量也是大众汽车职工委员会行动力的重要来源。

第二，职工委员会在制度层面的权利来源：监事会共同决策权。在过去十年中，这项权利一直是法律和经济纠纷中的话题，其中职工委员会发挥着重要作用。[①] 从大众汽车监事会的构成以及监事会层面的共同决策权可以知道，股东数量和职工代表的数量是一样的，但是作为保障就业和劳动者利益的下萨克森州政府占有两个股东席位。结合《大众汽车公司法》关于重大事项投票权的规则不难判断，大众汽车在监事会层面的劳资共决权要比其他企业更加广泛。

在保时捷的收购计划失败后，[②] 保时捷控股、卡塔尔控股和下萨克森州政府为大众汽车的三个主要投资者。股东结构的集中化和主要投资人的主导地位大大降低了大众汽车集团被恶意收购的风险。[③] 除公司股东结构发生变化外，监事会的员工席位也进行了革新（如图 4）。2017 年，五金工业工会有三个席位，其中一个由

---

① Thomas Haipeter, Interessenvertretung bei Volkswagen——Neue Konturen einer strategischen Mitbestimmung, VSA: Verlag 2019, S.63.

② 这里指的是 2005 年至 2008 年保时捷对大众汽车的收购尝试，2005 年 9 月，保时捷收购了大众汽车超过 20% 的股份，成为大众汽车的最大股东。随后，保时捷的控股一度超过 50%。但是迫于金融危机背景下的还贷压力，保时捷最终在 2008 年宣布放弃了收购计划。关于保时捷对大众汽车的收购，参见：Thomas Haipeter, Interessenvertretung bei Volkswagen—Neue Konturen einer strategischen Mitbestimmung, VSA: Verlag 2019, S.76–82.

③ Thomas Haipeter, Interessenvertretung bei Volkswagen——Neue Konturen einer strategischen Mitbestimmung, VSA: Verlag 2019, S.84.

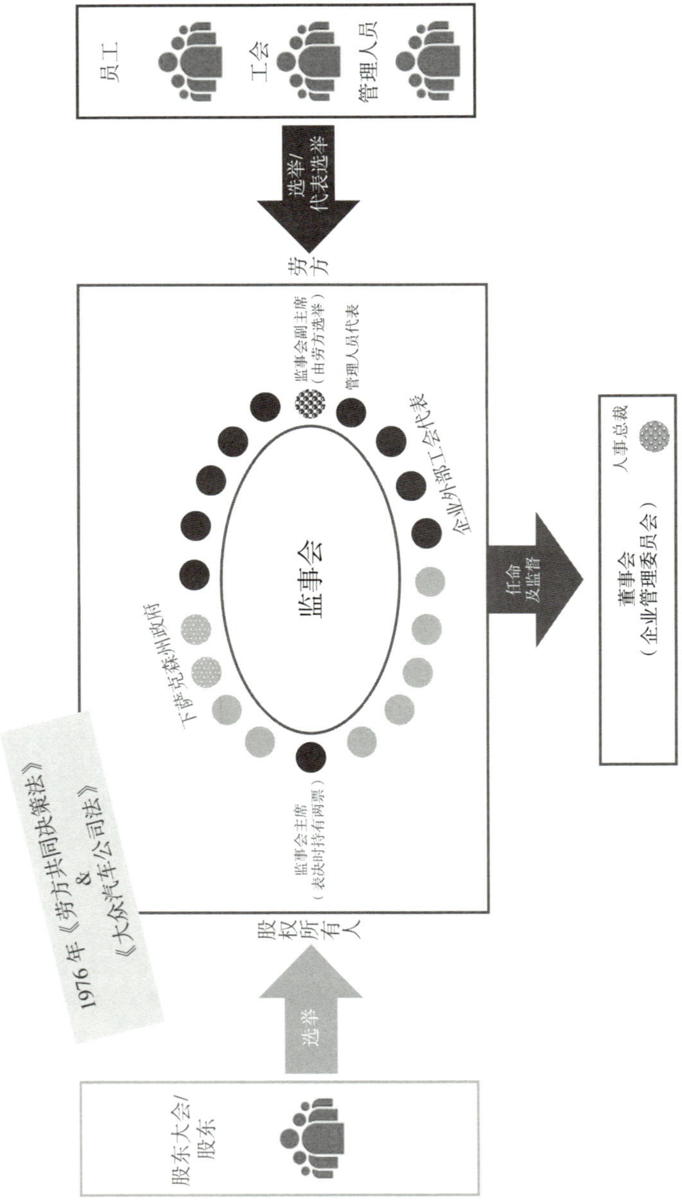

图 4　大众汽车集团的监事会结构

工会主席占据，工会主席同时担任监事会副主席。第三个席位由斯堪尼亚五金工业工会主席占有。大众汽车职工委员会占有三个席位，包括总厂和集团职工委员会主席、商用车部门总经理和仅次于沃尔夫斯堡的第二大工厂卡塞尔工厂的负责人。大众汽车公司收购的子公司 **MAN** 公司总职工委员会主席、奥迪总职工委员会主席和保时捷总职工委员会主席也分别在监事会中各占一席。管理人员协会占有一个席位。[①]

2017 年监事会中由资方选举出的监事会席位如下：保时捷家族两席、卡塔尔集团两席、下萨克森州政府两席、皮耶希家族两席、外部监事一席，还有监事会主席。监事会主席在表决时持有两票。

职工代表能够通过监事会获得更多信息。随着斯堪尼亚五金工业工会主席加入监事会，大众汽车的员工席位也实现了国际化，这对于德国监事会来说是非比寻常的一步（如图 5）。对于大众汽车而言，该变化的基础是大众汽车职工委员会的目标，即不仅在集团职工委员会中，还要在监事会中尽可能完整地匹配集团结构，并与其他集团公司的利益代表加强合作。与此相关的是，集团职工委员工作得到了明显优化，逐渐成为协调利益代表的核心组织。[②]

---

① Thomas Haipeter, Interessenvertretung bei Volkswagen—Neue Konturen einer strategischen Mitbestimmung, VSA: Verlag 2019, S.85.

② Thomas Haipeter, Interessenvertretung bei Volkswagen—Neue Konturen einer strategischen Mitbestimmung, VSA: Verlag 2019, S.86.

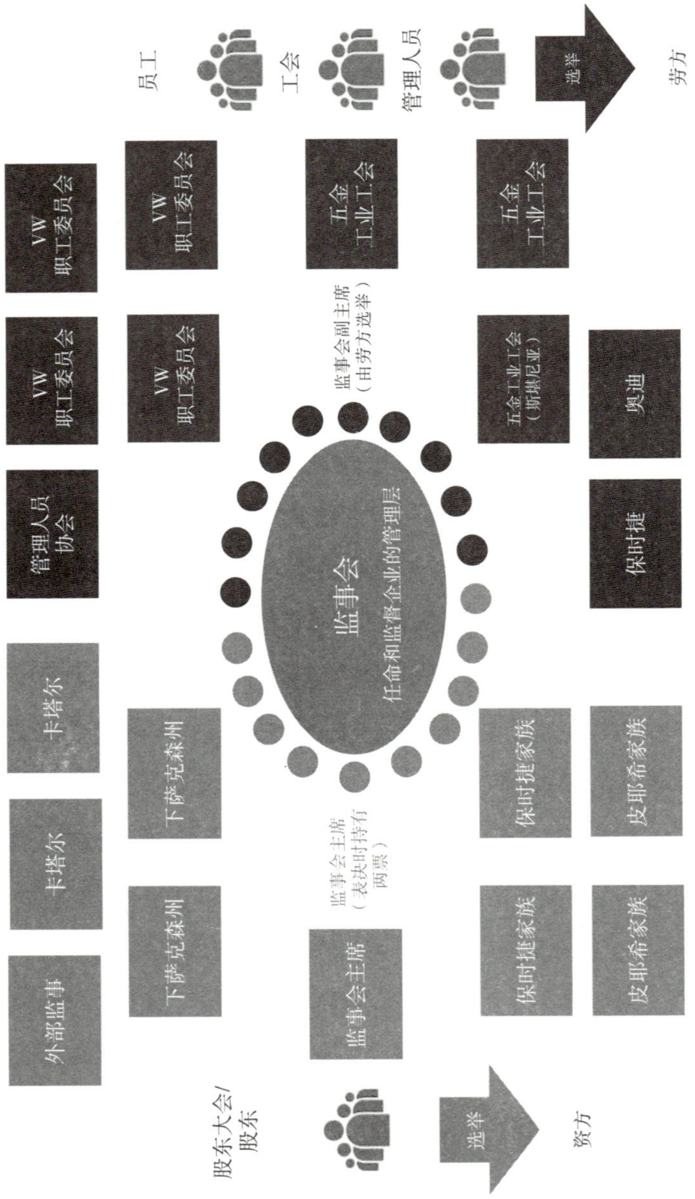

图5 大众汽车集团监事会层面的共同决策权

（二）职工委员会（Betriebsrat）

在“双元制”的劳资共决机制中，保障劳资共决实现的第二个机构就是职工委员会，它是每个企业内部实现劳资共决的机构。大众汽车的劳资共决，除了在监事会层面具有其他企业不具备的特点之外，其职工委员会也在整个企业的发展中起着不可忽视的作用。

1. 大众汽车职工委员会的组织架构

总的来看，大众汽车职工委员会的组织架构在德国内部自下而上分为：工厂层面的职工委员会（BR）、德国境内大众汽车各个品牌的总职工委员会（GBR）和集团职工委员会（KBR）。在整个欧洲，还有大众汽车的集团欧洲职工委员会（EKBR）。随着企业全球化的程度不断加深，在全球范围内，大众汽车还成立集团全球职工委员会（WKBR）。（如图 6）

职工委员会主要指的是大众汽车公司在德国包括沃尔夫斯堡总部在内的各个工厂和公司中的基层职工委员会。总职工委员会主要由大众集团旗下各个品牌在德国的下属工厂的基层职工委员会组成，例如大众汽车品牌、奥迪品牌和保时捷品牌都分别有自己的总职工委员会。集团职工委员会由德国境内所有子集团的职工委员会共同组成，除了大众汽车品牌以外，还包括保时捷、奥迪、大众汽车金融服务和 MAN 的职工委员会。欧洲集团职工委员会则负责整个集团在欧洲范围内职工委员会和工会的工作。全球集团职工委员会作为一个跨国利益代表机构，负责协调大众汽车集团在全球范围内所有职工委员会和工会的工作。

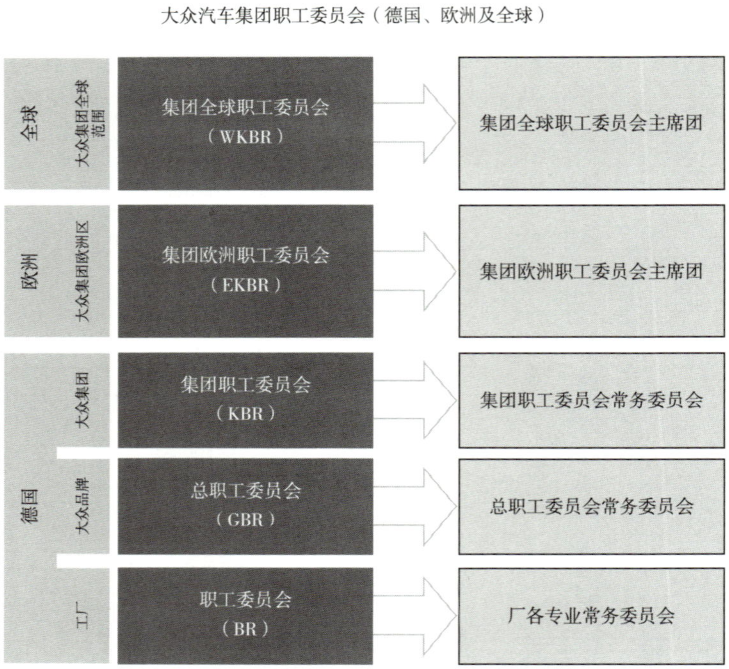

图 6　大众汽车集团职工委员会组织架构

工会在整个职工委员会的组织架构中的比例很高，大众汽车集团在全球范围内对接的工会大约有 40 个。2022 年，在德国境内的大众汽车品牌生产基地的选举结果显示，五金工业工会获得了 377 个职工委员会席位中的 349 个席位（约 93%）。总体来看，职工委员会的大部分成员都来自工会。

作为组织架构的最高级别，大众汽车欧洲及全球职工委员会的内部组织架构包括主席团、全体委员大会以及专业委员会。主席团共有 15 名成员，每年召开一次主席团会议。大众汽车欧洲及全球职工委员会的全体委员大会共有 87 名成员，包括来自中国等国家的应邀列席成员，每年在沃尔夫斯堡举行为期两天的年会。大众汽车欧洲及全球职工委员会包括六个专业委员会，分别是奥迪专业委员会、金融服务专业委员会、机械制造专业委员会、量产车专业委员会、运动及豪华车专业委员会和中国联络协调委员会。这些专业委员会每年至少举办一次会议，并且在大众汽车欧洲及全球职工委员会每年的年会上汇报工作。大众汽车欧洲及全球职工委员会设秘书处，负责国际间的团结互助，保障大众汽车集团员工的利益，并为地方工会提供支持。除此之外，秘书处还负责会议的准备和召开，起草集团在国际层面的国际劳资协议。

大众汽车职工委员会纵向的组织架构，相应地明确了各个层级职工委员会的工作职责。基层职工委员会中的基层职工委员主要与企业的基层领导和人事专员沟通，负责处理日常工作。基层职工委员会的常务委员，负责与厂长或部门经理沟通制定公司和厂区的劳资协议。专业职工委员会则与企业的相关专家就选择性的专业议题起草确定劳资协议的内容。每个层级的职工委员会主席对应其同级的企业方人事主管，就厂区、企业、集团等战略议题进行讨论。

2. 职工委员会共同决策权的具体内容

在《企业组织法》规定的共同决策权具体内容的基础上，大众汽车通过《大众汽车集团劳工关系宪章》将大众汽车内部共同决策的内容进行了更为针对性的规定，主要包括以下两方面的具体内容：①

① 资料来源：《大众汽车集团劳工关系宪章》第4~5条。

（1）职工代表参与经济事务

①在经济事务中定期和及早地向职工代表提供信息，这是高水准和负责任地行使其他已定义的参与权的基本前提。

②企业向职工代表定期和及早地告知有关经济形势、战略规划、产品事件、中期产量计划、产品及投资等信息。

③在生产程序、流程与产品以及重组等有根本变化时，企业允许职工代表有咨询权，这也包括了业务流程的转移和外包。

④在重组尤其是计划跨境转移时，员工的权利通过签订关于集团领导与集团全球企业职工代表委员会合作协议、集团领导与集团欧洲地区企业职工代表委员会合作协议等加以调整。它们不受本宪章影响、限制或扩充。

⑤各生产基地每年召开一次由企业领导和职工代表参加的生产基地研讨会，作为关于生产基地规划的对话和信息交流。

（2）职工代表在企业人事政策及社会事务中的参与权

①确保职工代表在以下调整事务中的参与权：

a. 人员和社会调整

b. 工作组织

c. 薪酬体系

d. 信息与交流

e. 职业培训与进修深造

f. 劳动安全与保健

g. 流程控制

h. 社会和生态的可持续性

②在附录中描述了参与权的目标程度。每件所需规定的事项均对应着参与权的某个类型。

3. 专业委员会

随着大众汽车的不断发展，职工委员会参与企业管理的程度越来越深，对于职工委员会的专业要求也越来越高，所以在整个职工委员会的纵向结构当中，还衍生出了专业委员会的架构。专业委员会针对企业内不同的事务，分工明确处理不同的事务。在大众汽车股份公司的沃尔夫斯堡厂区共设立了以下23个专业委员会：常务委员会（Betriebsausschus，BA），生产规划委员会（Planungsausschuss，Plg A），教育培训委员会（Bildungsausschuss，BiA），生产安全、健康和环境委员会（Ausschuss für Arbeitssicherheit，Gesundheit & Umwelt），福利委员会（Sozialausschuss），人事基本规则委员会（Ausschuss personelle Grundsatzregelungen），职工人事委员会（Personalausschuss Arbeitnehmer），高级助理及管理层人事委员会（Personalausschuss AT-Angestellte & Management），职工委员人事委员会（Personlaacusschuss Betriebsrat），信息处理系统咨询委员会（Ausschuss für die Beratung von Systemen der Informationsverarbeitung），员工意见委员会（Ausschuss Ideenmanagement），后勤服务工厂委员会（Ausschuss Service Fatory）、R有限公司委员会（Ausschuss R GmbH），Auto Vision有限公司委员会（Ausschuss Auto Vison GmbH），“大众之道”委员会（Ausschuss Volkswagen-Weg），平等委员会（Ausschuss für Gleichstellung），数据保护委员会（Datenschutzkommission），劳动时间委员会（Arbeitszeitkommission），VFL 足球俱乐部委员会（Ausschuss VFL GmbH），集体合同委员会（Ausschuss Tariffragen），交通委员会（Verkehrsausschuss），安全委员会（Sicherheitsausschuss），办公室计划和配置委员会（Ausschuss Büroplanung und Ausstattung）。

专业委员会负责在其专业领域内起草劳资协议，并就该专业问题为职工委员会与企业进行劳资谈判时提供专业的意见。例如，“大众之道”委员会参与起草了《“大众之道”劳资协议》及其具体实施。再如，劳动时间委员会在 2016 年推动签订了关于移动办公的劳资协议，具体约定员工每周最多可以有四天的移动办公时间。劳动时间委员会还负责与雇主就每一次加班进行讨论并协商形成加班方案，加班方案需要经过职工委员会的投票形成决议，最终由职工委员会向员工进行解释和说明。[①] 劳动时间委员会了解生产一线的工作时间和工作情况，通过他们的专业知识背景和对一线生产工作的了解，他们能够提供更为专业的工作时间安排、更加人性化的加班时间，据此与企业进行协商并签订劳资协议。例如，大众汽车公司实行的四天工作周（28.8 小时工作周）、每周工作 35 小时等，都离不开基层劳动时间委员会的工作。

在《“大众之道”劳资协议》中，企业希望借鉴日本丰田精益

---

① 资料来源：对大众汽车的员工采访。

生产方式，在 KVP [1] 的基础上进一步引入适合大众汽车生产的全新的班组工作方式和生产方式，形成标准化的生产体系。虽然根据《企业组织法》的规定，职工委员会对于此类经济事务没有共同决策权，而只享有参与权，但是大众汽车显然并不满足于仅仅符合法律规定。在监事会层面的共同决策制度保障之下，职工委员会深度参与到标准化体系的设定当中。

“大众之道”成功的奥秘，就在于职工的参与。企业充分地公开各种信息，职工借由职工委员会对优化生产提出具体的建议，深度地参与到企业的生产管理当中。

——大众汽车股份公司员工

从“大众之道”所希望达成的目标来看，这属于企业生产管理的经济事务，因而职工委员会并不具有共同决定的权利。但是大众汽车公司提升了职工委员会对经济事务的参与权，从而使得职工委员会对企业的经济事务享有比法律规定更高的参与权，因此，“大众之道”这一企业经济事务最终以企业劳资协议的形式存在，而非企业的单方面决策。由于“大众之道”所涉及的内容具有很强的专业性，所以同时也促进了职工委员会的专业化，大众汽车沃尔夫斯堡厂区专门成立了“大众之道”委员会作为专业职工委员会来负责《“大众之道”劳资协议》的施行。

---

① KVP（Kontinuierlicher Verbesserungsprozess）意为持续改善流程，关于 KVP 的内容请参见本书第三部分。

大众汽车的专业委员会体现了职工委员会的专家精神，提升了劳资谈判的专业性，从而使得劳资协议的专业性加强，能够使劳资协议更好地得到贯彻和落实，保证了大众汽车公司的共决是一种“有质量的共决权”。[①]

三、共同决策制度的内部保障

大众汽车的共同决策制度根植于德国历史悠久的“双元制”共同决策制，立足于德国严密的法律制度之上。悠久的历史和严谨的法律体系是大众汽车共同决策制度的外部保障，在法律框架下形成的公司内部的双元共决机制是大众汽车共同决策制度的机构保障，这种组织架构结合大众汽车集团内部与共同决策制度相关的诸多规范性文件，共同形成了大众汽车共同决策制度的内部保障。这些规范性文件包含在全球范围内都具有广泛效力的宪章，也包含约束企业和工会的集体合同，还包括在企业内部约束雇主和员工的劳资协议。这些“内在约束”也逐渐使得“共同决定”形成了大众汽车公司的企业文化。

在国际层面，大众汽车公司共有四个框架性协议，分别是《社会权利宪章》《大众汽车集团劳工关系宪章》《大众汽车集团劳务工作宪章》和《大众汽车集团职业教育宪章》。截至 2022 年，五金工业工会与大众汽车公司共签订 13 份集体合同，[②] 职工委员会

---

① 资料来源：对大众汽车的员工采访。

② IG Metall Bezirk Niedersachsen und Sachsen-Anhalt, Tarif-Kurz-Info für die Beschäftigten der Volkswagen AG: Das Wichtigste in Kürze, SZST Salzgitter Service und Technik GmbH, Druck-Center2011, S.7.

与大众汽车公司在德国境内签订了74个劳资协议，其中在沃尔夫斯堡有56个工厂层面的劳资协议。[①]

（一）国际层面大众宪章

1.《社会权利宪章》

《社会权利宪章》全称为《大众汽车集团关于社会权利、劳资关系和“经济与人权”的声明》，由大众汽车股份公司全球职工委员会、大众汽车股份公司和国际金属工会联合会在2002年共同签订，《社会权利宪章》是大众汽车集团的第一份国际层面的框架性协议，并于2012年和2020年分别对其进行了增加和修订。

在大众汽车公司全球化的背景下，《社会权利宪章》坚持以保障和发展就业、保证企业经济和技术竞争力为目标，记录了大众汽车公司员工的基本社会权利和原则。由于这份宪章面向全球，因此《社会权利宪章》既要遵守有关的国际劳工组织公约，也要根据不同国家和地区的法律及惯例来完成宪章所制定的基本目标。

2020年《社会权利宪章》设定的基本原则和目标包括：（1）结社自由和集体协商：大众汽车公司承认所有员工组建并加入工会或职工代表组织的基本权利。（2）拒绝强迫劳动：大众汽车集团拒绝强迫劳动和一切形式的现代奴隶制，包括人口贩卖。（3）拒绝歧视和骚扰：大众汽车公司对员工的选择、任用和提拔，原则上应当以员工的资质和能力为基础，不得因人种、肤色、性

---

① 内部资料。

别、宗教、国籍、性取向、社会出身或政治立场对员工进行差别对待，大众汽车公司保证员工的机会均等和待遇平等。大众汽车集团对任何形式的骚扰持零容忍态度，无论是性方面的还是道德方面的。尤其是在工作期间、与工作相关或因工作而导致的工作环境中的暴力和骚扰。（4）禁止使用童工以及青少年员工保护：禁止使用童工。就业的最低年龄根据国际劳工组织的标准确定。（5）薪酬与福利：为一个常规工作周支付或提供的报酬和福利不应低于国家法定最低工资保障。如果没有法定或集体劳动合同规定，则以行业特定的本地通用报酬和福利为准，确保员工及其家人享有适当的生活水准。大众汽车集团认可同工同酬的原则，尤其是在不同性别之间。（6）工作时间：劳动时间至少符合相应国家的法律规定或相应国家经济领域的最低标准。（7）劳动安全、健康防护、消防安全及环境保护：大众汽车集团深刻认识到劳动安全、健康防护、消防安全及环境保护的重要性，致力于创造安全的工作环境并按照适用的国际标准执行，以确保健康的就业条件。（8）保密信息保护：大众汽车集团承诺保护个人信息和保密信息。同时，大众汽车集团也认识到数据，例如各类数字业务模型的重大意义。这也意味着负责任地使用数据。（9）保护良知自由、言论自由和宗教自由：大众汽车集团尊重良知、言论和宗教自由的权利。（10）保护人身安全，禁止虐待：大众汽车集团非常重视人身安全保护，在企业内通过合适措施履行义务，确保该项合法权利获得充分保护。

《社会权利宪章》要求大众汽车全球集团职工委员会向全球范

围内的员工宣传宪章记载的所有规定，大众汽车支持并明确鼓励其业务伙伴将宪章声明纳入各自公司政策的考虑范畴。《社会权利宪章》及2020年修订后的声明都表明，该宪章的性质实际上是一份倡导性规范，并没有规定相应的罚则，所以它并不是一份强制性规范。但与此同时，大众汽车公司与职工委员会也主动在全球范围内保障员工的基本权利。结合宪章的基本目标，我们可以看到，大众汽车公司在发展的过程中已经将企业的经济效益与员工的权益保障放在了同等重要的位置。

2.《大众汽车集团劳工关系宪章》

在《社会权利宪章》的基础上，2009年，大众汽车集团董事会与大众汽车欧洲地区及全球集团职工委员会在德国的茨维考签订了《大众汽车集团劳工关系宪章》(以下简称《劳工关系宪章》)。《劳工关系宪章》进一步明确了集团内可持续的企业领导和具有业绩与参与文化的人事政策，确保和促进竞争力与经济性，同时也确保和发展就业及就业能力。《劳工关系宪章》的重要意义在于定义了员工对企业参与权的内涵，即员工积极参与企业的发展，员工们从他们自身方面为持续不断改善流程和工作条件做贡献，从而分享成功经验。参与的特征是各方互相合作、相互尊重，并具有对企业和员工共同承担责任的认识，积极扩展和行使参与权成为企业内一个创新性的结构性因素。作为大众汽车公司在全球范围内第一份与共同决策制度直接相关的框架性协议，《劳工关系宪章》表明，参与各方在业已成文的社会责任准则中的自我承诺方面做了进一步的贡献。[①]

《劳工关系宪章》将大众汽车员工的参与权分成了知情权、协商权和共决权三个层次。根据《劳工关系宪章》第 3 条的定义，知情权包括企业职工代表及时和全面了解信息，以使他们有机会了解正在处理的事实状况，并给出意见。及时意味着在规划流程开始时就已告知有关措施。全面意味着通俗易懂地描述所有相关的观点和数据。一项措施的实施要以事先告知为前提。协商权包含了企业职工代表与企业领导之间的积极对话。协商的目的是确保职工代表对正在处理的事实情况有倡议权和申诉权，必要时，为避免负面影响还可以进行咨询。实施一项措施需要事先协商。共决权包含企业职工代表为积极地共同决策和共同承担责任所赋予的合作、监督和倡议等权利。实施一项措施需要事先征得同意。

《劳工关系宪章》将《企业组织法》中对员工在经济事务、人事政策和社会事务中的参与权进行了进一步的规定。在经济事务中，企业应当定期和及早地向职工代表告知有关经济形势、战略规划、产品事件、中期产量计划、产品及投资等信息。在生产程序、流程与产品以及重组等有根本变化时，企业允许职工代表有咨询权。在人事政策与社会事务中，大众汽车公司应当确保职工代表在调整以下事务中的参与权：（1）人员和社会调整；（2）工

---

① 《大众汽车集团劳工关系宪章》中对此解释为：意即“全球治理”。也就是说，所有社会和经济行为者的自我承诺都遵循社会、伦理和生态的原则，其超越了全球范围内国家设定的框架。

作组织；（3）薪酬体系；（4）信息与交流；（5）职业培训与进修深造；（6）劳动安全与保健；（7）流程控制；（8）社会和生态的可持续性。《劳工关系宪章》附录进一步明确，企业员工代表对于人员与社会福利规定、除人员规划的工作组织内容、薪酬系统、关于工作规章和行为准则与数据保护的信息交流内容、职业培训与进修深造、劳动安全与保健等内容享有共决权。对人员规划、职工意见征询、流程控制以及社会与生态可持续性内容享有协商权。对于员工与领导人员的信息，企业员工代表仅享有知情权。

为了便于将全球性的框架协议落实到厂区层面，《劳工关系宪章》约定了签订“生产基地专有参与合同”的程序。关于“生产基地专有参与合同”的签订，仍然要由厂区管理层与基层职工委员会经过谈判，完成劳资协议的签订，而不是简单地对《劳工关系宪章》的复制。《劳工关系宪章》要求代表签订“生产基地专有参与合同”的职工代表有相应的资质，职工代表需要根据他们的任务范围和职能参加定期的资质培训。企业应当提供资质培训措施并给予支持。为保障《劳工关系宪章》的运行，该宪章还特别规定了协议签订之后的一般运作规则。

《劳工关系宪章》标志着大众汽车公司在保障员工参与企业共决方面又往前走了一步，它通过明确员工的知情、协商和共决三个层次的参与权，进一步实现了企业竞争能力与员工就业保障之间的平衡。

3.《大众汽车集团劳务工作宪章》

2012 年 11 月，为进一步补充和发展《社会权利宪章》和《劳工关系宪章》，大众汽车集团、大众汽车欧洲及全球职工委员会和国际金属工会联合会在慕尼黑签署《大众汽车集团劳务工作宪章》（以下简称《劳务工作宪章》）。《劳务工作宪章》的目的在于确保大众汽车集团的劳务工享受适当的就业及报酬条件，一方面可以保证大众汽车集团能够规范地使用劳务工，另一方面也确保劳务工能够与正式员工同工同酬，保障劳务工的合法权益。

《劳务工作宪章》与《关于社会权利与劳资关系声明》签订于同一年，正是大众汽车处于应对全球化挑战的关键时期。为了能够在全球化的竞争中脱颖而出，大众汽车同所有需要持续发展的企业一样，需要使用劳务工作为一种临时性和机动性的用工方式。作为汽车制造企业，大众汽车必须保证劳务工生产制造的汽车与正式员工生产制造的汽车满足相同的质量标准，因此，劳务工与正式员工应当具有同样的工作技能。为了满足这一目标，劳务工与正式员工应当同工同酬，劳务工应当获得足够的技能培训以达到工作需要。

招用劳务工一定程度上也会对正式员工的工作产生影响，所以在《劳务工作宪章》中，企业与职工委员会明确约定了全球范围内各个子公司和厂区劳务工作的组成。第一，企业承诺限制在大众汽车集团内的劳务工数量与固定职工应始终保持适当的比例关系，每个生产基地的劳务工基准为5%。第二，大众汽车集团应当保障劳务工与固定职工实行同工同酬、平等对待，提供与固定职工相同的就业条件。第三，劳务工的工作期限首先应当遵循当地国家的法律规定，如果当地国家没有更短的期限规定，那么劳务工在大众汽车工作的期限可总共延长三次合同或总期限不能超过36个月。如果劳务工的工作期限已经超过宪章所规定的最高期限，那么企业的主管部门可以审核来确定是否能够将其转为固定职工。第四，为劳务工提供转正和培训的机会，如果企业有长期使用劳务工的需求，同时劳动者个人的素质也达到了转为正式职工的要求，那么企业可以为其提供转正的机会。这样，劳务工就有机会成为大众汽车集团的固定职工，是学徒工和外部招聘进入大众汽车集团的第三条途径。《劳务工作宪章》明确约定，大众汽车集团的所有品牌和子公司确保在有长期人员需求时优先考虑使用劳务工。在劳务工的使用上，依然能够体现出大众汽车公司经济效益与就业保障同等重要的企业目标，就业保障的适用对象扩展到了劳务工。第五，在挑选为大众汽车集团提供劳务工的劳务公司时，只能与认同《大众汽车集团对业务伙伴关系的可持续性发展要求》的劳务公司签订劳务合同。总体上，大众汽车集团在使用劳务工时也希望其未来能够成为固定职工。

《劳务工作宪章》为大众汽车集团在全球范围内保障各个公司劳务工的合法权益提供了框架性的基础。一方面，《劳务工作宪章》的签订体现了职工委员会对固定职工的就业保障；另一方面，《劳务工作宪章》也体现了职工委员会保障劳务工就业稳定的努力。与此同时，《劳务工作宪章》为大众汽车集团在全球范围内规范使用劳务工提供了合理基础，避免企业在使用劳务工的过程中违反所在国的法律法规。职工委员会既参与到企业的管理当中，同时也与企业共同承担着责任，既保障了员工的就业，也保证企业在全球化竞争中能够实现经济效益。

4.《大众汽车集团职业教育宪章》

2015 年 6 月，大众汽车集团欧洲地区与全球职工委员会和大众汽车集团签署了《大众汽车集团职业教育宪章》(以下简称《职业教育宪章》)，目的在于保障《社会权利宪章》和《劳工关系宪章》意义上的学徒工的工作条件。《职业教育宪章》强调了职业教育和职业培训对大众汽车集团的重要性，年轻的学徒工通过企业提供的职业教育能够获得职业资质，为自己的职业生涯做好充分的准备。本着能够为企业培养更多的后备人才资源，同时也为了给学徒工提供就业保障，《职业教育宪章》适用于接受大众汽车集团职业教育的在校生或已经在企业工作的在校生，对于接受来自第三方职业教育，没有直接与大众汽车集团建立职业教育关系的学徒工，如果他们想要来大众汽车集团工作，该宪章同样适用于这些努力奋斗的年轻人。

在《职业教育宪章》中，欧洲与全球职工委员会和大众汽车集团约定了企业内职业教育的选拔、时间、质量、材料和设备、资金支持与非资金支持、使用时间与休息时间、休假、转正和利益代表九项内容。

(1)职业培训的选拔程序是为了选拔出最合适的申请者。在“双元制”职业教育体系中，选拔程序包含与人力资源管理部门的面试和健康测试。所有的选拔程序，必须公开透明。由于大众汽车集团招用的学徒工未来从事的工作与汽车生产制造相关，所以在选拔面试时也需要考察他们的技术技能和相关的背景知识。

(2)职业教育应当在合理的时间内完成。在合理的时间内，学徒工应当完成所有与考试相关的职业教育课程并结业。宪章作为最低标准，并未给出具体的年限，而是赋予了参与方自主确定年限的权利。

（3）职业教育对大众汽车集团的发展具有至关重要的作用。职业教育必须保障学徒工能获得未来工作所需要的必要知识、能力和技能。为了保障职业教育的高质量标准，大众汽车集团在所有生产基地都采取“双元制”的职业培训模式，即职业学校和企业共同完成对学徒工的职业教育。

（4）学徒工有权使用培训中心和企业的所有专业设备和器材。职业学校和企业都必须按照企业实际工作的需要，为学徒工提供学习的材料和设备。同时，学徒工也有权在其合理的权限范围内使用企业内部的设备和设施，包括食堂、休息室、更衣室等。

当然，学徒工在操纵企业某些机器设备时也需要遵循企业内部的规章制度，不得违反规章制度的规定，不得操纵其没有权限操作的设备，否则也有可能受到相应的处罚。

（5）对于有资助和无资助的学徒工，公司应当一视同仁，不得区分对待。他们有权接受相同的培训，获得同等的安全保护。

（6）每个学徒工的工作时间都需要遵守各生产基地所在国家的法律规定。学徒工的休息时间不得少于正式职工的休息时间，休息时间应当包括吃饭的时间、去食堂的在途时间和休息时间。

（7）学徒工的休假时间也应当和正式职工的休假时间相同，学徒工的休假时间包括职业学校的假期和企业提供的假期。

（8）作为一个具有充分社会责任的公司，大众汽车集团应当为合格的学徒工提供一个转正的就业机会。当然，学徒工也需要满足企业的用人标准，例如企业设置的转正需要达到的毕业分数等。

例如，德国境内的大众汽车公司将转正的成绩设置在总成绩的 63%，“如果你没有达到 63% 也不是不转正，而是给你一个 24 个月的有期限合同，在这 24 个月之内被观察，看最后你是不是有什么负面表现，或者你在 24 个月之内做得很好，最后也会被录用转正。我们考核转正之前没有一个考核的过程，而是集体合同里面的规定，所有的学徒工都要被转正。但是有条件，要达到成绩（才可以）。这也是有历史沿革的，不是从一开始就是所有的学徒工都可以被接受为正式员工。在‘汽车 5000’项目的时候，只有 85% 的学徒工可以转正，15% 的学徒工不能够转正。这样就造成一个问题，大家的竞争非常激烈，出现互不相让、互相猜忌的情形。青年代表组织认为这不是一件好事情，应该给所有人同样的机会，达到标准就可以转为正式职工。但是如果你觉得自己可以偷懒，没有达到转正的标准，那就没有这种可能性了。”①

这一条款完全体现了职工委员会在保障学徒工就业方面作出的努力，同时也体现了大众汽车集团的社会责任。在这一条款的指引下，大众汽车集团各个生产基地的公司都必须在同等条件下优先考虑招用学徒工。同时，青年委员会（Jugend Vertretung）作为学徒工的利益代表，作为企业信任机构的一部分，也发挥着共

---

① 资料来源：对大众汽车集团青年委员会采访。

决的作用。

（9）学徒工的利益代表是青年和学徒工代表组织。在沃尔夫斯堡工厂内，青年委员会共有 15 个成员，年纪在 21 岁到 25 岁，代表大概 2100 名学徒工和委培大学生。青年委员会委员的工作比较自主。“在很多问题上面，我们是跟职工委员会一起探讨之后作出决定。我们每个星期和职工委员会的常务委员一起探讨有关职业教育方面的问题。在我们的工作中，没有人可以要求我们怎么样去做，我们属于共决的一部分，我们可以通过共决参与到事务中来。很多决定，我们是需要按照公司内部的劳资协议，或者按照签订的集体合同条款的规定去做的。在这个过程中，我们得到了职工委员会很大的支持，所以青年委员会跟职工委员会的关系是非常好的。”① 青年委员会每个月和职工委员会的委员召开一次小型的会议，针对职业培训和职业教育中的具体事项进行沟通和交流，并把青年委员会的意见通过职工委员会传达给企业。

除了与职工委员会的日常工作，青年委员会在大众汽车的品牌层面有也有一个组织来参与集体谈判。青年代表组织可以针对集体合同中涉及职业教育和职业培训方面的内容，直接与企业进行谈判。

（二）大众汽车公司的集体合同

在企业内部的规范性文件中，集体合同是劳资协议的“上位

① 资料来源：对大众汽车集团青年委员会采访。

法”。雇主和工会作为集体合同的当事人受到集体合同的约束，因此集体合同中关于共决权的规定构成了企业共同决策制度的内部规范。截至2009年，大众汽车股份公司与五金工业工会共签订了13个集体合同和两个附属集体合同。[①]

集体合同包括：

（1）《为持续保障生产基地与就业的集体合同》（《面向未来的集体合同》–ZTV）

（2）包括附件和补充协议在内的《一揽子集体合同》（MTV）

（3）《薪酬分组的框架性集体合同》（RTVE）

（4）《劳动报酬集体合同》（ETV）

（5）《针对特殊工作时间员工的集体合同》（TVbAZ）

（6）《针对具有专业技能员工或领导职能员工的框架性集体合同》（Tarif plus – RTVT+）

（7）《针对具有专业技能员工或领导职能员工的劳动报酬集体合同》（Tarif plus – ETVT+）

（8）《职业培训集体合同》（ATV）

（9）《履行安排和人事安排的集体合同》（TVLP）

（10）《部分退休的集体合同》（ATZ）

（11）《“人口变化I”集体合同》（TVDW I）

（12）《关于大众汽车股份公司生产基地临时工薪酬和雇佣条

① IG Metall Bezirk Niedersachsen und Sachsen–Anhalt, Tarif–Kurz–Info für die Beschäftigten der Volkswagen AG: Das Wichtigste in Kürze, SZST Salzgitter Service und Technik GmbH, Druck–Center2011, S.7.

件的集体合同》（TV ZeitAN）

（13）《“汽车 5000”融合集体合同》

附属集体合同包括：

（1）《大众银行有限责任公司 / 金融服务股份公司集体合同》

（2）《大众不动产服务有限责任公司集体合同》

集体合同不是由职工委员会与大众汽车公司签订的劳资协议，而是由五金工业工会的区域工会跟企业签订的，监事会中的职工委员可能同时兼任集体合同谈判委员会的成员，从而在监事会层面体现出劳方与公司的共同决策。同时，根植于大众汽车公司的共决文化，促使雇主在签订集体合同时一直坚持“就业保障”和“经济效益”的企业目标。在大众汽车集团签订的集体合同中，也时刻能够体现出大众汽车集团“共同参与”和“同担责任”的企业文化。

例如，在《面向未来的集体合同》中，双方就明确约定了关于就业保障与工作岗位的保障，同时还约定了提升劳动生产率的内容，并将生产集体层面实现劳动生产率目标的具体实施过程放在了《“大众之道”劳资协议》的框架下来完成。这一约定在集体合同层面再次巩固了劳资协议的实施。《面向未来的集体合同》中还明确约定了关于工作组织变更的参与权，并明确约定了企业在实施技术变更时与职工委员会的合作：合同的第 6.3 条约定，企业在引入新的技术、变更现有技术以及变更本集体合同意义上的工作组织时，应当及时和全面地向职工委员会提供信息。当作出具体的计划方案（具体的计划目标和执行方法）后，应当及时告知职工委员会，以便于在计划中能够充分考虑职工委员会提出的建议和想法。企业应当向职工委员会提供如下信息：（1）计划的目标和范围；（2）构造计划或构造变更；（3）计划使用的技术设备和这些设备的实质性变更；（4）计划的工作内容和工作流程的变化；（5）计划方案对工作种类、工作环境以及包括资质要求在内的人力需求的影响。

再如，在《一揽子集体合同》中，双方约定关于工作时间、灵活工作时间、工作时间分配、短时工作、加班以及加班费的支付、休息休假等内容在生产基地层面的落实，均需要厂区与基层职工委员会进行协商，以确定适用于厂区的具体情形。

总体上看，大众汽车集团与五金工业工会签订的集体合同已经充分地将大众企业共决权的企业文化融入到集体合同中，集体合同反过来也保障了员工共决权的实现。

（三）劳资协议

大众汽车在德国境内共有74个劳资协议，并可进一步分为集团层面、品牌层面和工厂层面的劳资协议。集团层面和品牌层面的劳资协议由集团职工委员会和总职工委员会与大众汽车集团签订，适用范围更加广泛，例如，《“大众之道”劳资协议》、时间账户劳资协议、四天工作制劳资协议等都属于大众汽车集团在德国品牌层面和集团层面的劳资协议。各个工厂内的职工委员会与工厂层面的管理者签订工厂层面的劳资协议。

四、大众汽车（中国）的工会工作

1984 年，大众汽车集团选择上海作为进入中国市场的第一站，随后分别成立了上海大众汽车有限公司和一汽 - 大众汽车有限公司（如图 7）。

图 7　上海大众汽车有限公司在上海奠基

回顾大众汽车在中国的 40 年，可以看到大众汽车员工参与的企业文化并未因共同决策制度未完全复制而消失。以保障员工利益作为共同目标，大众汽车通过不断沟通和了解，结合中国的实际情况，探索创新出工会工作新模式。

（一）成立中国联络协调委员会

2008 年，为了进一步实现交流合作，大众汽车在柏林正式成立中国联络协调委员会，主要成员包括：大众汽车集团合资及独资企业在中国的工会主席、大众汽车集团国际人事部代表、大众汽车全球集团职工委员会秘书长和大众汽车集团（中国）人事总裁。

该协调委员会并不是大众汽车集团的一个专门职工委员会，

而是负责联络与协调大众汽车在中国的员工工作。大众汽车全球集团职工委员会与中国联络协调委员会进行交流对话，建立起沟通体系，主要针对大众汽车在中国的劳动关系发展进行交流和学习。

除了参加全球集团职工委员会年会，中国联络协调委员会也会自行召开会议，与全球集团职工委员会进行交流合作。2008 年至 2023 年，中国联络协调委员会已经召开了 26 次会议，初期的会议内容只涉及信息交流和工作交流。在 2013 年的会议上，会议探讨的内容已经涉及大众汽车集团的《劳务工作宪章》，开始探讨大众汽车集团的劳资关系应当如何发展。2015 年后，会议探讨的内容进一步深化，具体到用工灵活措施、生产部门数据化等生产过程参与的内容。2016 年的会议深入探讨了关于工资结构及全球化、智能化给大众汽车在中国带来的挑战及应对。从会议内容的不断深化可以看出，中国联络协调委员会并不局限于单纯的联络和协调工作，对于两国在保障员工利益、促进企业发展、工资协商、劳动安全、数字化挑战等方面遇到的共同问题，委员会实现了工作经验的双向传送。

（二）大众汽车集团（中国）的工会实践

大众汽车集团（中国）工会将沟通作为其工作的主要目标，因而工会的主要作用就是搭建公司与职工沟通的桥梁。工会将公司的形势信息传达给职工，职工可以通过工会委员、工会邮箱、工会办公室、工会热线、调查问卷、活动反馈等将需求反馈给工会，由工会将这些信息再反馈给公司。大众汽车集团（中国）的工会主席通常由担任过公司管理层的职工或者从事过公司经营管理工作的职工来担任，他们通常能够更好地理解公司的形势和战略决定，甚至曾经参与到战略政策制定的过程中。这样的工作背景有助于实现工会的沟通作用。

为了能够实现公司与职工之间的良性沟通，大众汽车集团（中国）工会作出了很多尝试：（如图 8）

图 8　大众汽车集团（中国）工会搭建公司与职工沟通的桥梁

1. 建立工会组织体系

大众汽车集团（中国）的工会设有三个委员会：工会委员会、工会经审委员会与工会女工委员会；四个工会活动小组：福利小组、汽车小组、体育小组和文化小组。工会现有 17 位委员，分别来自四家公司的 15 个不同部门，包括十位女性工会委员和三位全职从事工会工作的干事。

截至 2017 年 5 月 9 日，大众汽车集团（中国）共有包括大众汽车（中国）投资有限公司、奥迪（中国）、大众汽车（中国）销售有限公司和逸驾智能科技有限公司在内的 2003 名员工，其中 1553 名职工是工会会员，职工入会率达到 77.5%。

2. 举办丰富多彩的员工活动

大众汽车集团（中国）工会通过举办丰富多彩的活动，加强中国职工和外籍员工与企业的联系，增强员工对企业的认同感和融入感。例如，奥迪（中国）和大众汽车（中国）投资有限公司成立儿童足球夏令营；在北京各主要办公地点周边设立合作健身场、举办文化讲座；在上海、长春举办雨屋、奥迪家庭日等活动；通过举办春季健步走、农场采摘等户外拓展活动，为中国职工和外籍员工搭建广泛交流的平台。

3. 重视与总部的交流合作

大众汽车集团（中国）工会也特别注重与大众汽车总部以及合资企业之间的多样化交流与合作。大众汽车集团（中国）工会作为列席代表，可以参加欧洲集团职工委员会和全球集团职工委员会的年会，参加中国联络协调委员会的会议，大众汽车集团合资及独资企业在中国的工会主席还是中国联络协调委员会的成员。

| 第二部分 |

从企业战略接受者到参与者

以职工委员会参与企业劳动事务决定为核心的共同决策制度是德国劳动关系的主要特征之一。在该制度存在的近 100 年历史中，职工委员会在对企业事务进行民主监督以及代表员工集体利益方面发挥了重要作用。近 20 年来，德国公司的治理结构普遍开始转型，反对职工委员会的战略在一些公司中也得到了广泛传播，尤其是新成立的公司中很少设立职工委员会，这些不利因素导致德国企业中职工委员会的覆盖率不断下降。到 2013 年，职工委员会的覆盖率大概在 42%。[①] 但是，即使面对这些严峻的挑战，德国共同决策制度的主要特征并没有发生根本性变化。在已成立职工委员会的公司，尤其是像大众这样的大型汽车整车制造商中，共同决策制度时至今日仍然发挥着不可替代的积极作用，并且成为德国企业实现信息公开、劳资协商、共同决定的基石之一。[②] 大众至今仍然是德国共同决策制度的坚定拥护者，但其共同决策制度绝不是僵化、缺乏变化的。在实践中，大众汽车职工委员会不断对共同决策制度的目标和手段进行完善，确保该制度能够不断适应企业战略调整对员工利益带来的各种挑战。经过持续努力，共

---

① Ellguth, Kohaut,Tarifbindung und betriebliche interessenvertreutung: ergebnisse aus dem IAB-Betribspanel 2012, WSI-Mitteilungen, 2013, 66(4):281-8.

② Thomas Haipeter, Interessenvertretung bei Volkswagen, VSA: Verlag Hamburg, 2019.

同决策制度在大众中始终保持着高度的持久性，且已经逐渐成为提升自身全球竞争力的关键制度之一。

一、从起源到经济共决

（一）大众共同决策制度的起源

大众汽车共同决策制度及其所依托的职工委员会的初衷和主要职能是服务于企业的重建、恢复与转型，并对该时期复杂的经济、政治和社会环境变化进行积极回应。“二战”结束后，大众汽车百废待兴。基于这一背景，大众汽车内部的共同决策制度及职工代表机构应运而生。

1. 共同决策制度在大众的历史起源

大众汽车的职工委员会起源于“二战”之后公司的战略转型。这一制度的设立与“二战”后德国被盟军占领有密切关系，是为了应对企业转型发展与缓和内部矛盾的战略需求而建立的。

第一，大众生产目标的转型和生产任务的扩大需要一个能够发挥“调解人”角色的协调性机构。“二战”结束后，大众汽车由当时的英国军政府托管，并开始从战时的军备企业向战后的民用企业转型。在 1949 年 10 月将大众汽车移交给德国政府之前，根据控制委员会第 52 号法律，大众汽车由英国军政府托管。为了满足因占领任务而不断增加的交通运输需求，英方加大了大众轿车的批量生产，最终实现了大众汽车从国家社会主义军备企业向民用汽车企业的转变。英国受托人建立了大众汽车的服务和销售网络，为大众汽车随后的发展确定了方向，并通过出口轿车为其全球市场定位奠定了基础。为了完成这一庞大的生产任务，大众汽车需要在员工和工厂管理层之间、工厂和当地社区之间建立较高的合作关系，并最终催生了对周旋于各方之间的“调解人”组织机构的客观需要。

第二，大众汽车的员工流动性高，政治立场撕裂，需要建立一个具有高度社会整合功能的企业内部角色，以缓和内部矛盾。一方面，“二战”期间被迫为大众汽车工作的强制性劳工在战后大量流失；另一方面，东德的难民和流离失所者则成千上万地来到沃尔夫斯堡寻找住所和食物。[1] 但该群体中的大多数人仅仅是把大众汽车的工作视为前往西德途中的中转站，只愿意在此短期停留。因此，大众汽车的劳动流动率很高，再加上战后工人的住房长期短缺，这些因素阻碍了大众汽车劳动力的稳定性，劳工群体对自己的利益诉求也难以连贯、持续。在这种极不稳定的情况下，大众汽车内部劳资之间很难达成劳资协议或政策。此外，当时大众汽车内部仍然存在许多对纳粹政府持有较高认同度的右翼思想拥护者，而且这些员工往往是企业发展和转型所需要倚仗的技术骨干。对此，盟军出台了去纳粹化政策，并威胁如果不能实现这一目标，可能会解散企业。各方势力存在着持续的紧张和冲突。因此，大众汽车内部意识形态的撕裂急迫地需要一个具备高度社会整合功能的企业内部角色。

---

① Werner Widuckel, (2003), Paradigm development of co-determination at Volkswagen.

图 9　沃尔夫斯堡① 在德国的地理位置

在上述历史背景下，伊万·赫斯特少校（Ivan Hirst）认为，资方与劳工代表的合作十分契合当时全社会所推崇的社会民主理念，有助于各方达成共识。在他的倡议和推动下，1945 年 11 月，大众汽车成立了第一个民主选举的职工委员会，大众汽车共同决策制度的雏形及其所依托的机构就此正式诞生。这是大众汽车共同决策制度的第一个里程碑事件。大众汽车职工委员会成立后，成了职工和企业管理层、工厂、地方政府之间的重要沟通桥梁。但工厂的英国管理者也试图遏制共同决策制度发挥更大的潜能，他们对职工代表进行监督和控制，并颁布了一项禁令，禁止代表

---

① 沃尔夫斯堡又称“狼堡”。

在工厂内部进行政治活动以及讨论工厂的管理策略和发展方向等问题。但赫斯特少校允许地区工会联合会在工厂内举行会议。

图 10　伊万·赫斯特少校（Ivan Hirst）

2. 共同决策制度建立初期的工作重点

虽然大众汽车职工委员会设立之初主要是为了贯彻民主意识，并试图弥合分歧，但从实际效果来看，这一阶段的职工委员会主要被视为企业的“福利供应机构”。换句话说，由于战后初期各种物资短缺，职工代表的首要职能是为员工采购稀缺日用品。[①] 职工委员会通过内部渠道向员工提供食物和衣物，以缓解员工面临的物质困难，这些工作为企业的生产提供了重要的后勤保障服务。因此，福利性物资筹备与分配是该阶段大众汽车共同决策制度的焦点问题。此外，职工委员会还组织工人，支持对遭到盟军轰炸

---

① Werner Widuckel, (2003), Paradigm development of co-determination at Volkswagen.

而严重破坏的工厂进行重建。

3. 共同决策制度建立初期的劳资博弈

1947 年 5 月 10 日，大众汽车发布了《工作条例》，这成为大众汽车共同决策制度的第二个里程碑事件。该条例由职工委员会和德国工厂管理层共同起草确定，充分体现了大众汽车劳资双方间的合作与共识。该条例主要根据 1946 年的《盟国职工委员会法》，赋予了大众汽车职工代表充分的共同决策权，允许职工代表参与决议的事项具体包括：（1）企业人员的雇佣、解雇和调动问题；（2）工资和薪酬问题；（3）业务经营变化；（4）监督工厂食堂的供应情况；（5）监督在大众汽车地产上种植食物的分配情况。此外，《工作条例》还授予大众汽车职工委员会参与确定生产计划和检查商业文件的权利。

当然，管理层对职工代表的限制与制衡依然存在，职工委员会被限制了更广泛的平等共决权，即职工代表根据 1947 年钢铁行业已经建立的制度提出"任命一名人事主管"的要求被英国工厂管理层断然拒绝。英方管理者的抗拒有两个主要原因：一方面，劳方参与公司的管理与盎格鲁 – 撒克逊的行业利益协调模式格格不入，因此职工委员会的这一要求挑战了他们的惯例；另一方面，英国军政府认为自己只是一个临时托管人，并不想在企业核心管理问题上制造出既成事实或带来颠覆性改变。

随着海因里希 · 诺德霍夫（Heinrich Nordhoff）被任命为大众汽车公司的总经理，大众公司的共同决策制度发生了第三个重要变化，即职工委员会的力量遭到了削弱。与之前的领导者相比，诺德霍夫更加漠视与职工代表取得平衡、达成共识。随着大众汽车的薪酬进行了货币改革后，职工委员会不仅失去了强势的供应地位，也面临着管理层对其腐败的指控。于是，诺德霍夫利用这一系列事实削弱了职工委员会的影响力，并将其权限逐渐转移到自己的控制范围。他的改革并没有遭到职工代表的激烈反对，因为此时的职工委员会也缺乏公司内广大员工的支持，无法提出对抗性策略。因此，诺德霍夫上任后，大众汽车在管理领域出现了一种家长式作风，这种强硬作风深刻地影响了企业随后 20 多年处理劳资关系的理念和措施。

值得注意的是，当职工代表在政治权力斗争和腐败指责中失势时，工会逐渐在大众汽车建立起自己的地位和话语权。当工资冻结政策解除后，大众汽车员工的物质条件得到了很大改善，这一事实有助于促进劳资双方的合作。一个典型事件是 1948 年五金工业工会（IG Metall）与大众汽车签订了第一批集体合同。虽然此时的五金工业工会仍处于萌芽和发展阶段，力量较为弱小，但劳资双方仍然达成了对员工较为有利的协议。[①] 根据该协议，大众汽车员工的平均小时工资增长了 28.8%。

总的来说，1945 年至 1949 年，大众汽车职工委员会的特点是其组织机构和力量都非常不稳定，且存在着激烈的内部矛盾：他们不仅需要面对劳资之间的利益博弈以及不同政治倾向的员工内部之间的分歧，其机构自身也面临着内斗和贪污的指控。直到

① 直到 1951 年五金工业工会的弱势局面才获得改变，并成为机械和金属加工行业内乃至全国范围内最强大的工会力量。

1951 年没有贪污污点的候选人乌戈·博克（Hugo Bork）当选为职工委员会主席以后，大众汽车职工委员会的日常运作才最终稳定下来。

（二）黄金发展时期的收入共决

1. 大众的快速发展和扩张

从第一阶段开始，联邦德国的经济发展处于战后资本主义的黄金时期。在良好的宏观环境的推动下，大众汽车广泛应用福特制生产模式，开拓了国际市场，这些成功的战略在 1950 年至 1965 年推动大众经历了持续快速的增长。甲壳虫系列汽车独特的概念和富有前瞻性的世界市场定位，以及 1954 年大众汽车的生产线开始向福特式大规模生产转变，这些优势使得大众汽车在国际市场上占据了领先地位，并成为欧洲大规模机械化生产的典型代表。大众汽车合理吸收和借鉴了美国汽车工业中的“流动生产、泰勒主义分工、专用机械化和集中式决策结构”等特征，在此基础上积极推行单一化产品战略，并取得了巨大成功。这一时期，大众汽车开始迅猛开拓国际市场，除了在德国境内的汉诺威、卡塞尔、埃姆登新建了三个国内工厂，还在巴西（1953 年）、南非（1956 年）和墨西哥（1964 年）新建了三个国外生产工厂。1966 年，大众汽车的产量较 1951 年增长了 15 倍以上，出口量增长了 27 倍以上，销售量与投资量则上升至 20 倍以上。仅在国内市场，大众汽车的员工数量就增长了 6 倍以上，并自 20 世纪 60 年代初开始大量招聘外籍劳工，尤其是来自意大利与土耳其的工人。

可观的增长为劳资之间的利润分配提供了广阔空间，也为大众汽车共同决策制度的进一步发展提供了独特的优势和重要的物质基础。首先，大众汽车绝对领先的业绩在一定程度上保证了大众汽车有条件不参与整个汽车行业的集体协商。企业领导者诺德霍夫利用大众汽车经济崛起的底气，试图挣脱行业雇主协会的纪律束缚，并尽可能地独立于政府意愿行事。通过这些行动，大众汽车力求降低外部政治力量对企业的影响。这一管理理念和企业战略为该时期大众汽车签订一系列符合企业自身独特性和自主性的劳资集体合同埋下了伏笔。比如，大众汽车开始通过企业集体合同而非行业集体合同确定员工待遇。

与此同时，大众汽车企业外部的行业工会势力不断壮大，工会方试图将企业在特殊历史时期的利润增长转化为员工待遇的实质性提高，这一外部压力在客观上也加剧了大众汽车与行业内其他企业的差异。20 世纪 50 年代，五金工业工会在集体谈判政策方面取得了突破性进展，使大众汽车的员工待遇水平与其他公司区别开来。①

这一时期，大众汽车的员工工资不成比例地增长，奖金制度的发展也超过了一般集体协商达成的水平。随着 1957 年通过公司协议引入了五天工作制之后，大多数员工开始适用每周 40 小时的

---

① 值得注意的是，五金工业工会主席奥托・布伦纳（Otto Brenner）于 1951 年 5 月当选大众汽车监事会成员，这凸显了五金工业工会和大众汽车之间的特殊联系开始确立，且这种联系绵延持续至今。每一任五金工业工会主席都在大众汽车集团监事会中占有一席之地。

全额工资补偿。这一劳动标准直到四年后才在金属行业中得到普遍采用。

2. 共同决策制度的强化

这一时期，大众汽车的共同决策制度得到了前所未有的强化，主要表现在两个方面。第一，共同决策制度在大众汽车的薪酬分配中发挥着越来越重要的作用。该阶段，经济成果在员工中的分配成为大众汽车的重要管理议题。从长远发展来看，工资待遇的提升将有助于大众汽车招聘时吸引到稀缺劳动力，并将员工与公司更长久、更紧密地联系在一起，从而为企业的发展和扩张提供充足可靠的人力资源。不仅如此，大众汽车此时所依赖的福特主义增长范式同样要求关注企业的内部分配。一是福特式增长不仅依赖大规模生产和科学管理下劳动效率的提升，还需要形成相应的庞大消费市场，以构成生产端与消费端之间的良性循环。二是大规模消费的稳定增长进一步要求工薪阶层的就业与收入普遍增长，并需要配套的国家保护福利和服务。在这一背景下，该阶段大众汽车共同决策制度的聚焦点和首要目标是允许员工参与分享公司的利润，并通过集体谈判制度为职工委员会的共同决策权确定一个基本的监管框架。大众汽车的职工代表遵循了上述范式，并取得实质性的成功，有效地加强了五金工业工会和职工委员会在这一时期的代表性、权威性。然而，此时以诺德霍夫为首的企业管理层仅仅将共同决策制度理解为一种家长式管理下构建起来的内部伙伴关系，强调职工代表有权在绩效和福利领域行使参与权，双方并不认为共同决策制度是一种能够影响公司经营政策与战略决策的合作过程。简言之，此时共同决策制度的工作重点在于为员工争取最佳的薪酬分配政策和待遇水平，且企业和职工委员会之间在这一领域内的伙伴式关系得到了不断强化。

第二，职工代表的共决权以法律形式得以确认。该时期共同决策制度发展变化的另一个关键事件是关于大众公司的私有化争议及其衍生形成的《大众汽车公司法》。1960 年，原大众汽车有限公司转变为股份公司后，60% 的企业股本被私有化，且大部分成为自由流通股。然而，无论是职工代表还是由社会民主党领导的下萨克森州政府[①]都不同意这种方式的私有化。各方就私有化展开了激烈斗争，最终达成了政治妥协，联邦政府专门制定了《大众汽车公司法》，具体规定了监事会、职工代表、公众股东、联邦政府和州政府（各持有 20% 的股本）的权利。《大众汽车公司法》规定，年度股东大会投票权被限制在 20% 以内；公司章程变更需要 80% 以上的多数同意；[②]生产基地的设立和变更需要监事会三分之二以上的多数同意；联邦政府和州政府在监事会各占两个议席。这些规定以法律形式保障了公众股东和雇员的特殊权利，且至今仍然是至关重要的公司战略发展框架。在这一法律下，政府的影响并不表现为对大众运营与业务决策的直接影响，而是表现为对就业发展和区域责任的关注与期望，这与当时普遍流行的福特式增长共识完美契合。

---

① 该州政府自 1949 年以来一直在德国政府的授意与指示下对大众汽车厂实行控制。

② 根据《股份有限公司法》，原本只需要超过 75%。

综上所述，在国际化大规模生产带来的繁荣下，这一时期大众汽车共同决策制度的主要职能是通过干涉企业内部薪酬分配制度来为员工争取利益最大化，职工委员会在经济领域的共决权不仅得到了实质性强化，而且职工代表在公司事务中的权利也首次得到了法律形式的保障。同时，由于企业外部行业工会的力量也在这一时期得到壮大，这也同样促进了大众汽车员工待遇的提升。

二、政策共决的形成及发展

（一）福特制危机与政策共决的雏形

1. 福特制危机和全球化挑战

1966 年到 1967 年，德国经历了战后第一次经济衰退，曾经的经济迅猛增长之势陷入了停滞，大众汽车盛行的福特主义增长模式开始出现裂痕。这次停滞并非经济的暂时短期下滑，而是深层次结构性动荡的预兆。大众汽车的持续繁荣愿景在这一时期面临破灭，[①] 因为旧经营战略所依托的支撑性因素正在崩塌，不断变化的全球性市场也出现了全新的竞争对手与挑战。

就外部环境来看，主要有三个因素导致了大众危机。第一，石油危机导致资源供给不足，致使宏观经济产能在震荡中走向衰退，整体经济的发展速度开始放缓。在行业层面，油价暴涨导致个人汽车的使用成本急剧上升，大众汽车旗下的汽车产品因此失

① “The brief dream of perpetual prosperity”, from Werner Widuckel, (2003), Paradigm development of co-determination at Volkswagen.

去了经济型汽车的声誉，这导致大众汽车的销售量开始显著下滑，曾经依靠大规模消费而构成的良性循环格局被打破。第二，布雷顿森林体系崩溃，各国都放弃了固定汇率政策，美元汇率出现大幅度、灵活的波动，造成企业利润充满了不确定性。这对大众汽车的经营管理造成了不利影响，也使大众汽车的出口战略面临着巨大压力。第三，在欧亚大陆的另一端，日本汽车制造业的兴起对大众汽车的国际市场份额带来了冲击，使大众汽车失去了美国市场这个重要的销售与收益支柱。

上述外部环境对大众汽车造成了沉重打击，同时也暴露了企业内部僵化的福特式批量生产方式的弊端。第一，在此之前，大众汽车一直采取垂直一体化、细分多元化的生产策略，选择同时制造垂直生产链上的多项零部件产品以及同系列产品的众多型号变体。生产程度的纵深发展和车型的复杂化对大规模生产带来了挑战，并直接降低了劳动生产力和公司收益。第二，当时大众汽车对生产创新与变革抱有抵触情绪，坚持大量生产甲壳虫轿车，而没有开发新产品系列。这些故步自封的战略举措最终导致 1975 年企业爆发了经营危机，甚至威胁到公司存亡。第三，国际市场极受欢迎的甲壳虫系列在技术概念和舒适性上都不能满足市场与客户需求，因此失去了国际市场上的独家地位，并最终使大众汽车甲壳虫系列产品的增长和出口战略都戛然而止。第四，福特制下盛行的泰勒式管理方式已无法充分激发员工的动力，难以实现持续提高生产率的目的。在内外因素的冲击下，大众汽车发现自己处于前所未有的需要被迫大规模削减产能以及大幅裁员的境地。

2. 共同决策制度的新领域：保证就业岗位

在内外交困的处境下，大众汽车签订高标准劳资协议赖以维系的物质基础已然崩溃。20 世纪五六十年代以生产率公约为基础的劳资合作被充满冲突的抗争所取代。职工代表在过去争取到的高福利待遇式分配政策依托于企业的稳定增长，现在则不得不让位于“尽可能保障就业和防止待遇水平倒退”的妥协性目标。如何解决就业成为公司管理层与职工委员会共同关心的核心问题。然而，劳资协议的改变不可能一蹴而就，往往是一个伴随着波折与矛盾的渐进式过程。

在 1971—1972 年的第一次危机中，大众汽车仍然可以通过利益调解政策来避免大规模裁员的风险。该政策提倡通过大家普遍接受的措施实现裁员，例如冻结雇佣、增加短期工作和签订自愿离职合同等方式。但在 1974—1975 年的第二次危机中，采取这些措施已不足以解决问题。职工委员会与公司管理层就应采取的措施发生了严重冲突。初期，职工代表和管理委员会之间就裁员重组战略发生了激烈争执，尽管当时双方已经就裁员规模、裁员实施措施和产能削减范围等问题进行了长期争论，但五金工业工会继续坚持提出过高的工资要求，企业也在严重危机爆发前试图削减年度奖金计划。这些做法最终导致了双方的严重冲突，董事会主席库尔特·洛茨（Kurt Lotz）和继任者鲁道夫·莱丁（Rudolf Leiding）都不得不因此而被迫辞职。这次冲突表明，当时的职工代表和企业管理层还没有学会如何在增长困境中达成必要的战略共识并一同制定有效的危机管理措施。当一方挑衅性地追求减免劳动力成本时，另一方也坚持其旧有的分配政策立场，坚守增长期的工资水平。因此，大众汽车此时发展劳资妥协的路被堵死了。

但大众汽车的危机持续存在，最终还是迫使职工代表放弃了旧有的劳资协议模式，开始接受唯一可供选择的紧缩式策略，并逐渐将“保证就业岗位”作为这一阶段职工代表和共同决策制度的工作重点。董事会新主席托尼·施默克（Toni Schmuecker）同样奉行大规模裁员计划。根据该计划，大众汽车将整体关闭部分工厂，并将导致三万名员工失去工作岗位。但最终，在职工代表的压力下，施默克取消了这一计划。董事会提出的第二个应对危机计划是大规模裁员，即共解雇二万五千名员工，并将该指标分配到所有工厂中。其中，萨尔茨吉特工厂（减少发动机制造并停止以往的装配活动）和布鲁塞尔工厂受到的影响最为严重。

在与总职工委员会和监事会的密切合作下，大众职工代表最终进行了让步，放弃了之前一直坚持的“彻底避免裁员”的理想化立场。但职工委员会和集团职工代表在限制裁员和降低裁员带来的社会影响上作出了许多努力，并在这一过程中显示出参与企业危机管理的初步迹象，其职能范围得到了扩展。最终，董事会通过在工厂之间进行人事变动，提出更有吸引力的解雇合同和养老金规定，将大规模裁员数量降至 8150 名员工。该计划通过监事会的职工代表投票获得批准，但职工代表也提出了自己的创新性计划，即延期两年执行裁员。且如果经济形势改善，则应取消裁员。[①]

① 实际上，由于德国经济从 1976 年开始迅速复苏，因此公司最终并未实施裁员计划。

20 世纪 70 年代的危机管理阶段对于大众汽车的劳资关系转型尤为重要，因为职工代表通过自身提出的就业计划得以首次进入公司政策的共决领域。在此之前，就业政策一直受到管理层的全面控制。这表明，就业政策已成为劳资关系的新政策领域，对共同决策制度新范式的诞生具有以下重要意义。

第一，在新任主席齐格弗里德·埃勒斯（Siegfried Ehlers）的领导下，总职工委员会敢于对时任董事会主席莱丁进行权力范围的质询，在此之前这是不可想象的。这位董事会主席曾试图在总职工委员会不知情的情况下，通过给员工写信的方式来获得对利润分配政策意见的领导权。职工代表认为莱丁的举动是对职工委员会自主权的威胁，并担心自己的行动能力和自我维护能力会被永久削弱。如果管理委员会持续干扰，职工委员会有可能会失去对雇员利益表达的控制，且有可能被排除在共同决策制度的谈判桌之外。最终，莱丁被解雇了，这也象征了该时期劳资双方围绕共同决策制度制订游戏规则而出现各种冲突的高潮。相对比而言，在上一个福特主义增长阶段，共同决策制度的制度安排和规则是非常稳定的，即使职工委员会失去了股东支持，公司的执行总裁也不能轻易打破劳资协议已形成的局面。但莱丁的强势干预显然打破了双方势力的稳定与均衡，最终他被解雇的结果是劳资双方维护共同决策制度精神的必然要求，也是守卫和重构双方关系的重要举措。

第二，防止大规模裁员是该事件中职工代表的核心谈判立场，职工委员会希望能在企业利益与职工保障之间寻找到平衡点。后来的劳工主管卡尔·海因茨·布里亚姆（Karl Heinz Briam）以“中线”人事政策贯彻了这一基本原则。所谓的“中线”，是指人事政策需要兼顾职工保障和企业发展，以求同时对工作氛围与生产效率产生积极影响，最终实现劳资双方的利益平衡。一方面，在经济不景气的情况下不应裁员，但应继续通过短期工作来保障就业；另一方面，在经济繁荣期间几乎不用作出任何调整，需求高峰也不会出现大量的强迫加班。这需要大众汽车的人事政策更加灵活机动、因时制宜。例如，在经济繁荣时期，这一政策意味着加班、增加轮班班次、聘用短期合同员工、增加招聘；在危机时期，相对应的具体手段则包括停止招聘、增加短期雇佣、国家工资补贴，以及建立在补偿基础上的自愿辞职。因经济原因而导致的裁员是不被允许的——这成为企业困顿停滞时期共同决策制度所努力争取的目标。随着目标的变化，职工代表理想化的立场有所松动，并开始站在更加中立和富有全局意识的视角来审视自身的诉求与职责。

第三，新成立的总职工委员会和集团职工委员会面临着考验，即如何在企业内部找到所有生产基地的利益平衡点，并代表这些利益方与公司沟通。不同生产基地之间可能存在着因生产规划、资源分配而导致的利益冲突，这要求企业内部存在一个协调性组织来缓和矛盾并寻找最优解。这直接带来了共同决策制度的制度创新：在德国 1972 年颁布的《企业组织法》的法律基础上，总职工委员会被赋予了强大的协调职能，以发展和提高职工代表的地位。新法的变化以及旨在“平衡各基地产能和就业状况”的企业危机管理战略共同造就了总职工委员会在这一时期的强势地位。

3. 政策共决的雏形

总体而言，在《企业组织法》与企业战略的双重作用下，职工委员会的地位得到提高，职能得以扩展，共同决策制度迎来制度创新。重要创新主要表现在以下几个方面：第一，职工委员会的主要职能转变为在企业增长停滞时期尽可能维护员工权益和保障物质条件，限制企业的裁员减薪计划。第二，职工委员会通过协调与平衡劳资各方利益，规避紧缩型战略引发的不良社会影响，这实际意味着职工委员会开始实质性参与企业的危机管理。第三，职工代表与企业管理层的关系在双方斗争和妥协中最终并没有走向破裂，反而得以维护和重构。第四，这一时期，大众汽车的"中线"人事策略与行动方向得以确立。

总之，共同决策制度创新的结果是随企业战略而变化的人事政策与生产政策都被纳入了职工代表讨论和干预的范畴，且职工委员会在危机与风险管理中起到了弥足重要的协调作用。这些发展具有重要象征性意义，即职工代表和共同决策制度的新范式开始逐步形成，共同决策制度开始由经济共决转向政策共决。

但这一阶段，职工委员会的功能定位仍然是保护功能，站在了企业管理方的对立面。就内容而言，利益代表并未寻求通过公司协议来支持共同管理。利益代表的动机显然受传统保护和控制利益支配。他们必须保护工人免受公司决策的负面影响，并且必须监督管理人员履行社会职责。对于他们而言，他们更多地从社会角度监管公司的计划与决策，以便在经济事务中将员工的社会和个人需求考虑在内。这意味着，从社会角度来看，职工委员会将自己归为公司管理层的对立面。而且职工委员会提出的政策仍然是被动的，因为他们并没有设计企业政策的意图，更多的是承担监督职能。通过就业政策的参与，利益代表仅进入了战略性公司决策的一个新领域，对于其他战略领域仍无法涉足。而且，参与就业政策的目的也主要在于扩展其保护和控制职能，而不是发挥主动设计的职能。虽然从 20 世纪 70 年代中叶开始，利益代表也采取了一些以设计为导向的职工委员会政策，但这些政策是在个别项目中提出的，例如大众汽车在 20 世纪 70 年代下叶实施的“劳动人性化”计划，但是这些项目都过于分散，无法形成系统。

（二）新产线的调整及政策共决的形成

在大众公司克服了上一个阶段的增长危机之后，生产领域福特主义的常规范式走向了彻底的没落。新时期，大众汽车企业外部的政治经济框架和内部结构都已经发生了根本性变化，大众汽车主要采用了两种新的战略，包括引入自动化生产线，以及强化国际化战略并大量建立海外生产基地。对于福特制生产系统危机带来的新挑战，利益代表提出了两个创新性的解决方案，一是参与到政策设计过程中去，二是实现利益代表的国际化。

1. 自动化带来的裁员危机及职工委员会的应对

这一时期，大众汽车向自动化装配迈出了大胆的一步，迎来了技术发展的新阶段。1983 年，大众汽车投入使用的 54 号车间被视为大众汽车生产自动化的开创性项目。通过技术进步，该生产基地节省了大量劳动力，一定程度上降低了公司成本。但生产自动化的引入也存在着明显的局限性，主要表现在生产线高度不灵活，加上日益增长的产品复杂性，使得人员密集型装配线的技术自动化难以实现。同时，该生产方式对市场波动也不具备足够的适应性。因此，54 号车间第一次尝试将福特主义范式进行完善，以期满足日益灵活多变的市场和产品需求，但仅获得了部分成功。然而，无论如何，自动化新技术的引入都意味着曾作为共同决策制度基础的企业发展与就业增长之间的平衡关系已经被彻底打破，产量的提高不再必然等比例增加雇佣人数；相反地，优化生产过程、精简人员并提高劳动效率成为企业变革的主要方向。例如，这一时期大众汽车通过优化流程减员约三万人。

虽然《50% 共决法》（1976）的实施进一步强化了大众汽车共同决策制度的地位，并保障了劳方的话语权，但面对新技术带来的人员合理化挑战以及不可避免的减员趋势，职工代表们不得不寻找新的共决战略，并把尽可能减少技术变革对就业和员工福利的影响作为新时期的工作重点。职工委员会采用了一系列具体应对措施：

第一，为了更加高效和及时地应对加速引入新技术的后果，劳资双方的谈判有针对性地聚焦于自动化下新的工作时间政策、工资差异、如何缓冲与技术改进有关的降职和减员对员工造成的影响。在工时方面，大众汽车的职工代表们积极支持五金工业工会在全德国范围内争取 35 小时工作制的行动，试图通过减少人均工作时长的方式来增加就业岗位。在薪酬方面，职工委员会通过工资结构的细化来保证员工利益，以集体合同的形式敲定了职级间工资差异的细则，允许进行级别之间的跨越。细化的工资结构不仅使人力成本更加可计算、可规划、可控制，避免了工资水平过于灵活导致收入水平的大幅波动，也使得员工对自己的个人所得和发展前景有更加清晰透明的认知。此外，职工委员会还积极参与制定新技术的应用和组织方式，试图通过调岗等内部人员消化手段来减少优化过程中的解雇行为。

第二，在技术合理化与质量管理小组的争论中，利益代表进行了设计政策的变革，提出一项积极的设计政策作为补充，并支持利益代表传统的保护和监督政策。这些政策的目的是使公司实施就业和人性化政策。利益代表在结构转型过程中得出结论：被动的、以结果为导向的政策不再符合其自身目标，在目标与其实现方法之间已产生巨大的鸿沟，仅应对并处理发展后果的传统实践方法已无法适用于新出现的挑战。为了避免“事后诸葛亮”的问题，应将利益代表最初的目标纳入公司的设计概念中。1986 年初，沃尔特·希勒（Walter Hiller）继任大众汽车总职工委员会主席和沃尔夫斯堡职工委员主席，在 1986 年关于汽车行业未来发展的五金工业工会研讨会上，他首次全面介绍了具体和系统性的设计政策，随后即被纳入利益代表的就业政策目标中。如果回顾政策目标和职工委员会角色变化的转折点，无疑就是希勒的演讲。他强调未来职工委员会的策略不再是采取防御机制以应对合理化后果，而是采取进攻机制，并面向社会设计技术转型。

> “……我们无法通过简单否定新技术来解决这些问题。如果不解决这些问题，将会导致工作场所的直接损失，同时也将对社会产生不良后果。我们不能放弃进一步发展生产方式，否则将意味着我们会失去重要的设计社会的权利。因为，只有生产率持续提高，才能在无实质性损失的条件下减少工作时间并提高工作质量。这些基本关系向我们提出了艰巨的任务，我们不能简单地以‘是’或‘否’来结束我们与新技术之间的关系。我们必须直面设计任务。在这一点上，我们必须回答以下问题：
>
> 1. 新技术设计的内容是什么，能否促进人性化工作条件的改善？
>
> 2. 我们的同事在未来将如何工作和生活？”
>
> 总职工委员会主席：沃尔特·希勒（Walter Hiller）

2. 国际化战略的实施及职工委员会的应对

这一时期，另一个对共同决策制度产生重要影响的背景因素是企业的国际化大发展战略。在世界市场上，大众汽车愈加感受到日本制造商带来的竞争压力，并由此引发了一场企业内部激烈的争论，旨在分析造成持续性成本问题的原因并寻找应对措施。争论的结果是，大众汽车试图通过建立新的海外生产基地、减少生产的垂直范围、加强间接领域的成本管理来突破这一瓶颈。在这些战略计划的指导下，加速国际扩张成为大众公司的重要战略计划。

例如，大众汽车在1984年成立了第一家中德合资企业，以求利用中国改革开放的契机以及大量的廉价劳动力来达到开拓市场和节省劳动力成本的目的。这一行动被认为是大众企业加大迎合全球化浪潮的标志。再如，随着1986年对SEAT的收购，大众汽车在西班牙建立了第一个海外平行生产基地。该举措不仅是为了开辟市场、分摊德国本土承受的市场波动的影响，更是为了增加德国各生产基地的压力，促使他们降低劳动成本和提高效率。

在这一背景下，大众汽车的职工代表面临两个严峻的现实：其一，德国本土工厂面临着严峻的优化挑战和成本压力。如何在国际化扩张中保护本国工人的利益成为棘手的难题。其二，由于企业发展才是就业稳定的坚实基础，职工代表必须拥有全局意识，与企业管理层达成合作，共同致力于实现加强公司竞争力的目标，帮助企业克服成本困境带来的生存危机，并在保证企业增长和生产灵活性的同时，通过积极参与制定企业政策来保障员工利益。这不仅意味着职工代表将承担更加艰巨的责任，也对其专业化能力提出了很大挑战。

为了应对上述挑战，职工代表决定将提高企业竞争力作为共同决策制度的重要目标。职工代表们通过质疑和批评的形式对管理层战略与公司政策提出建议，并获得了管理层各部门对其立场的理解，从而影响了公司内部意见的形成。1986年当选的总职工委员会主席沃尔特·希勒批评了公司严格的职能型官僚主义，认为官僚机构固守泰勒主义式工作和工厂组织的基本规则，导致公司的成本结构缺乏透明度。公司管理层则反驳称，集体谈判协议使他们在德国处于根本性的竞争劣势，故只能通过在国外建立低成本的生产基地来进行纠正。职工代表继而表示愿意支持大众汽车集团的国际化战略，但要求保证德国工厂及其雇员利益，并要求承认外国工厂组建工会的权利，这两项要求是职工代表同意收购 SEAT 和日后建立更多外国工厂的前提条件。

同时，职工代表通过集体谈判成功影响了一系列工作场所的规定，如减少工作时间。职工代表们坚守的底线是，尽管企业面临的竞争压力增加，但依然要确保在发展过程中扩大就业和让员工获得实际的好处。

（三）全球化转型及政策共决的成熟

1. 大众的全球化转型危机

20 世纪 90 年代，大众汽车面临的宏观环境都与全球化浪潮的持续纵深发展密切相关。一方面，全球范围的角逐使得企业外部竞争的紧张形势加剧，沉重的成本与利润压力促使大众公司进行更深入的转型与变革。另一方面，企业内部的竞争也因国际化生产布局而日益凸显。在这一阶段，大众汽车从一家传统的跨国公司转型为一家高度全球化与国际化的公司。此前，大众汽车在发达经济体与发展水平较低国家的市场与工厂之间存在着不同的产品规划和生产技术的巨大差距。而如今，大众汽车全球范围内的工厂在生产灵活性、综合成本和生产质量上都已经具备了相对统一的基准。在这样的情形下，企业内部异国工厂间的竞争加剧，因为旗下工厂只有在成本和质量都能够达到集团标准的情况下，才能够获得长期投资、产品生产订单和就业机会。因此，德国工厂不仅面临着盈利要求，同时也面临着高工资和高工作标准带来的内部生存压力。与此同时，全球化市场对专业化分工和生产灵活性的要求更高，而此前大众的产能扩张与市场需求脱节，最终造成了 1993 年的亏损危机。生产领域的重新战略布局对于大众汽车的生存变得至关重要。

从微观角度来看，费迪南德·皮耶希（Ferdinand Piëch）于 1993 年初接任董事会主席后，明确指出了大众汽车在生产流程与组织结构上存在的各种弊病，具体包括生产流程缺乏灵活性、严格的分工与权限限制，以及职能领域冗余的层级结构。他认为，这些因素阻碍了公司的生产效率与成本控制，主张取消大众汽车的泰勒-福特制组织结构，同时克服公司集中化、职能化、等级化、行政主义的和高度部门化的结构，将批量生产设置为以过程、质量和时间为导向的灵活分散的组织形式。此外，皮耶希认为，对新型工作组织的创新试验，如质量圈（quality control circle）和小组合作（team work），目前在大众仅限于个别示范，并未得到广泛应用，也未能有效地嵌入现有的公司组织结构中，因此尚未对生产效率产生持久影响。面对上述组织结构弊病，职工委员会曾独立提出三种设计理念，包括对于生产领域内受过多次培训的人员，扩大其认证范围；引入小组工作，放宽小组决策授权并尽可能保证团队性和人性化的工作分配；形成权力分散、层级结构较少的扁平化公司组织。总之，职工委员会强调生产率的提高与人性化的工作条件改善同样重要。

总体而言，皮耶希的组织结构变革思路与利益代表的政策设计建议之间存在很多交集，权力下放、管理层削减、过程导向、团队结构和更全面的任务分配是双方共同的组织理念。但实践证明，组织改革计划的进展不容乐观，尤其在分散管理或构建以流程为导向的分散式经营业务责任等方面。公司管理层和职工委员会共同实施的新组织改革举措一次又一次地由于内部的僵化和抵制遭遇失败，或者重新陷入福特－泰勒主义组织模式的传统做法中。

这一时期，全球化带来的挑战持续存在，对产能的灵活调控、生产基地的国际化分布和迁徙都对德国本土员工的存续和待遇带来挑战；微观层面，企业内部组织结构的弊端亟待解决。因此，整合全球资源、重组集团生产网络，成为这一时期大众汽车共同决策制度的基本原则和目标。企业变革势必带来人事领域政策的改变，在上述背景下，职工委员会确定了这一阶段的三个具体目标：确保就业、扩大职工委员会的共同决策权以及使利益代表国际化，并以一系列具体的新措施推进了共同决策制度的创新与发展。

2. 保障就业的五大创新措施

当时，大众汽车德国本部有三万名员工因产能削减、成本控制与技术升级被评估为过剩劳动力，如何应对公司发展危机中的就业保障风险，成为职工委员会迫在眉睫的重要议题。值得注意的是，部分就业保障政策暗含了对共同决策权的扩展，因为职工代表所采取的就业保护手段明显超出了德国《职工委员会法》规定的适用领域。

（1）四天工作制：1993年集体合同

作为集体合同的合作方，公司管理层、基础职工代表、总职工委员会和五金工业工会共同致力于提出各方都认可的解决方案，并于1993年最终达成了一致，即不会因经营环境变化而裁员。实现这一目标的手段是四天工作制，即将工作时间缩减至四个工作日，每天工作7.2小时，每周工作28.8小时，并同意该政策将持续到2006年。四天工作制在1993年11月签订的集体合同中得到了确认，且在该集体合同的前言中规定了集体合同各方有同等义务解决就业保障的相关问题，即资方应将就业保障视为公司管理的独立目标，而劳方代表则有义务维护公司竞争力，提高员工胜任力。这种共同义务是德国企业的特点之一。由于企业竞争力依靠于生产与经营能力的提升，这一协议意味着有关“生产力或提升产品质量”的议题已经成为职工代表的任务与责任之一。当时的人事董事彼得·哈茨（Peter Hartz）认为，灵活安排工作时间是保持公司活力的重要方式，因此四天工作制政策是一个良好的尝试。最终实践证明，以缩减人均工时实现员工就业数量保障的办法确实效果良好，且这一创新性策略获得了行业内许多公司的效仿。

当时，德国国内外公众对每周四天工作制集体合同的达成反响热烈。从自由主义到保守主义的新闻评论家，都认为此项集体合同为改变就业政策发出了希望的信号，因为该集体合同打破了双方的政治禁忌，工会和公司都抛弃了以往的争论模式：金属行业工会承认，如果不降低工资，就难以实现工作时间的削减和就业岗位的保障；公司则打破了雇主方教条，即不再坚持称削减工作时间不会对就业产生任何积极影响。各方站在这些立场上重新开始了关于工作时间政策的讨论，以寻求新的就业政策解决方案。这种程度的劳资相互妥协和让步在此前业界很少见，大众汽车再次在集体谈判政策中发挥了特殊的先驱作用。

（2）降薪

职工委员会与企业达成的另一个保障就业的重要举措是降薪。20 世纪 90 年代中期，大众汽车重新设计了工资构成，减少了公司补贴，实现了员工年均工资水平的下调，从成本控制角度缓解了企业裁员的需要。2004 年，为了确保大众汽车六家德国工厂的工作岗位，执行符合市场要求的劳动成本缩减计划，劳资双方达成了一项折中的集体合同，规定大众汽车员工将放弃两年的按比例加薪，但员工可获得 1000 欧元的一次性补偿，而且作为弥补，公司管理层作出将在随后长达七年的时间持续对德国工厂进行投资并保障就业的承诺。

总体而言，无论是工时缩减还是直接降薪，都意味着共同决策制度的谈判目标在该时期已然发生了根本性变化。在旧范式下，集体合同在员工工资待遇和就业保护条款方面的标准高低曾是该协议成功与否的衡量标准。然而，这一阶段的职工代表不得不在严重的就业危机压力之下转移曾经的谈判重点，以降低员工待遇水平换取更长远的前景。这意味着，一种更加可持续的思维方式被职工代表所采用。

（3）“汽车5000”项目

除了通过调整工时与薪资水平来保障就业，职工委员会还试图通过对生产规划施加更直接的影响，以此实施就业保障。其中，职工委员会2001年制定实施的“汽车5000”项目就是其中最典型的做法。当时的大众汽车管理层试图将某一车型的生产线迁移至斯洛伐克，从而利用当地更低廉的人力成本。职工委员会同意新建外国生产基地的提议，但同时提出要在德国本土工厂引入另一新车型生产计划作为交换，以此保障德国工人的就业岗位。最终，“汽车5000”项目招聘了5000名新员工，其中3500名来自之前生产线转移所造成的失业者。根据集体合同，新员工的工资为地区集体合同标准下的固定和可变工资总和，每月约为5000马克，但总体低于大众汽车内部的集体合同所达成的工资；工时则依照地区集体合同标准执行。除此之外，公司还在这批新员工身上探索与试用了一系列创新的生产和工作方式，包括团队合作、知识管理以及更加透明的综合业务流程。

这一项目体现了大众公司在内部劳动政策上的现代化与创新。因为无论是有意招聘失业者，对招聘标准进行社会化修改，还是试图通过内部学习培训来保证雇佣者可持续的就业能力，都反映了公司政策目标与社会政治要求的结合，体现了大众汽车是一家富有企业社会责任感的公司。[①] 总而言之，职工委员会共同决策的

① 但是也要注意到新员工差别化的工作条件和待遇，体现了职工委员会在劳动标准上的妥协与让步，且这一内部员工的差异化趋势可能对统一集体合同的约束力造成潜在的削弱和侵蚀。

领域进一步得到了扩展，换句话说，职工代表不仅开始影响生产计划的实施，也能够左右解雇员工的数量。

（4）汽车前景项目

此外，由于沃尔夫斯堡地区就业岗位的萎缩已经无法仅仅依靠一家公司的力量就能得到完全解决，因此大众汽车联合了行业内其他大型企业、当地政府与社会组织，共同推出了汽车前景项目（Autovision），旨在促进整个地区的经济发展和增加就业岗位。五金工业工会与职工委员会都积极参与了这一项目，并在其中充分发挥了沟通协调作用。该项目方案主要包括：（1）以政府优惠政策吸引零部件供应商在该地区落地投产，从而创造新岗位，改善零配件供应情况，并为形成集聚效应与协同效应提供空间；（2）设立技术导向的创新创业中心，吸引汽车行业高技术人才入驻，推动小型技术公司的创立与行业技术的创新；（3）由政府、五金工业工会与大众集团合资建立劳务公司，吸纳区域内临时性劳动力，并为地区内各个汽车生产基地输送劳务派遣工人。劳务派遣公司的创办呼应了大众汽车对于灵活用工以及人员结构“呼吸机制”的需求，在降低失业率、保障企业生产力的同时，为应对市场波动与产能变化提供了更加灵活的劳动力供给方式。总体而言，该项目已经超出了单一企业的边界，成为一个有广泛影响力和良好社会效应的地区性举措，扩大了大众汽车员工的可持续性发展空间。尤其值得注意的是，大众汽车职工委员会与共同决策制度的聚焦点不再局限于企业内部的范畴，而是需要考虑更广阔劳动者群体的利益。

（5）生产基地和就业保障研讨会

大众汽车职工委员会超越企业范畴的另一个更有力的实例是自1993年开始引入的生产基地和就业保障研讨会。该研讨会每年在大众汽车公司旗下全部的六个德国工厂举行，以年度论坛的形式提供了一个劳资各方协商交流的平台，集团和品牌管理层、工厂管理层、职工委员会代表相聚在此，讨论各自工厂业绩及其未来工厂战略。其中，核心议题包括产品和销售规划，工厂的生产、投资、收益状况，人事策略与就业规划，以及工厂设备的利用和资源分配。而关于企业发展方向的专题讨论会更是被纳入企业的年度标准化协商和协调过程中。研讨会使职工委员会得以获取各工厂有关产品与产能计划的详尽信息，并可在公开讨论中针对生产决策和就业规划提出建议。

3. 政策共决权的进一步扩大：1994年采购协议

除却上述围绕就业保障展开的对生产决策的参与，职工委员会还可以共同商议全球采购和前期采购计划，并在不同工厂之间的优化生产程序中发挥重要作用。例如，在1994年签署的一份涉及采购程序与零配件生产的招标、竞标规则的公司协议中，职工委员会积极参与并成功影响和制定了相关标准，扩大了总职工委员会在采购决策方面的共同决策权。职工委员会呼吁在企业内部生产零部件，以确保公司在报价中具有更强的竞争力，从而在签署订单时处于优势地位。在这一协议中，职工委员会不仅全面了解了所有采购程序的相关信息，参与了内部报价，并在内部优化过程以及应采取的技术和组织措施方面具有发言权。一方面，这意味着职工委员会有义务确保公司实现盈利，公司的可持续发展越来越成为职工代表在提出倡议和诉求时不得不考虑的因素。另一方面，在进行内部生产策略与组织结构优化时，职工委员会能够进行干预并提出改善员工工作条件的建议，从而兼顾经济效益与劳动保障的实现，甚至能通过建设性的批评，形成企业创新与变革的动力，弥补管理层单一视角的缺陷。

4. 跨国利益代表组织的设立和发展

由于大众汽车集团拥有宏大的跨国生产网络，仅在德国范围内推行就业保障和扩展共同决策权是不够的。日益激烈的成本缩减促使大众汽车在全球范围内寻找价格低廉但同时具有类似生产能力和质量标准的工厂。欠发达地区的低工资水平和低劳动标准缓解了大众汽车的成本焦虑，海外生产基地的投入和使用提升了企业的国际化程度，但同时也破坏了德国工厂的就业岗位和劳动标准。因此，大众汽车德国职工委员会很早就作出评估：要想实现本土的就业保障，必须依赖跨国职工代表联合。因此，大众汽车成立了欧洲集团职工委员会（EKBR），该组织在 1992 年通过了自愿性合作协议，被公司管理层和职工代表认可，成为官方职工代表机构。

这一协议在其后欧盟关于欧洲职工委员会指令第 13 条规定中，获得了法律保障。德国总职工委员会（GBR）及其时任主席沃尔特·希勒是主要推动者。

通过欧洲集团职工委员会（EKBR）这一跨国性组织，职工代表得以回应企业国际化转型的需求，并加强了与国外生产基地劳方代表的合作，防止了不同工厂之间在投资、产品和就业方面产生可预见的成本和特许权竞争问题。同时，成立欧洲集团职工委员会（EKBR）是监事会中职工代表同意建立国际生产基地的前提条件。伴随着欧洲集团职工委员会（EKBR）的成立，五金工业工会也参与其中，敦促大众汽车制定涉及欧洲集团职工委员会（EKBR）的具体协议。德国劳动关系的基本原则在这一过程中得以推广至国际层面：在欧洲集团职工委员会（EKBR）成立的协议序言中，合作的冲突管理被视为欧洲层面劳动关系的基本原则。同时，协议中还规定公司须承担多方面的信息告知义务，包括就业规划、工厂与集团的结构变化、新的工作组织形式、生产力与生产技术变化、工作条件和社会保障成本以及职业安全信息等。根据协议约定，公司管理层应就这些主题的变化趋势和战略交换信息，劳资各方应就不同计划和想法进行讨论。据此，职工委员会应就投资、生产和就业等具体制度履行咨询义务，尤其是在跨国转移时，以便能够支持公司决策。

1995 年，欧洲集团职工委员会（EKBR）开始逐渐向大众汽车全球集团职工委员会（WKBR）扩展。欧洲集团职工委员会（EKBR）开始以世界工人会议的形式邀请来自中美洲、南美洲、非洲的海外工厂工人代表参加欧洲集团职工委员会（EKBR）每年两次的会议，以保证他们可以参与信息交流。这一阶段，公司开始着手对国外工厂、产品和生产能力进行现代化改造和扩展，因此集团开始调整职工代表结构，以应对集团国际化战略的变化。1998 年，全球集团职工委员会（WKBR）正式成立，并在一年后通过合作协议获得了公司的正式认可。在目的和内容方面，该协议类似于欧洲集团职工委员会（EKBR）协议，面向合作的冲突管理，并将其作为公司内部社会对话的基础以及社会责任与竞争力的结合。同时，公司致力于获得全球范围内工会、联合会以及经民主选举的职工代表的认可。在欧洲集团职工委员会（EKBR）的基础上，企业管理者对职工委员会负有的告知义务，已经扩展至集团内部的供应关系和经营环境保护，且咨询规范与欧洲集团职工委员会（EKBR）协议保持一致。

上述一系列措施带来的最终结果是，到 2000 年左右，职工委员会已经能够制定并扩展共同决定，以应对工厂竞争和由此形成的就业保障等新挑战。同时，他们也是促进就业保障措施创新的重要力量，而且就业保障已经成为大众集团除盈利之外的独立战略目标。职工委员会还与政府、行业同伴和社会组织密切合作，大众公司共同决策制度的影响开始超出企业边界，变得更具社会性。此外，德国的职工委员会也为跨国利益代表政策的制订奠定了基础，并为此至少建立了一个国际性团结框架协议，以减少各个工厂之间的相互竞争。

5. 政策共决的成熟

职工委员会参与自动化生产线的设计以及在国际化战略过程中扮演积极角色的现象表明，共同决策制度的作用已经不再局限于纯粹的分配功能，而是越来越成为一个政策制定与战略谈判过程。职工代表更加关注公司的整体发展，并以企业的变革进程作为行动导向。

从职工代表的角度来看，该阶段的共同决策制度之所以能够取得劳资双方的平衡，不仅是因为工会组织的高覆盖率保障了劳动者维护自身权益的能力，也是因为职工代表们日益增长的能力使他们足以胜任对公司政策和战略进行合理监管与批评的任务。且现行法律制度也赋予了他们否决管理层决议并寻求替代性解决方案的权利。职工代表们在该时期积极影响公司的各项关键决策，以此维护雇员权益。例如，他们并没有拒绝企业国际化的进程，而是希望能引入社会维度的考量，保护本国劳动者的利益和海外生产链上工人的基本权利。他们支持新技术的引入和生产力革新，但反对顺势裁员，希望利用技术进步减少人均工作时间，以创造和保证更多就业机会。他们纠正了企业管理层对日本模式的态度，认为这实质上要求对工作和公司组织进行根本性重组，不可能简单地复制“丰田模式”。这些事例都是共同决策制度以及员工话语权得到进一步扩展的有力证据。

从管理层角度来看，他们已然认识到不能仅仅因为拥有权力就拒绝与劳方合作，因为劳方参与企业政策与战略的探讨已经成为建立共识的新基础，特别是当职工代表明确表示将与企业一同致力于加强公司竞争力的情况下。在这一时期，劳资双方已然进入更加深入的合作阶段，共同决策制度也开始在组织发展中发挥更多战略协商的作用，职工代表成为企业联合商议过程中不可缺少的伙伴，管理层再也无法单独制定各种政策。

总体而言，在总职工委员会主席克劳斯·弗尔克特（Klaus Volkert）的领导下，这一阶段共同决策制度和职工委员会的地位进一步巩固，不仅彻底完成了从经济共决向政策共决的转变，并在保障就业和参与企业政策制定职能之外，开始逐渐涉足企业战略决策的变革。自动化新技术与国际化扩张都对德国本土员工的劳动权益带来威胁，而职工代表将企业的可持续发展作为维护员工利益的基础，并通过积极干预企业决策来获得劳方所偏好的结果。政策共决开始取代经济共决，成为该时期共同决策制度的主流目标。随着对公司政策影响力的提高，职工代表逐渐赢得了公司管理层的尊重，并视其为战略发展对话中的一个自主、有胜任能力和自信的合作伙伴，战略共决的雏形也开始初步显现。

三、向战略共决过渡

（一）成本缩减战略及挑战

2005 年，贝恩德·奥斯特洛（Bernd Osterloh）接任大众汽车沃尔夫斯堡职工委员会主席。这一时期，德国工厂中关于成本缩减和提升竞争力的争论愈演愈烈。这与该时期公司面临的宏观环境有关：德国的汇率与美元挂钩，由于美元汇率的疲软，导致公司利润不断被侵蚀；中国工厂因钢铁价格居高不下而存在暂时性增长问题；在欧洲核心市场，大众汽车一直在推行“断崖式”让利策略，让利空间的增加固然吸引了更多的消费者并保证了产量的增长，但极低的利润率让大众集团甚至略有亏损。因此，2004 年大众汽车虽然创下了“首次售出超过五百万辆汽车”的新纪录，但该年份整个集团的销售回报率仅为 1.8%。

基于上述情况，公司管理层及董事会主席贝恩德·皮什瑞德（Bernd Pischetsrieder）针对公司2004年的疲软状态启动了一项成本缩减计划，即“全力以赴”计划。该计划旨在提高制造效率并加快行政程序，试图在产品成本、开拓商用车、一次性费用、非生产性费用、销售或金融服务等领域（环节）展开变革。变革的核心思路是改进流程、缩减非生产性费用、减少投资。据公司称，该计划在2004年共节省了16亿欧元成本，在2005年还将进一步削减约30亿欧元成本。然而，根据2005年经营报告，尽管公司通过集体合同和程序合理化降低了成本，但是大众汽车仍然略有亏损，而且整个集团也没有盈利。集团董事会对此作出了反应，任命了大众汽车股份公司新品牌董事会成员沃尔夫冈·伯恩哈德（Wolfgang Bernhard），希望他能利用曾经在戴姆勒缩减成本的经验帮助大众解决难题。

伯恩哈德上任后随即提出在三年内节省70亿欧元的目标，并对该目标进行了具体分解，其中包括降低生产成本，尤其是降低1.3亿欧元工资成本的计划。为此，他召开产品会议，邀请所有业务部门专家参加，希望各方能够保持合作，共同发掘企业在成本缩减上的潜力。2005年8月，在职工委员会主席人事变动后不久，伯恩哈德再次公开重申他的观点：大众汽车与成功的竞争对手相比，双方仅生产成本差异就达40%。公司目前正处于“十字路口”，要想实现成本缩减，必须提出全新的、更高效的生产模式。

（二）与公司的三次谈判

1. 第一次谈判

基于上述背景，伯恩哈德与集团董事会首先提出了两项成本缩减政策：第一，在生产布局方面。除非德国工厂的薪资水平能够降低，使劳动成本具备国际市场竞争力，否则不在德国沃尔夫斯堡生产新的紧凑型越野车，改为在葡萄牙塞图巴尔生产。第二，在人员重组方面。将大众汽车德国母厂员工人数缩减至五位数。[①]裁员计划包括：一是裁减车辆安装部门员工，关闭组件工厂并撤裁相关员工。二是修改集体合同内容，将新员工每周工作时间调整为35小时[②]，替代此前内部集体合同中规定的每周28.8小时。此外，对管理层进行裁员的预案也被纳入考虑。

对于第一项战略措施，职工委员会表示支持董事会采取提高企业生产效率的各种措施，因为这是提高竞争力的重要手段，而企业竞争力正是保障生产基地存续、就业稳定性和员工长远利益的先决条件。职工委员会认为这一理念原本在2004年集体合同中已有陈述。五金工业工会下萨克森州和萨克森－安哈尔特州管理区主管哈特姆特·麦纳（Hartmut Meine）同样表示支持："新型越野车可在其他地区生产并运往沃尔夫斯堡。我们会坚持履行集体合同中以具有竞争力的条件为沃尔夫斯堡生产该款车辆的规

① 这项计划由董事会主席贝恩德·皮什瑞德（Bernd Pischetsrieder）在2005年9月召开的工作会议上宣布。

② 该条件适用于大众汽车子公司"汽车5000"项目。

定。”[①] 对于第二项战略措施，职工委员会表示正在积极主动寻求新的劳动力成本领域解决方案，但他们坚持企业应遵守 2004 年集体合同中规定的就业保障承诺。新任职工委员会主席奥斯特洛在工作会议上就该提议向董事会主席提出了明确反对意见，他说：“我们应该考虑信任的基础，这在很大程度上取决于现有合同和协议规定是否得到了遵守。”[②]

关于裁员、成本缩减和组件工厂生产布局的争论，一直无法取得劳资双方的合意，争论在持续加剧。经过长时间的试探、妥协、谈判，直到 2005 年 9 月底，双方才首次就此问题达成一致：管理层同意在沃尔夫斯堡工厂生产紧凑型越野车，但前提条件是 2006 年和 2007 年将 1000 名转正的受训学徒工并入子公司“汽车 5000”有限公司，并且车辆应在“汽车 5000”项目下根据子公司的劳资条件进行生产安装。[③] 此外，公司承诺将根据内部集体合同在沃尔夫斯堡和埃姆登工厂生产其他两款车辆。总体而言，双方都作出了让步：员工一方接受降低越野车辆生产的相关薪资标准，公司一方同意继续履行内部集体合同，并作出增加开发其他计划车型的承诺。

2. 第二次谈判

即使双方各自妥协并形成了更为柔性的解决方案，资方依然没有放弃裁员计划，并提出了新方案，比如人力成本缩减可通过

---

① 摘自《WSI 工薪档案部 2018》。
② 摘自《WSI 工薪档案部 2018》。
③ 此前的内部集体合同规定仍适用于其他所有员工。

补偿性裁减临退休老年员工及个人劳动合同自愿终止来实现。职工委员会支持这种负有社会责任感的裁员形式，并在 2005 年底与公司达成协议，推出了员工自愿离职赔偿计划，规定自愿请辞的员工可获得一次性补偿款；拟定退休年龄表，宣布年龄在 53 岁至 63 岁的员工可提前退休并获取部分工资补偿。两种方式最终共实现裁员约 14000 人。

但是，伯恩哈德仍然认为德国劳动力成本过高。在 2006 年初对集团内部成本进行对比分析后，伯恩哈德表示大众内部集体合同中规定的工作小时成本约比奥迪多出 30%，并且几乎是子公司的两倍。同时，大众汽车的生产率仅为竞争对手的一半。因此，他提出了将生产率提高 30% 从而缩减成本的目标，并建议通过在组件部门采取新策略，开发所有生产潜力，包括但不限于重组、与外部合作伙伴联合、转让或关闭部门等手段。他还希望能够借鉴美国大型集团通用和福特的外包经验——它们作为新型独立公司，早在多年前就已经将大部分组件生产外包出去。职工委员会反对这种策略，认为“在集团内部完成组件生产”的政策应该长期保留，并坚持认为组件生产是公司多种竞争力的基础所在，不应放弃，且外包可能带来专有技术的安全风险。

3. 第三次谈判

集团新任人事董事霍斯特·诺伊曼（Horst Neumann）[①] 在到任不久即宣布大幅裁员计划。他表示，这样做的原因主要在于公司

---

① 其前任为彼得·哈茨（Peter Hartz），因收受贿赂于 2005 年辞职。

的成本劣势，源于四天工作制及由此带来的工作时间减少。2006年春季的集体谈判延续了上述争论。公司方在谈判中提出明确要求：将工作时间延长到每周35小时；应在无工资补偿条件下撤销四天工作制政策（即延长工时的同时保留现有工资水平）；通过这种方式，尽可能消除当前区域集体合同导致的成本差异，提高德国工厂竞争力。

然而，五金工业工会和职工委员会在首轮试探性会谈中拒绝了这些要求并中止了谈判。他们认为，公司无法证明延长工作时间与最新的裁员措施是匹配的，公司无法给出延长工作时间的必要性，因此也无法证明生产率会随之提高，更无法证明企业现存的发展问题仅仅是人员过剩导致的。但同时，劳方利益代表也意识到大众汽车品牌的盈利问题已经非常突出，公司面临着裁员的巨大风险，劳方利益代表们不得不正视公司拟定的目标，即恢复其在德国生产汽车的竞争力。在这样的情形下，如何降低管理层要求，从而最大限度地保护职工，以及明确劳方作出让步和妥协后能获得哪些回报，成为职工代表关注的工作焦点。

职工代表就自身利益提出了三项要求：第一，由于工作时间延长不会导致人员过剩，因此劳方借机对德国工厂的产品生产规划提出更多建议，并要求更为具体的保证与承诺。第二，将管理层此前在集体合同中作出的就业保障承诺延长至2011年以后。第三，对可能发生的工作时间延长，企业需提供薪酬补偿。奥斯特洛要求公司针对延长工作时间提供更高的工资，并且管理层必须考虑如何在大众汽车工厂内提供更多的工作岗位。

对此，公司仍然坚持延长工作时间的立场，因为更长的工作时间能够保证企业有效发挥工厂潜力，提高产能。但资方最终对产品生产和就业承诺保持开放态度。因此，劳方利益代表认为在2006年9月进行第三次试探性谈判后，集体谈判的方向已经很明确了。五金工业工会谈判代表哈特姆特·麦纳（Hartmut Meine）表示："双方都保持友好的态度并愿意作出一定让步，这对长期稳定地保持六个工厂的劳资条件具有重要意义。"

（三）战略共决的雏形

1. 签订未来集体合同

双方漫长斡旋后的折中性成果即2006年签订的集体合同。该协议是劳资双方妥协的产物，主要内容包括三个方面：

第一，工作时间灵活性延长。延长方式并未完全按照此前公司管理层提出的范围和形式执行，而是由双方重新定义了"工作时间区间"的概念，在保持薪酬水平固定的同时（按每周28.8小时计算），允许员工实际工作时间在一定区间内波动。工作时间区间分为两种，一种适用于直接工作区域的员工（保留以往的以绩效为导向的工资计算方式），工作时长为25至33小时；另一种则适用于从事后勤、研发等岗位的间接工作区域的员工，工作时长为26至34小时。在这一框架下，工作时长可实现与生产计划的灵活匹配。参与项目的员工可自愿将每周工作时间延长至最多40小时，并获得相应薪酬补偿，但申请延长者不得超过员工总数的5%。

第二，产品生产承诺具体化。双方在集体合同附录中列出了对大众汽车集团德国工厂提出的具体产品生产规划承诺，包括当前和未来产品。尽管在2004年的集体合同中已经制定了相关产品和工厂清单，但该清单缺乏针对性和具体细节。2006年集体合同作出的承诺不仅十分详尽和细化，还规定了未来的工作条件，因此可对工人提供实质性的中长期保障。

第三，明确工作时间延长对应的薪酬补偿方案。双方最终确定该补偿包含两个部分：一部分是一次性支付高达6269欧元的企业养老金，如果员工要求，也可通过支付5000欧元现金来替代；另一部分是奖金，即公司给予员工与企业效益挂钩的盈利分红。原则上，可变盈利分红额度为大众汽车品牌营业利润的10%。此外，职工委员会享有关于具体分红收入分配的谈判权。在随后的实践中，职工委员会充分利用了这一规定，无论公司处于发展缓慢时期或是业绩上升时期，都积极为员工争取分红收益。例如，在2008年，公司受到金融市场危机影响，汽车需求量严重下降，但职工委员会仍为员工争取了少量奖金分配。三年后，即2011年，公司经营情况有了重大改善，创造了生产和盈利的新纪录，职工委员会谈判获得的奖金数额也因此远高于根据关键盈利数据计算的数值。

双方将2006年达成的这份集体合同称为未来集体合同。总体而言，在这份集体合同中，公司方强调了相关的可持续成本缩减，使得员工工作时间和薪酬接近地区集体合同的水平，因签署单独的内部集体合同而导致的成本劣势，通过这份协议基本消除。劳方利益代表则认为该份集体合同包含了重要的“未来元素”，主要体现在通过中长期的本土产品生产承诺来保障就业稳定。值得注意的是，占据集体合同核心的产品承诺部分条款内容，很大程度上是由员工利益代表设计的。在集体谈判中，利益代表提出了自身关于产品战略的需求，在各个工厂的总职工委员会（GBR）层面进行了意见收集、协调并汇编成需求目录。该过程意味着各个工厂的职工委员会必须对产品发展及其相关产能和就业影响进行战略评估，因此，该协议可被视为劳方利益代表正式参与并实施有关产品和投资战略的实例，开了未来战略共决的先河。

这份集体合同具有很大影响力，其核心内容一直延续至今。第一，工作时间的灵活性。相比于其他金属和电气行业与汽车制造商，大众汽车至今工作时间安排仍更短且更加灵活。由于在“工时区间”框架下，即使员工每周实际上仅工作 25 至 26 小时，仍可领取全部薪水。为了完成公司盈利目标，管理者必须充分利用德国工厂的产品和产量。实践证明，该规定是大众汽车工厂和就业保障发展的里程碑。第二，产品生产承诺方面。尽管该协议商定的产品和组件如今早已过时，但这一规定促使职工委员会和公司长期以来不断就产品、产能和工厂利用率进行持续沟通和协商。通过总职工委员会和集团职工委员会，这个沟通流程至今仍得到了沿用。第三，在战略与企业目标上。这份集体合同体现了“将企业盈利与就业保障作为同等重要的公司目标”的精神，从此深深植入了大众汽车的管理理念。虽然早在 1994 年的集体合同中就能够发现类似措辞，[1] 但 2006 年的未来集体合同对此进行了重申，并强调企业盈利与就业保障这两项目标同等重要。

职工委员会认为，这份协议不仅是一份正式声明，也是公司的实质性决定，将影响企业未来具体的目标和战略。当公司盈利和就业保障对企业同等重要时，就不能仅从盈利角度进行裁员。这同样也适用于产品或投资决策，这些决策必须符合盈利目标，但其执行也必须保证就业稳定。职工委员会认为这是开发自身工厂保障计划（如关于产品或业务领域），以及为公司管理层提供建议和与其进行交涉的良好机会。相应地，职工委员会对公司的盈利也需承担义务，并在其制定计划时必须考虑盈利目标。

2. 创新参与“大众之道”

在探讨未来集体合同的同时，公司与职工委员会还就大众汽车的组织流程创新进行了会谈。长期以来，组织管理创新始终是大众汽车所面临的难题：在 20 世纪 90 年代上半叶，大众汽车引入了“持续改进流程”（KVP）。但事实证明，作为一个与泰勒制并行的生产流程，KVP 几乎无法改变工作组织的原有结构。此外，“小组工作”等生产模式的推广也一直不顺利。在“汽车 5000”子公司里，虽然管理者提出了扁平化组织结构、团队合作、知识管理共享等先进的工作流程设计理念，也实验性地打造了一个组织管理创新的实验区域，但这些尝试从未在试点之外进行推广。然而，这一时期大众汽车面临的成本和收益问题却迫在眉睫，这促

---

① 其引入了四天工作制的政策，并且双方认可将工厂就业保障以及盈利目标作为共同义务与公司目标。

使管理者考虑制定一种生产成本更低、更具有普适性的全新模式。受到日本丰田公司“精益生产”模式的影响，[①]管理者们认为，大众汽车的工作组织结构亟须一场彻底革新，以实现以下几个目标：第一，在不增加劳动强度的情况下，通过减少和避免不必要的流程，提升劳动生产效率，实现流程优化。第二，将新模式在全球进行标准化推广，使公司所有分支、所有工厂都遵循相同的组织管理原则。第三，不仅要革新装配或生产领域的组织管理，还要将变革覆盖到所有企业内部职能部门，甚至还可能影响到供应商等超出公司范围边界的主体，最终实现质量控制。

在这一目标的驱动下，大众汽车董事会和德国总职工委员会（包括大众萨克森和德雷斯顿汽车制造商的职工委员会）[②]于 2006 年 8 月 1 日签署了适用于所有德国工厂的生产工作流程协议，即所谓的“大众之道”。该协议以质量、生产率和客户满意度为核

---

① 自 20 世纪 90 年代以来，日本组织形式被认为是全球效率最高的组织形式，尤其是丰田公司，其被视为汽车行业生产性工作组织的标杆。“精益生产”系统具有几个主要特点：（1）其具备“整体生产系统”属性，适用于整个公司，可实现流程监控的简化，并能够建立基准，有助于跨区域比较各区域或工厂之间的成本、质量或生产率。（2）该系统可以集中地将流程进行标准化，以便更好地进行监控并提出优化方法。（3）以团队工作为基础的持续改进流程（KVP）也在这种系统中发挥着作用，团队成员将共同致力于寻求最优流程标准，每位员工都会参与优化工作，并积极贡献自身的专业知识和经验。这一模式除了能够加强团队合作之外，也能够避免工作场所资源的浪费，实现持续性的流程改进。

② 出于法律要求和内容涉及员工利益等原因，职工委员会必须参与该生产系统方案的开发和实施。首先，出于形式正当性，职工委员会拥有《企业组织法》第 87 条第 13 款规定的共同决策权，因此必须邀请职工委员会参与设计该类生产系统。其次，在内容方面，职工委员会作为组织专家，比公司中的任何人都了解工作程序和流程，且职工委员会干部能够深入了解一线员工的意见。因此，职工委员会的参与对于生产工作流程设计的技术合理性和理念合法性起着决定性作用。

心指标，重新构建了大众汽车的生产流程与组织结构。协议规定，“大众之道”有几个基础：一是透明的沟通和领导机制。工厂管理部门和职工委员会应确保通过工厂指导委员会等机构规范“大众之道”的实施，并确保团队之间能够保持持续的信息交流和沟通。其最重要的目标是激发并支持员工的自我组织和责任感，要求员工主动参与，发现问题和寻找解决方案，且确保一线员工有权提出生产目标建议。二是构建学习型组织。采取学习小组的形式，或通过团队分工模糊化、员工技能多样化、轮岗正常化等手段，在团队工作中为员工提供与工艺相关的学习机会，使成员能够从约束性的行动标准中受益，同时团队领导者应保持与每位成员就学习效果进行持续沟通，并通过知识管理系统转化给其他成员，以供所有员工分享和使用。三是团队内部领导者（发言人）的选拔应遵循民主原则。

“大众之道”对共同决策制度也产生了重要影响，主要体现在以下几个方面：（1）它所涉及的协议内容体现了对工作团队独立性的推崇，对基层管理民主性的保护，以及对一线员工意见的尊重，这使得员工在工作场所的民主共决获得了制度层面的保障。同时，职工委员会参与生产工作流程的设计，体现了对已有共同决策制度的进一步强化和落实，增强了职工委员会在企业决策中的地位，有助于员工利益的最大化。（2）它使得职工委员会的工作内容更加细化和繁重，推进了职工委员会的专业化进程，也提出了平衡权益保障与盈利性要求的挑战。

“大众之道”中有关团队合作、持续改进流程和目标设置等核心要素的执行细节内容如下：

●明确员工对盈利和个人责任所承担的义务。

●取消部分团队分工。

●引入团队发言人作为新的管理级别并提升主管职能。

●由团队成员选择团队发言人并提高当选者薪酬。

●明确关于提高生产率、优化运行时间或在 KVP 中提高质量的义务。

●小组发言人或小组成员以及职工委员会代表参与 KVP。

●将小组制纳入目标协议系统，包括生产率、质量、成本以及健康等目标。

●员工具有提出目标的权利以及因缺乏实践条件而拒绝达成目标的权利。

●明确职工委员会参与冲突解决的条件。

●为员工提供薪酬保障，因此如果生产活动在持续改进过程中发生变化，不得对员工进行分组。

●将就业保障承诺延长至 2011 年之后。

3.“职工委员会对话”

这一时期，职工委员会在选举丑闻后，贝恩德·奥斯特洛新当选沃尔夫斯堡职工委员会主席，想要改变职工委员会的官僚化现状，“保证利益代表的透明与监督”。新团队决定创设一项新的制度，以更好地保持企业利益代表与员工之间的关系，即提出了

“职工委员会对话”。

在沃尔夫斯堡，由于工厂规模庞大，拥有大约60000名员工，企业面临着法定代表人数比例不足的问题。这个问题的影响后来随着员工人数的增加被无限放大，即尽管职工委员会的数量随着员工数量而增长，但增长不成比例。从4000名员工起，每增加1000名员工就会增加两名职工委员会成员，但从9000名员工起，每增加3000名员工才会增加两名职工委员会成员。当时，五金工业工会的63个职工委员会（总计约70个）负责60000名员工，因此每个职工委员会有近1000名员工。此外，部分五金工业工会职工委员会成员也作为区域的协调员——职工委员会成员共分为八个区域，覆盖了整个工厂——或出面处理其他任务，工厂还剩约50个职工委员会成员，无法与每位员工保持私下联系。因此，这体现了工会干部作为信息传播者和职工委员会支持者的重要意义，他们与员工保持联系并传递信息，或就一些主题、问题和建议进行讨论。

与员工关系紧密度欠缺的问题不仅存在于职工委员会本地委员，对职工委员会管理层、主席和副主席来说也是如此。他们与员工之间的距离和集团或品牌董事会一样远，普通员工每年仅会在全体员工大会上四次见到主席，并且距离讲台很远，只能远远望着他。甚至与职工委员会相比，管理人员似乎与员工的关系更为紧密，因为他们通过层级结构和指令，至少在理论上可抵达各个基层工位，而这种能力对于职工利益代表来说却是一个头号难题。利益代表必须与员工保持紧密关系，因为只有这样才能了解员工的个人利益，并让他们表达自己的观点。来自员工的授权是职工委员会得以代表员工利益、开展维护公司利益的行动基础。当下，由于职工委员会结构或行动实践而引起的这种与普通员工之间的距离，可能造成利益代表与员工之间的疏远和分裂，并使利益代表失去权力基础。此外，一般利益代表与职工委员会主席、副主席之间的距离也较为疏远，因为主席和副主席的日常工作被委员会会议、战略讨论、与公司各方的接触或差旅填满，彼此之间也没有直接接触的机会。

基于上述问题，“职工委员会对话”的理念于2005年被正式提出，旨在改善职工委员会高层、一般利益代表、普通员工三者间的关系。一方面，职工委员会成员主动访问企业内所有部门，如技术开发部门、财务部、车身制造部门、冲压部门、组装部门和喷漆部门，与一线员工进行讨论并交换意见，切实地走近员工并了解他们的所思所想。另一方面，职工委员会邀请一线员工参与以对话交流为目标的会议。根据过去与现在的实践经验，参与“职工委员会对话”会议的员工规模为20人至150人，不同部门的职工委员也会参与。议程重点不是各领域内的具体问题，而是关于汽车行业发展趋势和大众汽车战略前景等重大问题。职工委员会主席会进行简要介绍，然后进行开放性讨论，并由职工委员会回答员工提出的问题。这种对话会议每年最多可开展50次。此外，工作委员会的其他成员也可以使用这一方式与员工加强联系。“职工委员会对话”是应对信任危机的重要工具。该工具至今沿用，有效加强了职工委员会与员工之间的关系。

新的对话机制改善了职工委员会与员工的关系，并重新帮助职工委员会取得了员工的信任。例如，职工委员会以及五金工业工会名单中的成员在2006年职工委员会选举时投票率好于之前。又如，品牌管理董事伯恩哈德要求的重组、裁员并取消薪酬标准等措施在员工中造成了不确定性和生存恐慌。作为员工利益的最重要保护力量，职工委员会虽然最终无法阻止集体工作时间延长，但“职工委员会对话”促使利益代表们以新的方式向员工对公司的政策进行宣传，使员工更好地理解和遵守企业政策。由于该方式的效果明显，2016年“职工委员会对话”进一步增加了内部社交平台在线对话的形式。类似于“职工委员会对话”，员工能够通过在线对话等数字化方式向职工委员会主席提出问题或提供讨论意见，得到了员工的广泛认可。

四、战略共决的形成和前景

（一）大众的数字化战略转型

这一时期，大众公司面临的宏观环境出现了新变化，给职工委员会带来了新挑战。首先，数字化在汽车行业的应用与推广导致对员工的需求量不断减少。生产越来越多地引入了“云数据”储存、5G等新技术，因此需要快速完成全球范围内的生产调配。生产规划的调整因数字化转型需要更高的灵活性，这在提高生产效率的同时也增加了对用工灵活性的需求，各生产基地在劳动力需求总量上面临着巨大压力。

其次，环保压力成为企业发展的重要影响因素，并迫使企业转向绿色可持续生产战略，随之而来的伴生品则是企业的进一步减员。这是由三方面因素导致的。一是 2015 年发生的排放门事件[①]带来的罚款不仅在经济层面重创了企业，还使企业声誉扫地，影响了顾客对于企业的信任度。为了对危机进行补救，电动化战略在此后进一步得到了管理层的推动。二是数字化与电动化趋势吸引了新挑战者携带着全新的技术与思路参与汽车市场的竞争，如特斯拉的新能源汽车和智能自动驾驶技术；一些以信息技术闻名的互联网公司也开始涉足汽车制造行业。这进一步对企业的创新性和竞争力带来考验，也预示着企业的电动化转型迫在眉睫。由于电动汽车所需要的生产深度小于燃油汽车，故而转型后会减少生产程序和环节，同样可能导致人员的过剩和富余。一份企业内部研究报告显示，在极端状态下，电动化发展会减少 50% 的劳动力需求。三是共享经济与移动出行等新业态的出现对以私人购买为主的传统汽车销售模式带来了深刻影响。网约车、拼车等出行方式因其成本优势和便利性成为消费者日常替代私家车出行的重要选择，这在一定程度上对汽车购买量造成了冲击。总体而言，上述三个新趋势都增加了大众汽车的减员压力。

再次，在国际层面上，不同生产工厂之间的产能分配矛盾日益突出。此前的缩减成本战略仍在持续，企业更倾向于利用散布于全球各地的海外生产基地，而非德国本部工厂，因为海外生产

---

① 2015 年 9 月 18 日，美国环境保护署指控大众汽车所售部分柴油车安装了专门应对尾气排放检测的软件，可以识别汽车是否处于被检测状态，继而在车检时秘密启动，使汽车能够在车检时以“高环保标准”过关。但在平时行驶时，这些汽车却大量排放污染物，最大可达美国法定标准的 40 倍。

基地的劳动力成本更加低廉。事实上，海外生产基地的产能已占据了大众汽车相当大份额，尤其是中国汽车市场历经了飞速发展，已成为大众汽车全球产业链的重心。2009 年金融危机后，企业重新聚焦于产量增长战略[①]，此时大众汽车大量产能和人员增长都集中在中国。如何平衡本土与海外生产基地的利益依然是该阶段职工委员会的工作重心。此外，对保时捷等品牌的收购使得集团内部子品牌间的关系更为复杂，各品牌在员工数量、销售和利润等方面均存在较大差异，这对职工利益代表如何更好地设计代表不同生产工厂、不同品牌的层级与相应职责提出了新挑战。

最后，大众集团整体的员工结构在该历史阶段也发生了重要改变，主要体现在：一是白领雇员数量增加。近十年来，在德国企业工作的白领雇员数量已经与生产性蓝领工人数量持平，且占比预计还将不断上升。虽然这些白领雇员占比较高的部门积聚在公司总部或研发中心，但在总体比例上稀释了以前主要代表蓝领生产性员工的职工代表话语权。二是固定期限劳动合同等非标准就业人员比例增加。为了匹配生产灵活性的需求，大众汽车对临时聘用合同工的使用不断增加。同时还存在向子公司“汽车 5000”借工的情形。此外，由于普遍的业务外包，属于供应商的劳务派遣用工也频繁出现在终端制造商的生产场所，由此能够更好地实

---

① 执行产量增长战略后，以及马丁·温特科恩（Martin Winterkorn）担任集团董事长以来，大众汽车经历了有史以来最强劲的增长阶段，年产量由 600 万辆增长到 2017 年的近 1100 万辆。自 2018 年起，利润和企业市值增加成为大众汽车的新目标，并不再把产量增长视为企业的重点战略。

现精准交付模块或组件。这些人员往往与正式员工之间存在结构性工资差异，并对职工委员会的协调与制衡能力提出了挑战。

综上所述，这一时期，企业在生产流程领域实行了数字化灵活生产战略，在未来产品路线规划上实施了电动化战略，在整体生产目标上制定了产量增长战略，并在执行过程中同时面临着国际产能分配与员工结构变化等问题。这些交织在一起的复杂环境变化给职工委员会维护工人利益带来了全新考验。

（二）职工委员会的应对

针对全新的环境变化，职工委员会采取了一系列相应措施。

第一，在长达十年的产量增长战略下，职工委员会积极利用企业处于增长期的良好时机，为员工争取经济利益。劳方代表通过每年的集体合同谈判，为员工争取加薪和其他福利，甚至在排放门事件时也通过更灵活地分配企业利润而为员工争取了一定的奖金保障。

第二，为更好地回应企业灵活用工的需求，同时继续保障工人权益，劳务用工的处理开始成为职工委员会的工作内容之一。此前，大众汽车规定，劳务工在工作满三年后可转为正式工，但随着生产自动化与数字化的发展，对劳务用工的需求在逐步减少，如何处理和协调与这些工人的关系成为职工委员会关注的焦点之一。职工委员会于 2012 年达成了《劳务工作宪章》，对劳务用工占员工数量的比例、薪资标准、协议期限等作出了规定和限制。此外，针对数字化和电动化等新趋势带来的减员压力，职工委员会提出将减员计划与投资要求相联系。当企业管理层要求减员时，职工委员会往往会要求投资相应的生产基地作为补偿。因为从长远看，投资将有利于生产基地的可持续发展，并形成对未来用工需求的保障。

第三，在跨国管理实践方面，职工委员会继续将协调国际间生产基地的利益纳入工作范围。德国境内生产基地的利益基本上是通过总职工委员会和集团职工委员会这两个机构进行协调，仍需遵守德国《企业组织法》的法律框架，协调结果更有效。但国际生产基地之间的利益协调则面临着更加复杂的情况。一方面，各国拥有迥异的法律和制度背景、不同生产成本状况、千差万别的工会组织形式、各自的劳动力市场传统。因此，并非所有国家和地区的工会都能接受德国的劳资关系理念，比如将劳资利益协调以企业战略政策的方式进行具体落实，从长远角度主动对员工利益进行让步等。另一方面，国际生产基地的利益协调对职工委员会提出了更高的专业性要求，需要职工委员会能从企业管理的高度去斟酌和审视自身诉求的合理性。比如，当职工委员会希望将某车型调配至另一个国家生产，以保证当地产量和用工需求时，是否考虑到了物流成本、零部件成本、销售前景等方方面面的关系？是否从成本与收益角度提供了足够的依据？这样周全详尽的决策框架，意味着企业战略与长远发展规划已经成为影响共同决策制度的重要因素，成为职工委员会行为的深层逻辑和诱因。

第四，职工委员会对内部层级进行了整合，对利益代表的工作方式进行了革新。一方面，鉴于就业、新工厂和新品牌的增加，以及德国和全球范围内公司组织的日益复杂化，利益代表不得不重新平衡他们的工作重点和主题，重新调整职工委员会工作的内部组织。利益代表在不同层级之间整合、协调资源，以及改进工作主题和表达方式，这些层级和行动领域构成了利益代表的共同决策级联。总体而言，这种层级整合在全球生产布局背景下有非常重要的意义，因为全球框架协议（GRV）能够有效履行的前提是适用于工厂条件，且本地利益代表也必须支持这一协议。只有下级认为上层行动领域的行动能够为其日常利益代表活动提供帮助和资源，他们才会接受上级协议。目前，这种结构设计使利益代表层级之间能够比以往更好地进行主题和战略协调。另一方面，为了更好地听取不同类型员工的声音，职工委员会对沟通方式进行了创新尝试。如对于白领雇员，职工委员会在沃尔夫斯堡五金工业工会办事处举办了员工论坛并引入社交媒体工具；针对“如何在办公室中更好地工作”开展主题调查并发起倡议，关注白领雇员更在意的工作灵活性、办公室条件等议题。

专栏：大众内部的共同决策级联

集团职工委员会是指整个大众集团的职工委员会，主要是基于品牌而联合成立的。它的建立与大众汽车的集团结构变化有关。不同品牌的结构是不同的，大众汽车需要将它们整合在一起。因此，集团职工委员会在降低各品牌之间工作条件的异质性，并保证在公司获得更多发言权方面发挥了重要作用。集团职工委员会与总职工委员会关系非常紧密，二者就共同的主题进行讨论并设定新主题，且双方会共同参加每年秋季召开的与公司管理层的会谈。

共同决策级联从上至下，其最高级别是全球集团职工委员会和欧洲集团职工委员会，由全球和欧洲工厂的利益代表组成，其行动领域是整合大众汽车集团在全球和欧洲工厂内的员工利益并提供信息与咨询，以及与集团管理层就特定主题进行协商。

总职工委员会由大众汽车股份公司在德国六家工厂的利益代表组成，分别为布伦瑞克、埃姆登、汉诺威、卡塞尔、萨尔茨吉特和沃尔夫斯堡工厂。大众集团的子公司萨克森大众汽车加入了GBR，其工厂则位于开姆尼茨、德累斯顿和茨维考，子公司奥斯纳布吕克大众汽车也根据单独的劳资协议加入了总职工委员会。因此，总职工委员会能够有效协调大众汽车品牌旗下德国所有工厂的利益。

总职工委员会层级之下是各个工厂的利益代表，由职工委员会和来自五金工业工会的职工委员会干部组成。对于总职工委员会来说，整合工作很复杂，这主要是因为集团总部位于沃尔夫斯堡，拥有大约60000名员工，也是全球最大的独立公司之一。在这里，员工分布在不同的部门工作——从车身生产到装配以及组件生产，也包括间接领域，如规划、工作准备、质量保障和维修，以及集团中央职能管理部门或工厂职能部门和集团的中央研发部门——因此，如何整合员工利益是一项艰巨的任务。

但是，共同决策级联并不是共同决策层级。共同决策的行动领域和其行动者职能与管理组织不同，因为管理组织具有明确的权力下达指令，决策权从上至下。相比之下，利益代表对应的是民主结构和从下至上的授权原则，上级的决策权和监管权由下级决定。在这些级别之间，已明确约定最高级别应集中进行哪些谈判和规定，并且职工委员会在其级别上选取代表，参与到更高级别以代表其利益。所有职工委员会，无论其主要处于哪一个级别，都必须在各个企业工厂级别由员工投票选举，每四年一次。

具体结构可参考表2。

表2　大众共决的级联

利益代表层级	利益代表行动领域
全球集团职工委员会、欧洲集团职工委员会	跨国行动领域：工厂和全球品牌之间的利益代表整合
集团职工委员会、监事会共同决定	集团行动领域：品牌和业务领域以及子母公司之间的利益代表整合
总职工委员会	德国大众汽车股份公司的行动领域：同一品牌下，德国工厂之间的利益代表整合
工厂职工委员会	德国工厂行动领域：职能、部门和员工组织之间的利益代表整合

（三）战略共决的形成

经过上述工作内容的调整和组织方式的创新，这一阶段的职工委员会与企业方共同形成了下述举措，用于保障员工利益。

1. 多份全球框架协议（GRV）

除却处理本土工厂保障和协调工厂间竞争等工作外，大众汽车跨国职工利益代表签署了一系列全球框架协议，以应对企业全球化战略，并为海外生产基地的当地利益代表提供日常支持。自2002年开始，大众汽车谈判并签署了五份GRV，其中包括2002年的《社会权利宪章》、2004年的《职业健康与安全政策协议》、2009年的《劳工关系宪章》、2012年的《劳务工作宪章》以及2015年的《职业教育宪章》。作为员工一方的签署人，公司的全球集团职工委员会与作为行业代表的国际金属工人联合会、国际职工委员会联合会共同签署了以上所有的GRV。①

在这几份GRV中，《社会权利宪章》规定了不同国家的生产基地需要执行与公司相关的国际劳工组织核心劳工标准；随后的另外两份协议在职业健康与安全方面进行了补充，将约束范围扩大至集团的全球价值链。2009年的《劳工关系宪章》将大众集团不同国家当地职工代表参与权扩大至公司层级，这种参与权明显超出了相关国家常见的或在法律或集体合同中规定的水平。同时，《劳工关系宪章》还设置了框架条件并提供了一个工具箱，必须通过签署当地协议才能使用。这确保了参与的自愿性，并可根据相应的国家背景进行参与调整，但主要根据仍是利益代表的相关工

① 对于最近达成的协议，欧洲集团职工委员会也作为签署人加入，以确保协议具有更高的法律确定性。因为与全球集团职工委员会相比，欧洲集团职工委员会是欧洲职工委员会指令下具有合法身份的职工代表委员会，就具有签署国际协议的合法权利，只要这些协议主张未超过信息和咨询基本权利的积极共同决策权的范围。

会战略和传统。此后的《劳务工作宪章》和《职业教育宪章》则针对非标准就业群体和职工管理进行了规定，实际是对《劳工关系宪章》的补充。这两个宪章在签署过程中进一步明确了即使非标准就业的职工代表也享有相应参与权。

总体而言，这些宪章强化了职工委员会跨国管理的能力。随着 GRV 的签署，大众汽车公司的全球集团职工委员会以及当地员工利益代表正式成为集体谈判的参与者，并能够依托跨国协议发挥作用，在全球工厂范围内加强利益代表的话语权，并通过“大众之道”在海内外生产基地引入全球统一的工作组织系统。

2.“未来协议”

排放门事件后，职工委员会在对集团董事会表达强烈批评的同时，率先呼吁研讨和草拟一份“未来协议”，旨在促使企业管理层对未来几年的就业、生产规划、产品数量和投资达成承诺，并提出战略性计划，消除当前危机下董事会提出缩减成本可能会给劳动者带来的风险，阻止管理层以“弥补排放门丑闻将给公司造成沉重经济负担”为理由进行裁员。董事会对该提案作出了公开回应，表示这一提议符合董事会自身利益。职工委员会在提出这一倡议时，有意使用了与 2006 年未来集体合同类似的措辞，意图构建起二者关联，由此希望以与未来集体合同类似的方式确保工厂的长期安全，实现保障就业的目的。

职工委员会和品牌董事会、集团董事会随后进行了讨论，一同针对大众乘用车品牌达成了“2025 战略”。董事会主席和职工委员会主席在公开声明中均表示，该战略涵盖了集团品牌、布局、市场在全球范围中的定位，而且针对德国工厂和长期发展提出了具有约束力的工厂保障计划。“2025战略”考虑了2015年影响汽车行业的四种变革，包括车辆的完全联网、自动驾驶技术、汽车电气化和电动汽车；“共享出行”成为一种便利的新型出行方式（主要在城市地区）。通过讨论，双方共同确定了大众汽车目前存在的劣势，即特定市场和区域存在的品牌问题、不断上升的固定成本、日益衰弱的品牌盈利能力、相比于其他竞争者存在的生产力缺陷和产品的高复杂性。同时确认了产品组合、市场主导地位、产品质量和员工工资是影响企业发展的重要因素。双方尤其同意排放危机导致了排放和车队消耗指标收紧，这需要更高的投资需求和技术投入。根据战略计划，大众将分三个阶段对品牌进行重新定位：第一个阶段，彻底重塑；第二个阶段，转型至电动汽车；第三个阶段，大规模转型。大众汽车与此相关的目标雄心勃勃：第一个阶段要首先成为市场领先并实现盈利的批量生产商；第二个阶段要成为电动汽车的全球市场领导者；第三个阶段要成为汽车出行的全球市场领导者。每个阶段均匹配有具体的行动领域。

“未来协议”的签订实施属于品牌战略的第一个阶段。为了与“2025战略”相适应，职工委员会主要做了两方面工作：第一，在总职工委员会中设立了一系列相关职位。第二，与管理层进行了交涉。双方交涉的内容涵盖了“未来协议”的七个前提条件。具体包括：（1）大众品牌不会单方面增加因排放门危机引发的财务负担；（2）不断增强集团的协同作用；（3）必须提高所有领域的效率，以实现未来可持续发展；（4）不包括因经营需要而实行的裁员；（5）不影响现有的集体合同；（6）应根据人口曲线实现价值链相关人员的转型；（7）最终，应使用如“大众之道”或退休等行之有效的社会工具。此外，对于职工委员会而言，“未来协议”中应包含三个要素：大众品牌进一步发展的协议，德国大众汽车工厂的选址协议，以及就德国工厂固定生产产品、数量和投资的承诺。职工委员会认为，未来投资应主要集中于电池生产等领域。

最终，集团董事会与品牌董事会、总职工委员会和大众商用车以及大众萨克森职工委员会于2016年11月签署了关于“未来协议”的框架协议。“未来协议”在前言中明确了“2025战略”目标，即成为电动汽车行业的领先批量制造商，但同时也要保留传统燃油车的市场领先地位。前言中还提出了一系列常见的战略假设：当前盈利能力无法支撑向电动汽车和数字化迈进的技术变革；必须实现盈利目标；仅当前产品能够支持实现转型；必须针对弱势地区制定转型策略。因此，“未来协议”中包含了提高竞争力的措施，比如进一步发展“大众之道”以及根据社会条件在电动车辆开发和生产领域进行人事调整。同时，序言中还提及了职工委员会的其他两个重要观点：不得无故解聘员工，以及将盈利和就业保证作为平等目标。

此外，“未来协议”中还规定了两个主要流程标准：第一，对于所有必要的改造和人事调整措施，必须经过与职工委员会主管机构共同讨论、协商并一致决定；第二，必须重新调整大众品牌定位，也需要遵循经济、社会、生态的可持续发展，并且由董事会将总职工委员会纳入品牌战略执行与进一步发展过程。“未来协议”将职工委员会战略参与决定作为一种程序，即类似或作为战略参与决定的扩展条件，职工委员会可在规划流程前实施。对此，“未来协议”中规定的具体内容包括：通过“未来协议”，德国各个生产基地节约成本目标为 30 亿欧元，增加 35 亿欧元的投资额；预计解聘德国境内 23000 名员工，主要通过提前退休的方式来实现；增加 9000 名新技术岗位的招聘；增加培训投入。

总体而言，各方在“未来协议”中已明确了各自目标：启动作为新驱动杆的组织和技术重组，并通过人力调整和生产率提高释放必要的投资资金。根据总职工委员会（GBR）主席奥斯特洛的意见，应通过具体投资承诺条件，确保各工厂的长期就业保障和可持续发展。

3. 数字化转型路线图

为更好地贯彻创新性和可持续性发展路线，2019 年，大众汽车推出了一项针对数字化转型的劳资协议，具体措施包括：在数字化方面增加 40 亿欧元的投资；到 2023 年前至少增加 2000 个与数字化相关的职位；减少 4000 个间接员工岗位；将提前退休政策放开到 1964 年出生的员工；承诺到 2029 年之前不实行经济性裁员；把培训费用提高到一亿六千万欧元；修改学徒工专业技能类别，以适应新要求；到 2023 年，每年劳动生产率提高 5%。从这些协议内容可以看出，该转型路线图与 2016 年“未来协议”有许多传承和相似之处，比如都对增加投资和培训作出了承诺，都试图用提前退休的方式更柔和地实现减员，在减少旧模式下的工作岗位的同时增加了新型岗位。这项协议可以视为职工委员会在工厂和就业保障战略领域充分参与的又一例证。

总之，这些具体措施的形成意味着大众汽车战略共决范式的形成。战略共决主要指通过职工委员会有效组织工作并邀请员工参与，以一种新的方式使用自身提出的战略计划来影响主要的公司战略。职工委员会的日常工作在战略共决阶段也具有战略性特点，涉及自身组织的战略发展以及员工的战略整合，这些工作作为职工委员会合法性和信息的来源，同时也体现了职工委员会工作对于员工的透明度。

五、共同决策与企业变革

（一）大众汽车共同决策制度的变化趋势

纵观大众汽车共同决策制度的四个历史发展阶段，我们可以发现，虽然共同决策制度的总体框架没有发生根本性改变，但是职工委员会的作用却经历了多次变化，总体呈现出以下几个趋势。

第一，虽然在维护员工利益的总体目标上，职工委员会自成立起始终保持一致，但其不同历史阶段的具体目标随企业战略变化不断进行调整。在经济共决阶段，由于大众汽车的市场需求大幅增加，企业利润率不断攀升，因此当时职工委员会的工作重点是更好地代表员工参与企业的利润分配，保障员工的经济利益和各种福利。在政策共决阶段，大众汽车面临的经济环境发生了不利变化，企业的就业保障问题日益凸显，就业岗位和企业利润的直接冲突增加。此时，职工委员会经历了艰难抉择，不得不放弃早期增加员工收入的目标。通过短暂调整，职工委员会将主要工作目标逐渐转移到就业保障上来，并通过与企业方一起设计出提前退休、自愿离职等方案，有效减缓了裁员带来的破坏性。无论是20世纪80年代工作小组理念的提出，还是20世纪90年代四天工作制的提出，都是职工委员会参与企业政策制定的典型代表。到了战略共决阶段，成本缩减、数字化转型、全球化等问题集中出现，就业保障难题更加凸显，职工委员会在作出妥协的同时，还参与到企业制定未来发展战略的过程中。无论是与企业方签订未来集体合同、参与“大众之道”的工作流程设计，还是制定数字化转型路线图等，都体现了职工委员会在制定战略过程中的重要作用。从上述历史进程来看，大众汽车职工委员会根据企业战略变化等动态条件进行了自身共决内容的调整，不断识别出不同历史时期的问题，并制定了相应的行动策略，积极地调动各种资源，最终实现保障员工利益的目的。因此，理解大众汽车的共同决策制度，应该将其看作一个“移动的目标”。

第二，大众汽车职工委员会的共决权远远超出了德国《职工委员会法》的法律框架，从管理日常劳动领域事务扩展到参与了生产计划制定，最终深入企业战略的制定过程。按照德国《企业组织法》规定，职工委员会共决事项具有非常严格的限制，主要集中在社会事务方面，按照第87条规定，这些共决权事项一共包括 14 项内容。[①] 在人事事务和经济事务方面，职工委员会并不具有共决权，只有程度较弱的参与权。[②] 与法律规定相比，大众汽车职工委员会的共决权在法律基础之上得到了一定程度的强化和扩展，这一点在《劳工关系宪章》里尤其得到了相当清晰的体现。20 世纪 90 年代，大众汽车的共决事项不局限于社会事务，而是扩大到了生产政策方面，例如 1994 年的采购协议。近年来，共决权甚至扩展到了企业制定战略领域。例如 2006 年的未来集体合同，占据协议核心的产品承诺部分条款在内容方面很大程度上是由职工委员会设计的。他们界定了现有业务的调整方式，提出了拓展新业务领域、提高电池产能等原本属于企业管理决策的内容。这在德国企业中是独一无二的。再如在数字化转型过程中，对于转型路线图的制定以及员工培训内容的设计，职工委员会都进行了深度参与。

第三，大众汽车职工委员会在大众涉及员工利益的各种解决

---

① 具体包括：（1）关于企业秩序与雇员在企业的行为规范问题；（2）每天工作的起止时间、休息时间、每周各天工作时间分配；（3）临时缩短或者延长企业的通常工作时间；（4）薪酬的支付时间、地点和方式；（5）双方无法达成共识时，制定一般休假原则和休假计划以及个别雇员的休假时间安排；（6）引入和使用监督雇员行为和工作效率的技术设备；（7）防止劳动事故和职业病，在法定健康保护或者事故防范法规框架内的健康保护；（8）企业的福利设施形式、配置和管理；（9）关于分配基于业已存在的雇佣关系租给雇员的住房及其解约和使用条件；（10）确定企业薪酬，尤其是制定薪酬原则，引进和使用新的薪酬办法及其变动；（11）确定计件工资和奖金标准，其他与业绩挂钩的薪酬及其金钱因素；（12）企业建议制度的原则；（13）班组工作的原则；（14）法律和劳资集体合同的保留。

② 按照 Daeubler 教授的划分，职工委员会的参与权按照程度从弱到强可以划分为：建议—监督—听取意见—协商—参与—共决。其中，共决是职工委员会权利的重中之重。

方案上具有较强的创新功能。大众汽车在企业发展过程中，曾遭遇过企业利润下降、新技术引入、全球化生产带来的产能分配危机以及数字化转型对员工培训的新要求等各种危机。当面对这些危机时，由于职工委员会拥有共决权，必须就这些问题以及企业战略应对方案进行表态，并提出自己的解决方案。为此，职工委员会在共同决策制度的压力下，必须与不同群体的员工积极沟通。面对压力，职工委员会总能在危机中提出创新解决方案，帮助企业渡过危机。这种创新能力最终得到了劳资双方共同的信任。例如，为了保障就业，职工委员会在1993年与大众汽车签订了未来集体合同，提出了四天工作制的解决方案，保障在员工减少工作时间的同时不降低劳动生产率。四天工作制开创性地设计出灵活安排工作时间的解决方案，至今仍是德国企业面临经济危机时解决就业保障的替代性方案。汉莎航空（Lufthansa）、戴姆勒－克莱斯勒（Daimler–Chrysler）、商用车公司（Commercial vehiclers）和欧宝（Opel）都仿照大众汽车推出了自己的缩短工作时间举措。[①] 再如，2001年，当大众汽车决定要将某一汽车生产线迁至斯洛伐克时，职工委员会在作出妥协的同时，要求大众在德国继续投资引入另一新车型生产，有效实现了德国本地工人的就业保障。通过这些创新性项目的提出和实施，提高利润和员工就业保障的双重目的同时得以实现，并为其他企业解决类似问题提供了参考。因此，德国劳动法教授Daeubler认为，与工会等员工利益代表相

---

① 德国的短时工作（Kurzarbeit）已经制度化，并在2008年金融危机和2019年新冠危机时对避免企业大规模裁员发挥了重要作用。

比，职工委员会的优点在于创新功能。[①]

第四，大众汽车积极地推动德国共同决策制度模式从本土向全球扩展。自 20 世纪 50 年代大众汽车在巴西建立了第一家海外工厂以后，到目前为止，已经在全球 22 个国家建立了汽车装配工厂。除了欧洲国家之外，还包括美国、墨西哥、巴西、阿根廷、俄罗斯、中国、印度、南非等其他非欧洲国家。这些国家在劳动关系传统方面与德国代表的欧洲模式存在着较大差异。但大众汽车逐渐意识到，共同决策制度不能只在全国范围内推广。从长远看，要想实现德国工厂的就业保障，必须引入跨国利益代表之间的联合。因此，在德国总职工委员会的推动下，大众汽车在 1992 年积极推动成立了欧洲集团职工委员会，并在 1998 年推动成立了全球集团职工委员会。到现在为止，全球集团职工委员会的成员从 27 名增加到了 90 名，成员分布上也从早期以德国代表为主，逐渐具有各个国家广泛的代表性。跨国利益代表在解决不同国家工厂之间的产能分配方面发挥了积极作用，最典型的案例是在 2006 年成功化解了所谓的“布鲁塞尔冲突”。[②] 此外，跨国代表还推动了制定全球框架协议谈判，签订了《大众汽车集团劳工关系宪章》，并积极支持当地工厂利益代表的日常工作。根据课题组

---

① ［德］沃尔夫冈·多伊普勒著，王倩译：《德国劳动法》（第 11 版），上海：上海人民出版社，2016 年。

② 2006 年初，大众汽车董事会决定关闭在比利时布鲁塞尔的工厂，并将其生产业务转移至德国。在德国职工委员会和 IG Metall 的支持下，在欧洲金属工人协会的帮助下，欧洲集团职工委员会（EKBR）成员以及大众汽车欧洲工厂工会在布鲁塞尔召开会议，并组织许多工厂的员工进行了示威游行。最终，在各方的合力下，布鲁塞尔工厂得以保留。

的访谈，“大众汽车职工委员会能参与不同地区之间工厂产能的分配，这是共同决策制度中非常特殊的一种制度安排，在其他汽车企业完全不存在”。

（二）企业利润和就业保障

企业在发展过程中，难免会遇到外部环境的变化，并对原有生产模式提出新挑战。此时，企业利润不断下降，企业需要对原有的战略进行调整，降低生产成本，提升生产效率。对于大部分企业而言，最直接最简单的解决方案往往是通过裁减员工数量以降低劳动力成本。但大众汽车共同决策制度的发展历史却提供了一条不同于上述逻辑的成功经验。共同决策制度是大众汽车作出各种决策的制度性约束。根据法律规定，如要在大众汽车股东大会上修改公司章程，其表决权必须达到 80%，远高于一般股份公司的 75%。由于下萨克森州政府拥有 20% 的股权，因此政府对大众汽车的决策具有重要影响。正因为这一股权结构，在遭遇利润下降时，管理方常常难以直接裁员，这迫使企业不得不与职工委员会坐在一起，共同协商出一套双方都能接受的方案。在持续谈判过程中，双方发现，企业利润和就业保障并不一定是完全冲突的，这两个目标也可以成为“同一硬币的两个面”，即在降低企业成本的同时保障劳动者的就业岗位。当然，达到这一目标的过程并不是一帆风顺的，而是充满了劳资双方的博弈和抗争。但如果双方都能以劳资合作的方式为这一目标共同努力，总是可以达成一种妥协方案，最终的结果也往往优于简单的裁员。

大众汽车共同决策制度在历史上发挥的作用在某种程度上证明了和谐劳动关系并不仅仅意味着企业成本。从长远看，和谐劳动关系有助于提升企业的生产效率。每次当大众汽车劳资之间的阶段性冲突得以解决，企业的生产效率和员工士气都会大幅上升，最终会对企业利润率的提升产生积极作用。从图 11 可以看出，大部分情况下，即使大众汽车产量下降，员工人数并没有发生同比例下降。这说明企业并未将裁员作为解决产量下降的唯一方案，而正是职工委员会缓和了二者之间的冲突。

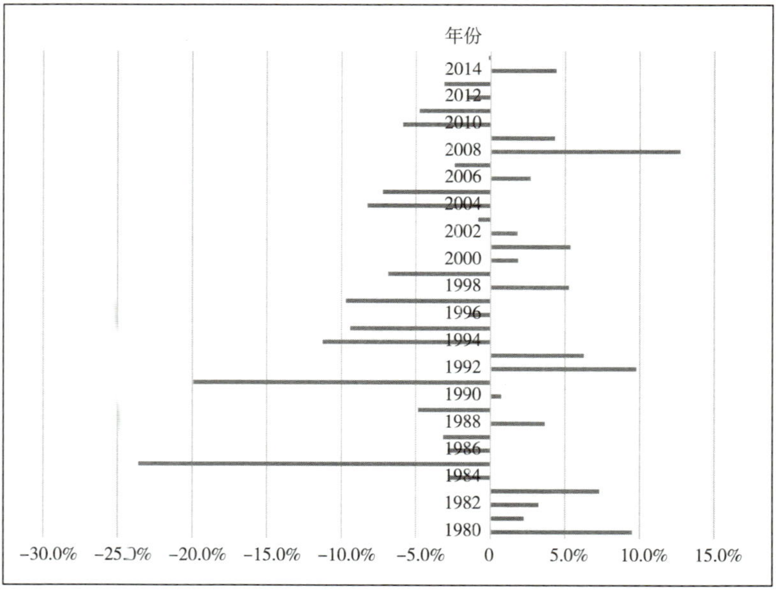

图 11　大众汽车销量与员工人数的关联性

注：该比例为次年的员工人数增长幅度 - 头一年的汽车销量增长幅度。这一比例实际衡量了大众汽车员工人数增长与汽车销量增长的同步情况。当为正数时，意味着员工增长幅度超过了汽车销量，当为负数时，意味着员工增长幅度低于汽车销量。

“在这种背景下，我们的职工委员会主席认为，到 1995 年底公司超出人数目标的员工将达到大约 30000 人。减少超额人员的常规做法是大规模裁员。亲爱的员工们，大众汽车是不会走这条路的。（掌声！）对此，董事会和职工委员会已达成一致。这也意味着我们在过去、现在和未来都必须不断寻找能使人工成本降低至合理范围内的方法。众所周知，这并没有那么简单。为此，我们组织了一个由 19 名人力资源专家和其他业务领域专家组成的团队。沃尔克特（Volkert）先生提到过的，新闻中也报道过的新型工作时间模式就是由这个团队开发出来的。该工作组的指导原则是，让大众汽车公司的每个工作岗位上都有一张鲜活的面孔。在此需要明确的是，裁员涉及的不仅仅是一个技术过程，也是 30000 人及其家人的命运。”

哈茨，大众人事董事，1993 年

（三）共决与效率

虽然大众汽车共同决策的法律形式始终保持稳定，但职工委员会的组织方式却存在着多样性。组织方式的变化提升了职工委员会与员工的沟通效率，也拉近了与基层员工的距离，适应了不同时期的需求。以 2005 年“职工委员会对话”为标志性起点，职工委员会一直在努力对共同决策制度沟通机制进行创新和改进，以求更高效地听取员工声音。在工厂层面，利益代表基于“职工委员会对话”机制，以规律性召开、参与面广泛的会议形式，促进职工委员会高层干部与一线员工的直接交流；在不同品牌层面与全球层面，职工委员会通过内部层级整合，疏通上至全球总部、下至地方工厂的意见传导，帮助公司进行战略贯彻与资源协调。在具体方式和手段上，职工委员会与时俱进地运用社交媒体平台开展与员工的即时线上对话，在拓宽意见收集渠道的同时也提高了意见处理的及时性和灵敏性。

共同决策制度常常被批评者认为程序太烦琐耗时、组织太官僚、成本太高。在全球化背景下，共同决策制度对企业快速反应造成了障碍。与企业单方决策相比，职工委员会参与决策的过程降低了作出决定的效率，但是通过对雇员利益代表机制和组织形式的调整，共同决策制度的劣势完全可以被限定在有限范围内。而且，共决过程往往是员工理解企业战略的过程和赢得员工支持的过程。员工理解了企业战略，往往又有助于企业战略的落地。从这个角度上看，大众汽车职工委员会组织形式的历史也说明共同决策制度和企业决策效率实际上并不冲突。

第三部分

共同决策与生产运营

共同决策制度是大众汽车经营管理中的重要机制。职工委员会、工会在大众监事会中占有一定席位，因此在批准企业关键战略决策上拥有发言权。同时，共同决策制度也在生产运营层面安排了相应的机制，以保证职工能在各个层面的决策中都有发声机会，都有维护职工权益的机制，本部分将讨论共同决策制度在生产运营领域的体现。共同决策制度存在的目的是要确保劳资双方利益的共同实现，而不是单独某方利益的实现，这包括在实现企业利益的同时不损伤职工利益，也包括维护职工利益的同时不伤害企业利益。与战略决策不同的是，企业的生产运营领域更贴近企业实践，如果由管理者单方面制定决策，就可能出现为了效率提升、成本节约而损害职工利益的问题，而职工代表参与共同决策，可以有效防止问题的出现。同时，由于职工更熟悉和了解现场实践，因此可以给管理者提供有价值的建议，为决策提供有力支持，从而提升效率、降低成本，推动企业核心竞争力的构建。

“大众之道”的产生与大众汽车在 21 世纪初所面临的竞争环境密不可分。为了进一步提高核心竞争力，降低成本稳定质量的同时提高生产力，大众汽车学习了日本丰田汽车的精益生产方式，并结合自身战略和文化对大众汽车生产体系进行了改进，通过员工参与重组生产和流程，从而形成“大众之道”。

一、“大众之道”的诞生

很多变革都是因危机和挑战而发生，大众汽车也不例外。进入 21 世纪，汽车行业面临巨大的挑战，传统优势企业风光不再，大众汽车不得不根据环境变化作出变革决策。

（一）大众汽车面临的危机与挑战

21 世纪初，大众汽车遭遇了一系列的危机和挑战。一是美元疲软。根据 2003 年《金融时报》消息，大众汽车第一季度的税前盈利下降了三分之二以上，欧元升值给公司带来了 4 亿欧元的损失，使大众的税前利润只有 3.31 亿欧元。大众的主要市场依次是德国、中国、英国和美国，后三者对欧元的汇率都大幅下降。二是中国市场发展缓慢。根据 2005 年《第一财经日报》消息，一度在中国客车市场无敌手的大众汽车，2005 年在中国市场的销售额出现下降，其在中国内地的两家合资厂上半年总共交车 26.5 万辆，相比 2004 年同期减少 5.9 万辆。大众汽车面临巨大压力，公司第一季度的销量下降 5%。三是钢铁价格不断上涨。钢铁价格上涨使得大众汽车的成本压力加大，开始寻找降低成本的方法。四是欧洲市场促销让利保销量。根据 2005 年中新网报道，大众汽车在欧洲市场的销售大幅增长，很大程度上是由于 2005 年初对帕萨特、捷达、高尔夫、途安等主力车型大幅降价 10% 的结果。五是大众集团利润不断走低。根据 2005 年《新京报》报道，大众汽车对外宣布 2004 年的利润总额出现大幅下滑，其中净利润为 7.16 亿欧元，较之 2003 年的 9.8 亿欧元下降了 29%。这也是大众集团继 2001 年以来，连续三年出现利润下滑。

2005 年的另外一件事情，进一步推动了变革的发生。6 月，一场牵涉大众汽车数名高管的贿赂丑闻急风暴雨般袭来。6 月 30 日，大众汽车职工委员会主席克劳斯·弗尔克特（Klaus Volkert）突然提出辞职。随后有媒体披露，大众汽车多年来以“不正当的方式”讨好工会高层领导人，换取他们在一些关键问题上的支持。

处于“腐败门”风暴眼中的大众汽车于 2005 年 7 月 13 日推出了全面的经营改革战略，改革的核心内容是一项涉及数十亿欧元的成本削减计划。在公布的详细方案中，大众品牌车业务部担负了 70 亿欧元成本精简的重任，具体将分摊到以下几块：销售成本 20 亿欧元、材料成本 30 亿欧元、生产成本 10 亿欧元、管理费用 5 亿欧元以及担保成本 5 亿欧元。

（二）劳资博弈及“大众之道”的产生

改革势在必行，大众汽车管理层与企业职工委员会就如何推进改革展开了一番较量。企业职工委员会的基本立场是认同企业的竞争力是保障生产基地的存续、就业和员工长远利益的前提，支持企业提高生产效率，并愿意主动寻求解决方案。在此基础上，双方在谈判中不断寻求共同点。

为了降低成本，大众汽车管理层提出了以下主张：一是德国生产基地裁员，裁员人数是 10 万员工的三分之一；二是为了进一步降低成本，新车型不在德国生产；三是关闭零部件工厂；四是新员工实施35小时工作制，而不是2004年集体合同约定的28.8小时；五是修改2004年集体合同。这里需要说明的是，2004年签订的集体合同中有一些更有利于资方的条款，其中包括两年内不涨工资；新入职员工适用新的工资标准；引入时间账户；到2011年底前不实行经济性裁员等。而工会和企业职工委员会的主张是：集体合同不能修改，具体降低成本的措施可以谈。通过谈判，双方达成一致的结果是：2005年和2006年转正的1000名学徒工并入“汽车5000”项目公司；新车型在“汽车5000”项目下生产；企业方为德国工厂增加两种计划车型。大众汽车计划减员14000人，主要采用自愿离职赔偿和提前退休等方式；零部件工厂采用了合资、关闭、外包等方式继续发展。

但事情并没有完全解决，争论依然在继续。大众品牌的劳动成本居高不下，超过奥迪品牌劳动成本的30%，是“汽车5000”项目的两倍。企业方提出，重回35小时工作制，保持4天工作制的工资水平；工会和企业职工委员会提出，把产品规划的保证具体化，延长2011年以后的就业保障，延长工作时间要通过收入进行补偿。

大众汽车劳资双方的谈判最终形成了两个结果，一个是2006年“面向未来的集体合同”，另一个就是“大众之道”。在“面向未来的集体合同”中，主要在工作时间、产品规划保证、收入补偿以及其他方面作出约定。在工作时间上，灵活性延长但是工资固定，直接员工的工作时间在25~33小时，间接员工的工作时间在26~34小时，自愿有工资补偿的40小时工作制的员工不超过

5%。企业职工委员会的“工作时间专业委员会”与企业的生产部门组成一个对等的部门，共同决定工作时间。在产品规划上，企业方要保证所有德国生产基地的产品规划具体化，并且要有中长期规划，以保障就业。在收入补偿方面，企业提供一次性6269欧元的企业年金；员工也可自愿领取5000欧元现金；同时引入与企业效益挂钩的奖金系统，从当年利润中拿出10%进行分配。在其他方面，规定了2008年和2009年的工资增加幅度；明确每年招收1250名学徒工；为新员工制定新的集体合同；同意协商制定创新的工作组织方式，这也为“大众之道”的出现做了铺垫。总之，集体谈判所涉及的面很广，所涉及的点很细，而且谈得也很灵活，只要是符合程序要求，都可以发起集体谈判。

“大众之道”是对集体合同的执行，是大众品牌层面的劳资协议。随着汽车市场竞争的逐渐加剧，为了进一步提高核心竞争力，降低成本、杜绝浪费的同时实现卓越质量，大众汽车规定了一个“全面的组织发展流程”，通过员工参与对工作和流程进行连贯而一致的组织，这就是“大众之道”。由此可见，“大众之道”的实施目的不仅在于提高生产力，还希望通过参与，让员工更理解和接受流程的改进，从而提高员工满意度。“大众之道”的诞生有多重原因，其中包括来自成本控制的压力，“汽车5000”项目高效运行带来的示范效应等。在访谈中，我们曾问过“为何要推行‘大众之道’”这个问题，是否因为“提升效率可能带来岗位减少，为了保障员工就业岗位，才让员工加入其中”？大众汽车集团狼堡工厂职工委员会某委员回答说：“事实并非如此。取得经济效益的同时保障员工权益是德国大众汽车一贯坚持的。‘大众之道’其实是《共决法》中所规定的共同决策制度在生产领域进一步细化，进一步系统化和工具化，从而产生了‘工具箱’，其中有‘持续改进工作坊’‘问题导向工作坊’等。当然，‘大众之道’也是为了将员工引入生产流程中，让他们贡献聪明智慧。比如，工具箱中有‘人体工程学’的应用，如果不将员工引入这个流程中，效果就不好，因为他们的身体感受更直接，通过‘大众之道’，工作取得了更好的效果。”

“大众之道”的产生还与大众汽车对丰田汽车的学习分不开。“二战”之后，丰田汽车异军突起，其经营业绩为世界瞩目的同时，其以精益生产方式为代表的经营理念也引发了企业管理实践界和学界的关注。

（三）“大众之道”对丰田精益生产方式的学习和发展

随着世界汽车产业的成熟和兼并重组步伐的加快，世界各汽车厂家在技术方面的差异在逐渐缩小，企业已无法靠以往的技术优势来保持竞争力。因此，各大汽车公司都在开发和应用先进的生产现场管理体系，以提高生产效率，降低生产成本，并借此保持企业的竞争力。丰田公司的精益生产方式在实际应用中获得了很好的效果，在20世纪被各行业广泛地学习，汽车行业更是形成了一股学习丰田的浪潮。大众汽车高层也意识到精益生产体系对于企业的生存发展具有重大意义，因此以大众集团董事长兼CEO费迪南德·皮耶希（Ferdinand Piëch）为代表的大众人开始学习日本先进的精益生产方式，调研分析丰田的精益生产体系，学习的目的就是了解丰田汽车在哪些地方比大众汽车做得好。

在访谈中，德国五金工业工会某先生谈道："我们开始以为丰田的优势主要是费用成本比大众低，但随后发现这不是决定性因素，因为丰田的成本只比大众低3%左右。更重要的是，丰田的流程更好，如生产流程、组织架构流程等。研究结果是，大众要在成本控制上做一些事情，但更重要的是在生产流程上做一些事情。"由此，大众汽车在学习丰田精益生产方式的基础上开始了对"大众之道"的探索。

1. 丰田生产方式的主要特点

丰田生产方式萌芽于"二战"后，据说当时日本和美国的工业生产力比是1∶9，丰田人认为"只要杜绝浪费，生产效率就有可能提高10倍"①，这种想法就是精益生产方式的出发点。

丰田生产方式的两大支柱是准时化和自动化。所谓"准时化"，就是在用流水线装配汽车的过程中，让零部件在需要的时刻以需要的数量送到生产线，不多不少，从而从根本上解决公司内部各环节库存给经营管理造成的负担。所谓"自动化"，是指将人的智慧赋予机器，也就是给机器装上"自动停止装置"，避免出现异常情况下机器大量产生不合格产品的情况。丰田生产方式还强调以团队工作为基础、持续优化流程、标准化、整体性生产方式等。这两大支柱在减少库存等大量浪费的同时，也在很大程度

① ［日］大野耐一著，谢克俭、李颖秋译：《丰田生产方式》，北京：中国铁道出版社，2016年。

上避免了残次品的出现，从而实现了成本的降低。1978 年，丰田汽车公司副社长大野耐一在日本出版了《丰田生产方式》（*Toyota Production System*）一书，系统介绍了丰田生产方式的诞生背景、精髓、渊源以及与福特生产方式的对比。1990 年，麻省理工学院教授詹姆斯 P. 沃麦克（James P. Womack）等人撰写了《改变世界的机器：精益生产之道》（*The Machine That Changed the World: The Story of Lean Production*）一书，对日本企业取得的成功经验进行总结，提出了精益生产的概念。该书在做了大量的调查和对比后，认为日本丰田汽车公司的生产方式是最适合现代制造业的一种生产组织管理方式，称为精益生产方式。精益生产作为一种以顾客需求为导向，多品种、小批量、高质量、低消耗、快速响应市场的生产方式，不但给企业带来了巨大效益，而且降低库存、提高品质、缩短开发与生产周期、减少用工、加快了对市场的反应速度，同时通过转变员工的管理理念、创新能力和团队协作精神等，给企业带来无形效益。

2. 大众汽车对丰田生产方式的学习和发展

学来的精益体系不能生搬硬套，必须结合企业自身的战略和文化进行调整。因此，20 世纪 90 年代，在学习了精益体系之后，大众汽车结合自己企业的特点，开发出了适应大众汽车文化的一整套体系，并且首先在奥迪公司进行试点，然后经过加工提炼，形成了适合大众全集团的工作体系，叫作大众汽车生产体系（Volkswagen Production System，VPS）。如前所述，大众汽车生产体系包括四个要素和六个流程工具：四个要素包括，团队合作

（班组合作）、目标协议流程、目视管理、持续改进流程；六个流程工具包括，工位组织、物料管理、过程质量控制、全面生产维护（TPM）、标准化操作和整体组织发展。

2005 年，大众汽车在原有基础上开发了 KVP-Kaskade 这种体系推进方式[①]，其中 Kaskade 的字面本意是瀑布或像瀑布一样流下，KVP-Kaskade 寓意为：持续不断、气势磅礴、全员参与的改进。2007 年，将原有大众生产系统加以优化，优化后的大众生产系统由一个基础和四个原则所构成。基础包含均衡生产、持续改进消除浪费、标准化、工作组织及环境保护。四个原则包括：节拍原则（以客户需求为节拍）、流动原则（减少流程时间）、拉动原则（代表拉动式生产流程）、完美原则（追求零缺陷）。这套大众生产系统基于 KVP-Kaskade 的五个波次来推行。五个波次具体是：第一波主要针对已经批量生产的产品，在直接生产区域进行优化，分阶段地在大众汽车全球的各个生产基地逐步开展；第二波是在间接区域进行优化，例如在职能部门等；第三波是针对批量生产前的产品流程进行优化；第四波针对供应商管理进行优化；第五波针对售前服务进行优化。上述的这五个波次之间相互独立，并无先后顺序，公司可以根据不同阶段的战略规划来选择相应的波次进行精益优化工作（见图 12）。

---

① KVP-Kaskade 是德文 Kontinuierlicher（持续的）、Verbesserungsprozess（改善过程）、Kaskade（阶梯的、人工瀑布）的缩写，意为持续不断改进的过程，是一组员工在经过培训的主持人带领下，针对在生产过程中发现的尚无明确解决方案的问题，按照规定流程、通过集体智慧解决问题的过程。

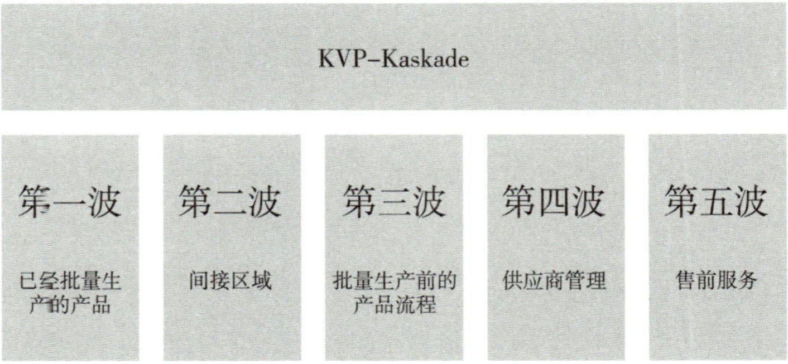

图 12　大众推行 KVP-Kaskade 的五个波次

3.“大众之道”的推行方法

大众汽车把学到的日本丰田精益生产体系结合企业自身特点进行调整，形成了大众汽车生产体系，并通过一系列的方法来应用并推广这套体系。

（1）专业的部门及专业的人员——教练员与主持人

大众汽车拥有多个专业部门来推进 KVP-Kaskade 的实施。其中包括专门负责 KVP-Kaskade 研发与设计的部门，其任务是为已经开发出来的波次建立样板以及开发新的波次，在实施中充当教练员的角色来培训和指导主持人；还有专门负责 KVP-Kaskade 具体实施的部门，他们作为主持人来负责工作坊（Workshop）的实施及任务完成；此外还有其他相关的参与部门，如规划部门、生产部门等，大家共同开展工作坊工作。这种设置专业部门推广实施的做法有较明显的优势，因为专职人员带来的专业水平及工作效率更高，而且设立专职人员能够让 KVP-Kaskade 推广工作得到更高的重视及更多的支持，从而使优化持续不断地进行。

（2）标准化的工作方式——工作坊

大众汽车推行 KVP-Kaskade 的工作方式是工作坊。工作坊有专职的主持人，负责邀请人员参加工作坊工作，参加人员有全职参加的也有按需参加的。以某期工作坊为例，在所有参加人员中，主持人、班长、工长为全职参加，工程师、主管及经理为按需参加。大众汽车为工作坊制定了一套明确的工作流程，包含准备阶段、执行阶段及后续工作，详细地规范了每天工作坊小组的工作内容是什么，每个参加人员的职责是什么。第一周是准备周，第二周是问题查找周，第三周是措施实施周。用三周的时间以工作坊的形式对目标区域进行优化，消除浪费，小组成员共同对成果负责，完成既定目标。正是由于有着严谨的工作流程，确保了每期工作坊工作的标准是一致的，也确保了在后续的工作推广过程中不走样。

（3）模块化的工作方法——40 个方法模块

大众汽车生产体系研究部门开发出了 40 个方法模块，应用于上述 KVP-Kaskade 五个波次当中的对应阶段。例如第一波第一阶段可以应用的方法模块有 8 种，分别是发现浪费、现场 5S、动作经济性原则、拿取范围优化、一个工位原则、操作空间优化、线旁备货及节拍平衡。下面通过一个案例来说明在第一波第一阶段中这些方法模块是如何被使用的。某班组在进行前杠横梁装配时，装配横梁的员工需要往返行走 3 次以上，存在“发现浪费”中的行走浪费。改进前，员工装配前杠横梁，拿取 7 个螺钉、电动和手动校验工具，造成反复的行走浪费；改进后，制作能够放置前杠横梁、螺钉和工具的随行小车，员工使用小车一次行走完成装配，消除行走浪费。上述过程中应用了“拿取范围优化”的方法模块。通过使用这些标准的方法模块来开展工作坊，便于发现问题并解决问题。这些方法模块为改进提供了一个标准化的方法，减小了由于人员理解差异给优化结果所带来的影响。

（4）全员参加的持续改进

大众汽车从董事会层面就非常关注 KVP-Kaskade。在每次的工作坊汇报会时，会邀请董事层面的领导听取汇报并点评。这样不仅提高了大家对 KVP-Kaskade 工作的重视程度，更重要的是鼓舞士气，使大家都带着热情投入改进工作中去。工作层面所有部门都有实施 KVP-Kaskade 的职责，而不仅仅是参与。所有部门都有相应的负责人和 KVP-Kaskade 的联系人，在工作坊工作中对应岗位的生产一线操作人员也要参加，真正做到了全员参加的持续改进。

（四）“大众之道”与丰田精益生产方式的不同

综上所述，大众汽车在学习丰田汽车精益生产方式的基础上，结合自己的战略和文化发展出“大众之道”。从目的上看，丰田精益生产和“大众之道”这两种方式都是通过生产体系、生产方式、模式变革达到提升生产效率的目的。从提升效率的各种方法和手段上来说，两者都包括团队工作、持续改进、标准化等放之四海而皆准的手段。

但是，由于这两种生产方式产生的背景不同，企业的战略和文化也不同，因此也有着明显的区别。首先是员工参与程度上的区别，尽管两者都强调员工参与，但是大众汽车员工参与范围更广、参与程度更深、参与能力更强。小到工作环境和工作条件的改进，也就是人体工程学的应用，再到生产线的设计即各流程环节的布局，大到在哪里投资设厂等决策，员工都有权参与。其次，“大众之道”推行的一个先决条件是保障就业，强调提升劳动生产率并不一定要精简人员或者增加劳动强度，还可以通过减少和避免不必要的流程来实现。在大众汽车，员工不需要担心提升生产效率会导致工作岗位消失，也不需要担心生产方式的改变会减少其工作收入。这些保障已经通过劳资协议确定，从而使得员工有动力参与这种生产的改善。不过，劳动生产率的提升必然会导致所需人员的减少，这就要求企业为精简下来的员工找到新的岗位或者提供新的技能培训。

在访谈中，杜伊斯堡大学社会学系工作和培训研究所教授托马斯·海彼得（Thomas Haipeter）谈道，与日本精益生产方式相比较，大众汽车推行“大众之道”的效果主要体现在两个方面，“第一，‘大众之道’保障共决参与，职工委员、工会信任人参与到工作优化过程中，通过参与来保障优化过程不会对员工造成不利影响。比如，劳动场所的优化，是人性化的优化。第二，理想的生产工作优化不仅是生产过程的优化，也包括工作环境的优化，如工作安全，人体工程学等，这个优化是更全面的优化，很大程度上保障工作环境的改善。”

通常，人们会认为大范围推行共同决策制度会带来一定程度的效率下降问题，因为需要花费更多的时间获取统一意见，而一个人或者少数人做决定就快得多。当然这样做的后果是，所作出的决策可能较难让其他人接受。大众汽车的做法是花更多的时间让所有人都可以参与决定，从而使得决策结果被接受的可能性变大。在访谈中，大众汽车集团全球职工委员会某先生认为，“协商需要时间，这是不可否认的。但是要看协商的具体情况，有些需要的时间比较长，有些比较短。”他还提到大众汽车的曾任 CEO 说过，“大众汽车的共决可能需要更多的时间达成共识，但是一旦达成共识，可以 100% 确定 35 万员工都会支持和接受，员工会更有动力为企业发展出力。”其中有很多正确的经验，决策不单单是时间和效率的问题，更重要的是这个决策在多大程度上能得到员工的支持。采用共同决策制度时，做决策可能比较花时间，但是决策的执行力会很强。同时，对大众汽车而言，共同决策制度还有利于在全球范围内调配资源。由于各国的汽车市场发展不均衡，导致有些地方的员工异常忙碌而另一些地方的员工则无事可做。通过共同决策制度，有可能与大众汽车集团全球职工委员会达成一致，在全球范围内调配资源，效率将会被大幅提升。

还有一些企业认为，效率是企业竞争力的主要来源，但大众汽车集团全球职工委员会某先生认为，这要看如何理解竞争力。“传统上，对企业竞争力的理解是在经济效益上的，生产率、效益、销售额等。但这只是对竞争力理解的一个方面，另一个方面是企业在国家和社会里起到什么样的角色，对社会的责任是如何担负起来的。如果企业在社会里被人们接受的程度很高的话，对专业人才的吸引力也很高，同样也可以提高企业的竞争力。因此，不能只看一个方面，而是要看两个方面。”

二、在生产体系的应用

“大众之道”的诞生是大众汽车的管理层、工会和职工委员会共决的结果。而“大众之道”推行的过程，不仅充分应用了共同决策制度，而且将共同决策制度所产生的效果进一步扩大。共同决策制度的影响力不仅体现在对职工权益的维护上，而且通过在生产领域的应用，最终体现在了改善生产环境、提高生产效率、提高员工满意度、提高客户满意度以及增强企业竞争力上。

（一）“大众之道”框架协议

2006 年，大众汽车股份公司的品牌委员会和总职工委员会、大众汽车萨克森有限公司和德累斯顿汽车制造有限公司的工会共同签署了“大众之道”框架协议（2006 年 8 月 1 日生效），协议规定了一个“全面的组织发展流程”，即“大众之道”[①]。协议指出，“大众之道”将以大众汽车生产体系（VPS）为基础，对工作和流程进行连贯而一致的组织。其推行的目的不仅在于杜绝浪费、实现卓越质量、提高生产力，从而提高客户满意度，还希望员工更理解、更接受生产流程的改进，从而提高员工的热情、能力和满意度，并最终保证公司的可持续竞争力和就业保障。

① 资料来源：大众汽车公司内部资料，BV 2006 06 Volkswagen-Weg。

1.“大众之道”的基本准则

“大众之道”的目的在于基于需求导向对公司的流程和组织结构进行系统重组，使得组织结构适应流程需要。“大众之道”强调产品设计、工艺设计和生产必须与大众汽车生产体系的功能更加紧密地联系起来，并确保大众汽车生产体系得到不断改进和发展。虽然“大众之道”考虑了所有的领域，但重点落在从产品创造到客户的整个流程链，其中使用并调整了现有方法、工具和最佳实践程序并在必要时进行优化。

“大众之道”的实施是一个共同决策的过程，因此能够得到参与者的支持，同时这个过程也对所有参与者产生约束力。第一，“大众之道”的基本原则是由公司管理层、工会和职工委员会在相互信任和达成一致的基础上确立的，在公司战略基础上制定或协定各个层面的目标与透明的绩效标准，双方承诺在人事评估中将“应用‘大众之道’所带来的生产力提升”考虑在内，同时承诺对效率的追求不会对可持续发展和未来就业产生影响。第二，清晰的目标和透明的绩效标准让员工更有积极性参与“大众之道”，努力优化自己的工作环境、提升工作效率，员工在这些方面的努力最终会变成经济效益，并让企业受益。

大众汽车在实施“大众之道”时，特别关注了各项内容与集体合同规定的一致性，并对现有的规章制度进行审查，以确保与“大众之道”相吻合；如果不一致的话，将对其进行调整或完全取消。

2. 推行“大众之道”的根基

“大众之道”得以顺利推行的根基是学习型组织中的沟通和领

导，这并不是为了推行“大众之道”而单独提出的，而是早就存在于大众汽车价值体系中的元素。

一是沟通与领导。沟通和领导的核心任务是激发和支持员工成功地进行自我引导，通过在各个层面创造透明度来提高质量和生产力。这就需要用到以过程为导向的沟通形式，结合具有约束力的结构和主题，支持员工依据关键指标和状态描述来可靠地实现所协定的目标。为了创造透明度，就需要提供实现目标所需的整体关联性信息，如关于公司整体情况、公司战略以及内部相互关系的可交流信息。

二是学习型组织。企业在全球竞争中取得成功的一项重要指标，是迅速适应新技术和工艺变化的能力，具备这种能力的组织也被称为“学习型组织”。大众汽车建设学习型组织的长期目标是在广泛参与的基础上制定和实施“大众之道”，并实现与员工的共同发展。因此，要及时发现并消除员工在能力素质上的缺陷，并将学习成果直接转化为质量和工艺可靠性的提升。此外，制定具有约束力的标准将提高员工在实践中的执行力。还可以通过交流学习成果及适当的知识管理让所有人都能受益。

3.“大众之道”的实施部门

大众汽车的品牌委员会和职工委员会是“大众之道”的联合发起者和推动者，他们制定各自的目标、里程碑和实施方式。另有一个执行小组负责“大众之道”的引入和发展过程中的概念设计、内容设计、管理、支持和管控等工作，该执行小组在组织上隶属于品牌委员会，是一个内部技术专家团队，其负责人由品牌委员会和职工委员会协商指定。

4.“大众之道”的实施基础

按照大众汽车的2008年第6号企业协议规定，“大众之道”以大众汽车生产体系为基础，对工作和流程进行连贯而一致的组织。大众汽车生产体系目前由四个核心要素和六个流程工具组成，这些要素和工具是利用现有规定以及“大众之道”执行小组的内部和外部经验来进行定义及开发。

（二）大众汽车生产体系的核心要素

大众汽车生产体系的核心要素包括团队合作（班组工作）、目标协议流程、目视管理、持续改进流程。

1. 团队合作[①]

2007年，大众汽车股份公司、大众汽车萨克森有限公司、大众汽车奥斯纳布吕克有限公司的管理层和职工委员会共同签署了关于团队合作的公司协议，并于2018年进行了修订，从而在制度上保证了团队合作及其后续发展。该公司协议规定了团队合作的基本原则和设计要素，这是“大众之道”和大众汽车生产体系的基本组成部分。团队合作是一种工作组织形式，几名员工在一个共同的责任领域内为完成共同的工作任务而一起合作。它有助于保证工作过程中所需要的质量和效率以及社交。团队在商定的标准基础上执行整体任务，由团队独立组织实施工作。在访谈中，

① 主要内容来自德国大众汽车2018年第5号公司协议“Teamarbeit”。

大众汽车集团欧洲及全球职工委员会某先生谈到，“团队工作是‘大众之道’的重要工作手段，这也在全球各地开始实施，非常成功。各个部门的领导，班组长、工段长在工作过程中，与员工进行交流和沟通，讨论生产线上的问题，从中找到相应的解决方法。”

（1）团队合作的优先目标。主要包括提高生产流程和决策的透明度；增强个人责任感以及对产品和流程的认同感；促进问题解决过程和持续改进过程，提高流程效率；优化合作；提高员工的积极性和满意度；拓展就业能力；工作流程人性化；在实践中体现企业文化的价值等。

（2）团队配置和团队规模。人员配置水平由公司代表和职工委员会决定。每个团队都有一名团队发言人。团队发言人实际上就是“班组长”，从经验来看，团队规模应为 8 人至 16 人。实际团队人数和结构将根据以下标准在当地指导小组中灵活确定：在出勤和缺勤管理、空间和设施结构、团队发言人任务和沟通方面确保可行性，通过轮换方案来减负。公司通过以下措施和项目来顺应人员特点的变化，一是团队的组成适当考虑到业绩下降的员工、严重残疾的员工和工作时间不同的员工；二是利用工作组织机会，如通过以有益健康的方式在产品、工艺、材料和设施方面进行分工，提高团队的长期作业能力。

（3）团队任务和工作轮换。在程序规范和标准的框架内，团队任务由各团队独立管理，还要制订计划并执行措施，以确保其责任领域的可审核性。如果专业和组织方面需要，主管可进行干预。团队工作的一个设计要素是定期轮换任务。根据划定的工作任务的类型和范围，必须确保员工能够通过在团队中的轮换来完成各自工作系统、活动范围的所有活动。大众汽车集团狼堡工厂职工委员会某委员介绍说，“岗位轮换是写进集体合同里的。单位时间内的轮换是必需的，轮换顺序是由班组自行决定的。如果工人身体不适合某个工位，需要有医生的证明。生产团队有‘人体工程学’评估小组，他们会看班组的轮换方案，提出他们的轮换建议。班组成员可能因为‘无法进行岗位轮换’而到职工委员会寻求帮助，比如老年员工或者派遣员工因为不能从事某项工作而无法进行岗位轮换。”团队还需要对个人和集体的资质及培训要求进行规划和协调，目的是在调配员工方面实现最大的灵活性。在贴近生产的间接领域，定期轮换任务原则上是可取的，但由于许多团队都有特定的主题和工作任务，所以往往无法实现。然而，为了确保和拓展灵活性，可以由具有相同专业资格的团队成员轮流代表对方。其中也应考虑到个人发展方面的规定。为了维持该领域的运作，该小组要制定一个适当的资质和代表轮换计划。

（4）团队发言人。团队发言人通过信息、沟通和解决冲突，对团队合作作出巨大贡献。大众汽车集团狼堡工厂职工委员会某委员介绍说，“团队中有一个队长，队长不是企业方指定的，是由大家选出来的，队长的工作级别会比其他人高一点，相当于班组长。班组是固定的，班组长是工人选出来的。工段长有班组长提名的权力，工人也有提名的权力，然后进行选举。”为此他要负责组织团队会议，准备会议内容并主持会议。他在上级面前代表团队，是内部服务提供者的联系人。团队发言人的职能是团队内部和与其他团队的协调，包括跨班次的情况。团队发言人仍然在其职能范围内参与工作进程，但没有纪律处分权。他有必要的额外时间来履行其职能。由现场指导小组根据需要审查和调整时间份额。

（5）团队工具之一——团队会议。定期团队会议的作用是团队的自我组织和自我指导，规划和组织工作任务以及改善流程、工作条件和优化合作的措施。团队会议也可以每天以团队简报的形式进行。团队简报的目的是传递信息，划定任务和偏差的优先级，并引入问题的短期解决方案。团队会议以考虑到团队任务和团队目标的标准议程为基础。必要时，团队可邀请其他组织单位的员工参加团队会议。运营主管可参加或安排会议。一般团队每周有30分钟的时间可用来召开团队会议。团队会议的具体安排（每天、每周、每两周等）和持续时间由公司代表和工会在各自的现场指导小组中协定。如果因流程原因而无法在轮班时间内举行团队会议，则可在工作时间外有偿（现金或时间补贴）举行团队会谈。停工时间（设施系统、材料准备或组织）较长时可举行团队会议。团队会议要在组织（如时间）和内容（如常规议题）方面以合理的方式纳入车间管理或与之相结合。

（6）团队工具之二——团队看板。为了得到尽可能全面的信息并实现透明，要在团队工作区域内或附近设置团队看板。这些看板是团队自我管理并面向目标从企业角度出发进行思考和形式的先决条件。看板上将列出下列信息：公司目标和措施、团队目标和成果的特性参数/指标（标准—实际对比）、优化工作和问题解决活动的状态，另外还可在现场指导小组内协调后将其他信息透明化。例如，可用于出勤 / 缺勤数据（用于团队内部人员部署管理）以及资质 / 灵活性矩阵（用于团队成员的在职资质）。团队看板的内容已加入工作车间管理或与之相关联。在访谈中，天津 DQ 工厂某先生提到，“精益生产的落实，常说的是现场管理、层级传递和现场问题解决。小组信息板和流程控制板等都是工具。组长是通过纸质表格，工长那层有电子表格，主管这层有电子信息看板。”

为了保证团队合作的顺利开展，还要有一些先决条件和必要条件。例如，运营主管必须以身作则，弘扬“大众之道”的公司价值观和原则，做好榜样，为团队提供支持。这包含了所有参与者之间的合作协作，促进和示范团队精神，以及对优化的开放和信任。公司必须通过适当的资质认证和培训，在人员发展方面为管理人员提供支持。必须利用车间管理的工具来进一步改善所有相关人员之间的合作。在访谈中，天津 DQ 工厂某先生介绍了大众对团队管理人员的培养，“大众的工长培养路径比较长，包括做培训、做领导力测评，专业能力培训（提供机会学习质保、物流、HR、财务等，能有更宏观的概念），通过之后，才能拿到任命，至少要 2~3 年时间。大众对此投入的培训资源是很多的。加上之前培养班组长已经花费 3~4 年时间，所以培养一个工长所耗时间是 4~5 年。而在德国，是有一个专门的学校培养工长。2015 年，天津 DQ 工厂把德国的工长培养体系本地化，要求工长不仅要了解生产，也要了解整个公司的运营体系、采购流程、信息安全，等等。大众汽车把工长定义为一个领导职位，更考验的是现场解决问题的能力，更容易和工人沟通。”在运营措施的框架内，应在工作场所附近为团队提供一个划定的空间（团队角落 / 房间），用于信息和交流、休息、团队发言人工作和指导新团队成员。

（7）团队合作的主要表现形式——班组工作。团队合作在大众汽车生产现场的主要体现形式为班组工作。班组是生产企业的基本细胞，班组工作是企业在空间或专业方面有相互联系的多个员工为了独立完成内容明确和完整的工作任务而进行的紧密合作。班组工作是工作组织的一种形式，能提高员工追求成功的责任心，并有助于确保工位的安全。同时，它创造了将不同素质和效率的员工集中在一个班组工作的条件。班组工作是大众汽车生产体系工作的核心。班组管理水平的高低代表企业基础管理水平的高低。班组工作除了生产任务，还包括体系中其他工作（如目标管理、质量管理、物料管理、目视管理、工位管理、标准化管理等）、班前会、主题班会、经验交流、班组星级评审等。通过班组工作，使班组在完成公司目标的同时，不断实现员工的目标，提高员工满意度。以主题班会为例，其目的是促进班组成员之间的信息和经验交流，创造集中群体智慧改进工作的机会，由此增强班组成员对班组工作的认同感和责任感，提高整个班组的凝聚力，顺利地实现各项班组工作目标。

2. 目标协议流程（ZVP）[①]

通过目标协议流程，大众汽车公司和职工委员会想借此不断提高和发展所有流程、基础设施和组织结构的效率，以及“大众

① 部分内容引自德国大众汽车 2007 年第 5 号公司协议“目标协议流程”（Zielvereinbarungsprozess）（ZVP）。

之道”框架内产品和员工的能力。因此，目标协议流程是“大众之道”各个工作层面的核心要素。作为企业战略人力资源管理工具，目标协议流程在商定的标准基础上，通过集中和同步任务，扩大行动范围和责任领域，促进积极的共同设计。为了使管理人员和员工之间的合作与企业战略和集团指导方针保持一致，在目标协议流程的框架内，将目标与其实施工作拆分到各个业务领域和组织单位。通过目标协议工具来确定实现目标的方式和措施。目标协议流程的框架是由管理层通过战略部门目标与预算制定的。

（1）目标。目标是指未来某个时间点的理想状态。一项目标由目标内容、衡量指标、措施和期限组成。通常有两类目标：具有可定量衡量指标的目标，例如成本、技术质量、遵守期限；具有可定性衡量指标的目标，例如合作、信息交流。目标是由管理层根据公司战略中规定的规格自上而下制定的（目标设定），并与员工一起制定必要的实现措施，与员工商定个人目标，如资质、培训和个人发展等。

（2）目标协议。目标协议是主管和雇员之间相互接受的协议，以追求和实现一个或多个目标。与目标和工作指示相比，目标协议必须由协议各方共同商定达成。在目标协议中只能商定以下措施：符合公司的目标和战略，并且不相互冲突；可核查、可测量或可评估、可追踪、可重复、非竞争性；可由员工或团队影响和实现。具体说来，以下目标内容的措施可在与直接和间接领域的团队和公司上级的目标协议中商定：工作安全、健康状况 / 健康促进、人体工程学、质量、成本 / 生产力、整体流程时间、遵守期限、实施“大众之道”（包括 KVP 分级的第一波到第四波）、资格 / 培训、创新、以客户为导向和生产性增长、环境保护。在在职培训和人员发展方面，也可以在员工会议的基础上为员工个人商定目标。还可以在间接领域与每个员工达成目标协议，实施“大众之道”。协议的原则由中央指导小组确定，实施的细节则由现场指导小组确定。

（3）目标协议流程。目标协议流程是按时间顺序进行的，从公司管理层到组织单位再到员工个人或团队（自上而下的过程）。相反，目标评估是按照从员工个人或团队到公司管理层的反向顺序进行的（自下而上的过程）。目标协议流程包括目标规划、目标协议、目标处理和目标评估等基本步骤，并以控制小组的形式执行。员工和团队可以对目标的可实现性以及必要的措施和资源发表意见，必要时可拒绝目标协议。员工和团队可以为目标协议给出自己的补充建议。年内通过定期结果控制来显示目标的实现情况。目标协议将通过适当的工具提供给各组织单位的职工委员。

（4）解决冲突。如果目标协议的执行过程没有在员工 / 团队和直接主管之间达成一个双方都同意的解决方案（例如关于目标协议的内容或对目标实现程度的评估），则必须在职工委员的参与下，与下一个更高级别的主管敲定。如果冲突的主题是结构问题，那么这个问题应在现场指导小组中澄清。在访谈中，德国大众职工委员会委员提到，“通过合作解决冲突的理念是大众汽车很明显的标志。”在企业各个层级上，均有这样的特点。工会和职工委员会的存在降低了冲突升级的可能性，以协商合作的方式来解决问题，在一定程度上避免了罢工。在团队层面，通过协商也可以有效地解决冲突。

总体而言，“大众之道”的目标管理是指企业的最高领导层制定出一定时期内企业经营活动所要达到的总目标，下属各部门主管人员以及每个员工根据总目标确定各自的分目标，在工作中实行自我控制，努力完成工作目标，并在实施过程中定期进行跟踪和讲评。目标管理强调目标应能反映劳动成果，组织目标能反映组织成员集体劳动成果，个人目标能反映个人劳动成果，组织目标是通过个人目标的实现而实现的。大众汽车的目标管理要求，要明确设定目标的外部条件和内部条件，目标由组织的直接上级和成员之间通过协商确定，但协商不是必要条件，确定的目标应被记录在案，目标应该具备可考核性等。大众汽车强调对目标实施动态控制，通过自上而下的监督检查和自下而上的汇报讲评两种方式，动态地将目标值和实际值进行比较分析，反映所存在的问题。

3. 目视管理

目视管理是把所有的标准、目标和条件都能利用形象直观、色彩适宜的标识展示在人们眼前，让人们一目了然、一看就明白，并能识别和理解错误所在。目视管理能帮助人们把注意力集中到主要事件上来，帮助人们立刻发现实际与标准之间的差距，提高各种生产信息的传递效率和工作效率，并有助于保证劳动安全、促进员工的责任意识等。以生产现场的标识为例，一般应包含以下六种：一是地面标识；二是工装、工具标识；三是零件（材料、物品）标识；四是生产现场中的车辆管理标识；五是保证员工劳动安全的标识；六是导向标识。

看板管理是目视管理的一部分，是实现准时化生产的重要管理工具，通过看板的传递和运动来控制物流和信息流，制止过量生产，减少在制品，从而使产生次品的原因和隐藏在生产过程中的种种问题及不合理成分充分暴露出来，通过持续的改善活动，彻底消除引起成本增加的种种浪费，从而实现生产过程的合理性、高效性和灵活性的管理方式。

4. 持续改进流程（KVP）①

KVP 是德文 Kontinuierlicher Verbesserungsprozess 的缩写，意为持续不断改进的过程，这是一组员工在经过培训的主持人带领下，针对在生产过程中发现的尚无明确解决方案的问题，按照规定流程、通过集体智慧解决问题的过程。2008 年以来，大众汽车能够逆势而上，将全球金融危机的冲击降至最小，很大程度上得益于 KVP 工作方法的推进。

（1）KVP 持续改进流程的目标

在持续改进流程中，公司各部门的所有流程都将在员工的参与下得到优化，目的是大幅降低总成本。通过在可持续的基础上促进有针对性并且有效的工作和流程组织来提高竞争力和保障就业。实现这些目标的方式包括：注重价值创造，提高生产力，杜绝浪费；优化价值输出和整体流程时间；通过安全稳定的流程确保生产质量（无返工）；引入并遵守标准；减少库存、投资、场地

① 主要内容引自德国大众汽车 2007 年第 4 号公司协议“Kontinuierlicher Verbesserungsprozess. KVP”。

以及产品和流程的复杂性；优化职业安全、健康和人机工程学；提高员工的积极性。

（2）KVP 持续改进流程的工具

KVP 持续改进流程的工具主要有三种，即在 KVP 等级基础上的 KVP 分级研讨会、KVP 优化研讨会和 KVP 解决问题研讨会。

KVP 等级是一种工具，分级的标准、方法和程序由“大众之道”执行委员会依次审查、拓展并提供使用。KVP 分级是一个按波浪和阶段建立起来的整体过程，分为五个波次。第一波针对已经批量生产的产品，第二波针对间接区域，第三波针对批量生产前的产品流程，第四波针对供应商管理，第五波针对售前服务。实施进度和生产体系的成熟程度将在现场进行审核。任何必要的标准或总体程序都是由管理层和职工委员会在执行委员会中商定的，是“大众之道”的一部分。

在 KVP 等级的基础上，KVP 分级研讨会原则上是在工厂或业务板块层面进行系统性计划，按照标准化的时间表和内容进行构建的，相应的时间表和运营实施工作由在现场或业务区域的指导小组及时协定。KVP 优化研讨会用于实现优化潜力，根据任务设定、按照需求确定和使用内容。分级研讨会和优化研讨会原则上应提前一到三周进行登记，应确保准备工作的质量。这方面的最低要求是在最新的基础上提供所有必要数据，相关参与者可以使用，并且相关区域的员工能及时提前了解信息。在所规划研讨会开始前至少一周，相关调查地区的小组由主管人员告知计划活动。负责的经理、所有班次（如果有三个以上的轮班小组，则必须在现场指导小组中确定参与者组）和相关区域的代表、职工委员会代表以及所需专家都属于参与者。KVP 解决问题研讨会的目的是尽快解决工作环境中的技术、组织、人体工程学和质量问题。以团队或跨团队方式与专家（如规划者和开发者）一起举行研讨会。解决问题研讨会的先决条件是在一个区域（涵盖所有班次）或一个团队中存在一个有明确界定和定义的问题。规划、登记和通知相关区域所需的时间，以及研讨会的时间和参与者的数量，都取决于要处理的问题。

（3）KVP 持续改进流程的工作方式

KVP 研讨会首先对要实现的目标有一个明确的、可衡量的、可管理的定位。研讨会由内部或外部主持人 / 培训师主持。主持人主持研讨会，通过专业知识提供支持，并确保纪律性。管理者负责研讨会的目标、准备和实施以及结果和可持续的实施。所有研讨会参与者都有责任在研讨会上以及之后的实施中，以建设性的解决方案为导向来进行合作，寻求结果。研讨会参与者具有平等的权利。研讨会小组的决定要遵循一致性原则，该原则不应理解为中断过程的指标，而应理解为可持续实施意义上的共同任务。也就是说，如果有一名或多名参与者拒绝一项措施或结果，则必须在内容上说明理由。被拒后，将继续探讨统一的解决方案。如果出现无法在研讨会解决的分歧，将在职工委员会和管理层的参与下解决冲突。如果找到了结果，则可结束研讨会。

在 KVP 分级研讨会和 KVP 优化研讨会上，要在现状分析的框架内共同分析与工作场所有关的流程，并找到浪费的点在哪里，将 KVP 优化研讨会的结果和与职工委员会的协商记录在一个标准表格中。标准文件是在指导委员会中进行审查和决定的。该文件是提供结果信息和实施管控的基础。双方要保证 KVP 研讨会期间或之后的短期协调流程。研讨会结束后，要将结果告知相关团队和地区的员工。

（4）KVP 持续改进流程的实施结果

研讨会团队开发的所有优化方案或措施都可以在直接区域（已批量生产的区域）进行模拟和测试，既可以在生产线的运行生产过程中，也可以在单独的试验区进行。如果变更范围允许，那么也可以在研讨会上进行测试。测试仅涉及措施的实用性，时间上的 MTM（Method Time Measurement）[①] 完全由 IE（工业工程）和职工委员会根据集体合同的规定进行。在成功测试优化后，将重新安排或介绍工作场所，并将新的工作流程记录在标准工作表上并进行可视化。协定的新标准是临时的，持续到将新标准记录在生产计划中。在间接区域（职能部门），是在研讨会之后的措施实施过程中进行测试，即在审查日期之前的这段时间，其间可以确认该措施成功实施并做记录。为实施这些措施，大众汽车建立了一套措施管控体系。在措施管控的框架内，定期向地方指导小组通报执行情况。企业和员工都一致认为，可持续地实施研讨会结果对参与人员的积极性和经济成果有着非常重要的意义，所以会

① MTM 是世界上使用最广泛的预定时间方法，意为方法时间测量。它是描述操作过程的方法，反映了代码的组合的工作方法，并获得独特的时间值，可以用作特定工作的手动操作标准并建立改进方向。

有机构和预算来加速措施的实施工作。在测试或实施研讨会结果的过程中，要与职工委员会讨论预期的人事效果和人事变动的必要性。如有必要改变人员配置，可能会导致雇员从组织单位 / 地区调走。对于某些值得保护的雇员群体的利益，将给予特殊考虑。

（5）共同决策制度在持续改进流程中的作用发挥

KVP 持续改进流程强调全员参与的、有生命力的改进，注重措施实施与思想意识培养的同步进行，在跨部门团队协作中系统性地解决问题，并在解决问题的过程中完成对员工的培训，不断增强员工的改进意识，提高员工的改进能力。KVP 工作法是大众生产现场管理体系的重要内容，带动其他要素共同运转，为劳动生产率的提升提供源源不断的动力。在访谈中，大众汽车集团狼堡工厂职工委员会某委员提到了一个例子，“在高尔夫 8 产线的建立过程中就使用了‘持续改进坊’。产线建立过程中的每一项生产活动如果没有员工参与，而是由规划组自行设计的话，那么员工进入工作现场后，可能会出现这样或那样的问题，导致工作无法推行。”在访谈中，德国奥迪集团职工委员会某女士也提到一个例子，“在持续改进的过程中，缩短工作时间、增加劳动强度时，职工委员会可以‘踩刹车’。比如在数字化、自动化的过程中，企业方决定使用‘身体辅助性设备’以提高效率，这种设备就像是人穿了衣服架子在身上，半蹲时会产生支撑，会降低劳动强度，减少对身体的损害。但长期使用可能会对人的身体和心理产生影响，因为如果半蹲像坐着，身体会产生记忆，导致短期省时但是长期会有一些影响。这种情况下，职工委员会参与决策制定，让管理方先进行科学分析，看看结果是怎样的，是好处更多还是坏处更多，然后再作出判断。”这个例子可以更好地说明共同决策制度在持续改进流程中所发挥的作用。

（三）大众汽车生产体系的流程工具

大众汽车生产体系的流程工具包括工位组织、物料管理、过程质量控制、全面生产维护（TPM）、标准化操作、整体组织发展。

1. 工位组织

工位组织是本着“安全、清洁、清晰、良好保养、人机工程”的原则，通过整理、整顿使得工作位置及其周围区域得到合理组织和保养。工位组织工作能缩短新员工熟悉工作的时间，使得工作流程一目了然，从而保证现场的工作效率和员工的满意度不断提高。

工位组织开展步骤：一是按人机工程的原理布置工位，优化器具、料架，拿走不必要的物品，所有物品、物件都有固定位置。二是区域内各类工具、设施、物品做到标识齐全，整洁；所有的物品/物件按标准摆放，画线。三是坚持不懈地组织、优化工位和保持清洁，培养并实现高素养的员工队伍。例如，我们在国内某厂区发现了如下规定：“生产区域的地面颜色是固定的灰色，行车道中的主通道是橘黄色，道宽按规划标准，一般通道为灰色，道宽根据实际情况确定，标识线为白色。存放区域白色标识线代表合格品、空器具、工装和可移动的设备；黄色标识线代表待检验、返修的零件，红色标识线代表废品零件。”

人机工程是在关注人的工作能力和需求的前提下，通过合理组织，使人与设备、操作对象实现最佳组合，使员工尽可能舒服、健康、持续地工作。不符合人机工程的现象包括：不自然或费力的身体姿势或动作，如不停地弯腰、屈身、转身；用力过度，如把锁环扣入；高负荷工作，如抬举重物，负重行走。在访谈中，大众汽车集团狼堡工厂职工委员会某委员提到，“‘大众之道’的工具箱中有‘人机工程学’的应用。如果不将员工引入这个流程中，那么效果就不够好。因为工人的身体对‘人机工程学’的感受更直接，通过‘大众之道’，员工参与了相关的设计，从而取得了更好的效果。”

拿取范围优化是指通过合理的、符合人机工程原则的布置和摆放，使物料和工具处于理想的拿取范围内，减少不必要的动作，实现“盲抓”及双手工作。

2. 物料管理

物料管理是保障生产过程中物料供应的原则和方法，通过精益的、标准化的物料系统，能降低物料库存，稳定生产流程、消除浪费、降低成本。生产现场的物料管理通过采用各种先进的物流技术和方法，保证生产中物料的运输、存储、包装、装卸搬运、信息处理等各个环节达到协调统一。既要保证生产顺利进行，又要避免物流环节的各种浪费（库存、周转率、配套率、自损率等），它包含准时化供货（JIT）、电子看板、顺序供货、货筐备货等。准时化供货采用的是“拉动原则”，即生产的后道工序要货原则，从而实现从生产工位到供应商逐级拉动，避免浪费。

3. 过程质量控制

过程质量控制是一个统一的操作方法，通过它可以在生产过程中实现预期的生产和产品质量目标。过程质量控制的手段主要有两个，过程审核和质量控制环。质量控制环的三大功能是对产品缺陷进行“检查—分析—排除”，合理设置质量控制环，避免缺陷流出控制环，同时消除由于返修造成的成本损失。在实施质量控制环的过程中，按照各部门生产工艺的特点（如机加与装配的差别）合理设置质量控制环及具体的工作内容，同时做好跨班组、工段和部门的质量控制环之间的信息反馈工作，及时从根源消除质量问题。

4. 全面生产维护

全面生产维护（Total Productive Maintenance，TPM）是一个通过全员参与设备维修活动，并以提高设备利用率为目的的改进系统。在 TPM 中，生产工人不仅要进行生产活动，还应承担保养、维修设备及维护工位清洁，使之有序地工作。通过生产工人对设备有计划地清洁、润滑、点检及维修，可以加强对设备的深入了解，避免设备发生故障，提高设备效率。在推行 TPM 的过程中，要注意做好生产员工的政策引导和激励，专职维修人员与生产员工要互相配合，扎实地开展 TPM 小组活动，专职维修人员要对生产员工进行充分的培训并保证培训效果，使生产线的自主维修取得实效。

5. 标准化操作

标准化操作是跨班次制定的、统一的工作流程和工作方法。

标准化操作就是让每个工人都知道必须如何操作，这是完成工作的可靠保证，也是达成共识的操作方法，更是员工开展持续改进工作的基础。在标准化操作的基础上，各班次能用相同的方法完成工作，发现并消除浪费从而提高生产率，避免因员工操作不当造成的质量、安全等各种问题。在标准化操作的推行过程中，要防止出现“一劳永逸”现象，要根据现场产品、工艺的变化随时对标准操作卡进行维护，同时开展持续的优化活动，要树立“每次优化后的状态都是下一次优化的基础”的思想，这样才能使工作取得实效。

6. 整体组织发展

以上因素也常被称为大众汽车生产体系的九大要素，各要素环环相扣、缺一不可，都是生产管理体系中必不可少的部分。目标是前进的方向；持续改进是各项工作开展的思路；目视管理是工作标准和内容的展示；标准化操作是使工作行为更加规范统一；工位组织是现场管理、人机工程的标准；过程控制是开展质量工作的依据；TPM 是设备管理所追求的目标；物料管理是材料管理的方法；班组管理是体系的核心，因为各项工作都要落实到班组去开展，班组管理的水平决定着其他要素开展的深度。只有如此，组织才能获得整体发展。

（四）大众汽车激励员工参与“大众之道”的措施

员工参与是“大众之道”顺利推行的重要问题。但在大众汽车，这个问题似乎不能称为问题，因为对生产环境的改善，对操作流程的优化，对生产效率的提升等都能给工人带来利益，这与个人意愿是一致的，每个人都希望在标准化、更高效、更整洁的环境中工作。因此工人能自觉自愿参与到“大众之道”的推行中。不过，大众汽车也设计了一些流程来确保工人对“大众之道”的参与热情。首先是工作保障，就是提供就业岗位，保证工人不会因为效率的提升而失去工作，这是最为重要的，只有这样员工才能没有顾虑地参与进来。其次是在线调查员工的满意度。大众汽车设计了20个问题，在线了解员工对老板、对工作等各方面的满意度。最后是绩效反馈。每年团队领导都要与员工进行绩效面谈，与其沟通其绩效表现，并一起对其未来的发展进行规划。

在访谈中，我们也提出了另外一个问题，“保障了工作岗位就能保证员工有参与‘大众之道’的积极性吗？是否有可能因为有了工作保障，反倒是让员工丧失了改进的动力？”对此，大众汽车集团狼堡工厂职工委员会某委员认为，“工作保障所保障的是工作岗位，而不是工作环境、工作条件、工作流程。员工如果能参与到‘大众之道’，就可以改善自己的工作环境，这比让其他人决定要好得多。当然，也不否认这存在着文化差异方面的因素。在德国社会，人们最担心的是失业。人们往往会珍惜现有的工作岗位。德国是一个对安全有很大需求的国家。”

除此之外，大众汽车一般不会用经济方式激励员工参与“大众之道”，员工不会因为提出了一些生产优化的建议而得到奖励。这主要是因为，大众汽车认为这些改进意见本来就是KVP工作坊（“大众之道”）的内容，是工人的工作职责，已经被支付过了。

当然，工人如果在 KVP 工作坊之外提出一个好的想法，带来成本的节约或者其他好处，这时有可能获得经济性的奖励。但是，什么样的想法会被奖励、奖励的金额多大等这些决定是由相关部门的经理人员作出的，并且这些制度已经被写进了集体合同中。

虽然，“大众之道”的推行主要由职工委员会推动，但是工会也在其中发挥非常重要的作用。“大众之道”最重要的特点就是共决，通过共决，企业管理层与职工委员会、工会合作，讨论如何使得生产流程得到改善。因此，五金工业工会在“大众之道”推行中所发挥的基本作用是，通过与职工委员会合作，保证员工参与。要保证员工参与，首先要得到“大众之道”的相关信息。对员工来说，他们能理解推行“大众之道”提高大众汽车的竞争力是战略安排，改善生产流程也是可行的，但他们更关心的是，推行“大众之道”会对自身产生什么影响，这是员工需要了解的。而对德国五金工业工会来说，更关注的是流程改善可能影响工作岗位，而流程改善带来效益提高后的利润如何分配？这些问题同时也是员工所关注的。根据五金工业工会某先生的介绍，在推行“大众之道”时，职工委员会委员、工会信任人与总裁一起沟通讨论了三个问题：“一是多余的工作岗位如何处理？二是有些功能被改善掉了，对工人工资的影响如何处理？三是生产效益提高后，收入和利润提高后，如何分配？”当时，工会要求有一个清晰的书面协议来保障以上三点，让员工不会失去工作、工资收入不会受到影响，有技能提升的机会等，这些都是五金工业工会所发挥的作用。

三、在其他领域的应用

以上所谈的主要是“大众之道”在大众汽车生产体系（VPS）中的具体应用。不过，生产领域中除了生产体系本身还有很多其他的议题，比如工人的就业岗位保障、工作时间、工作收入、休息休假、技能提升等。在访谈中，大众汽车集团狼堡工厂职工委员会某先生提到，“‘大众之道’主要是在生产领域，但是现在也逐渐引入二线部门。”

（一）“大众之道”在就业岗位保障方面的应用

需要指出的是，“大众之道”并不是为了保障就业岗位而推出的，取得经济效益的同时保障员工权益是大众汽车一贯坚持的。“大众之道”其实是德国《共决法》中所规定的共同决策制度在生产领域的进一步细化、进一步系统化和工具化。通过员工参与到工作流程的改进，“大众之道”达到提高效率和节约成本的目的，当然，“大众之道”也是为了将员工引入生产流程中，让他们贡献聪明智慧。可以说，推行“大众之道”的先决条件是要保证员工就业。一旦因效率提升在某个领域产生人员冗余，大众汽车公司往往会先在其他领域为员工寻找更合适的岗位，有时候也需要帮助员工提升技能以适应新工作的需要。如果还不能解决问题的话，就要实行一定的退出措施，通常采用的方法是办理退休，保证工人体面的生活。总之，离开公司是在双方情愿的基础上所决定的。

在大众汽车，就业岗位的变化主要与数字化发展的前景相关。大众汽车集团狼堡工厂职工委员会某委员在访谈中提到，“大众汽车生产的自动化程度已经很高，部分车间已达到80%，一般不会再有大幅度的自动化提升，但也的确是正在发生的事情。例如，总装车间正进行‘人机协作’项目，可能会对现有的工作岗位产生较大的影响。总体来说，自动化提升在汽车装配方面没有太大的影响，影响比较大的是数字化方面，因为电子零部件的比例增加了。例如，在汽车检测环节，不仅工作量有变化，而且还有技能要求上的变化。”

2019年，大众汽车的劳资协议中有一个“数字化路线图”，职工委员会站在现实的基础上与企业管理层协商，控制未来的数字化发展对就业岗位带来的影响。访谈中，德国大众职工委员会某先生提到，“2019年的劳资协议中有一个‘数字化路线图’。这是一个很长的协商，在协商过程中我们把所有德国的生产基地进行分析，分析在接下来的一年、两年、三年里会发生什么变化，哪些技术上（信息上）的创新会影响就业岗位，如现在手工输入的一些信息以后可以自动输入。我们分析了企业里所有的方面，包括研发、销售，等等；分析了很具体的工作，分析哪些工作会消失，哪里又需要新的工作，现在的工作方式已经发生了变化。在这个劳资协议里，我们与企业方协商哪里的工作会消失，哪些会增加。我们知道消失的工作比增加的多，人员需要减少。我们以社会上可以接受的方式来减少人员，比如使用提前退休的方式。另外，我们也需要招聘能适应新工作的新员工，同时内部的转岗培训也很重要。我们的电气工程师转岗培训为汽车电池的工程师，这种可能性是存在的，总之要增加转岗培训的力度。”

综上可知，就业岗位保障往往与员工技能提升直接相关，共同决策制度在员工技能提升方面也发挥了重要作用，对此我们另有章节专门讨论。在这里，我们仅描述职工委员会与企业管理方协商了为提升员工技能所采用的方式。首先是在生产程序之前要做好培训，大众汽车有一个“培训学院”专门负责在生产之前对员工进行培训。不过实际过程更复杂，不断出现新的情况。例如，传统来说，老员工往往比新员工更有经验而成为新员工的辅导者，但是在数字化发展进程中，这种情况发生倒转，新员工往往比老员工更熟悉数字化操作，于是新员工开始帮助老员工。所以说，在共同决策制度下技能提升实际上是不断学习的过程，并没有固定的方式和路径。

（二）“大众之道”在决定工作时间方面的应用

工作时间与报酬一直是劳资关系乃至整个生产关系的核心问题[①]。大卫·哈维（David Harvey）也认为[②]，“在历史上，对工作日、工作周、工作年（带薪假期）和工作生涯（有关退休年龄）的斗争在短期和长期一直都存在，并且这一斗争仍然伴随着我们。”在

① 赵秀丽，李敏：《弹性工作制的政治经济学分析——理论探源及影响分析》，《内蒙古师范大学学报（哲学社会科学版）》，2017 年第 46 期。

② ［美］大卫·哈维著，谢高胜、李连波等译：《跟大卫·哈维读〈资本论〉》，上海：上海译文出版社，2014 年。

开始谈论“大众之道”在工作时间方面的应用之前，我们先来看看工人工作时间的变化。工作日长度是具有可变性（或弹性）的，在身体能够承受的界限和社会规定的界限之间变动，劳工方经过了长期艰苦的斗争才终于获得了工作日长度的社会界限[①]。1847年，英国通过了《十小时工作制法》；1921年，国际劳工组织通过了每周休息1天的公约[②]；1935年通过了40小时工作周的公约；1962年提出在不减少工人工资的情况下缩短工时的建议[③]。20世纪60年代，德国为了应对经济衰退所带来的失业及成本上升，开始普遍采用短时工作制和工时账户制度；为了应对日益严重的交通堵塞而采取错峰上下班[④]；为了让妇女能兼顾工作和照顾家庭而采取灵活上下班时间[⑤]。在德国的工厂中，工时专家设计出各种灵活机动的工时模式，比如在德国大众就有140多种不同的工作时间和轮班制度，其目的就是充分利用产能的同时保障员工的休息时间[⑥]。

首先要明确的是大众汽车的工会和职工委员会在工作时间等

---

① 岳玲：《弹性工作制：需求、问题与对策》，《工会理论研究》，2022年第1期。

② 1921年，第三届国际劳工大会上通过了《工业企业中实行每周休息公约》。

③ 国际劳工组织1935年通过了《40小时工作周公约（1935）》（第47号），作出40小时工作周的决议。1962年国际劳工组织理事会又提出缩短工时建议书，这个建议书规定了缩短工时的一般原则：在适宜时，逐步缩短正常工时，以达到40小时工作周的社会标准，并在缩短工时的同时不减少工人的工资。

④ 黄昆：《弹性工时发展趋势初探》，《劳动保障世界》，2018年第10期。

⑤ 汤树光：《浅谈西方国家的弹性工作时间》，《科学学与科学技术管理》，1983年第4期。

⑥ 《工时改革在德国》，《南方钢铁》，1995年第2期。

问题的决定上发挥着不一样的作用。工会的明确任务是集体协商和集体合同，主要是规定框架性内容；职工委员会的任务是与管理方就如何落实和细化集体合同相关内容进行协商。工会最大的功能是组织员工，组织起来后通过集体谈判的方式签订集体合同，规定各种各样的工作条件、工作时间、工资、假期等，这些是工会和企业来议定的。以工作时间为例，一直都在减少，开始减少到 40 小时工作周，然后是 35 小时工作制。目前，在德国五金行业中都已经推行 35 小时工作制[①]。上述劳动时间的缩减始终伴随着“工资完整补偿”措施：每次缩减工作时间都必须以保持月薪不变为前提，同时相应提高时薪。该措施符合雇主方对加强劳动时间灵活性的要求，因而为其所接受。只要管理层与职工委员会一致同意，就能制定每周不同的工作时间。唯一强制规定的是必须遵守一定的最高限额和最低限额，并且在一定时间内。例如，6 个月内完成工作时间。1984 年，五金行业还实施了所谓的工作时间差别化措施：职工委员会和管理层可协商制定企业中单个部门、职工或群体的周工作时间，前提是必须保证周工作时间在 36.5~39 小时，且企业平均值为 37 小时，这也就是我们所说的弹性工作制。除了周工作时间，还可以规定每天的工作时间。例如，正常工作时间里可以有弹性工作，员工可以自己决定什么时候开始工作和什么时候结束工作，但是要达到每天 7 小时，或者某天超过 7 小时而另外一天可以早走，或者可以将加班的时间累计，调休一天。

① 原东德有部分州还没有推行 35 小时工作制。

同时，弹性工作制与核心工作时间相连，每天要在确定的时间内在工作现场。

在访谈中，德国大众职工委员会某先生提到，“多年前，五金行业工会推行每周 35 小时工作，这是他们的工作；如果说到这 35 小时具体如何分配，那就是职工委员会和企业管理方的工作。他们要坐下来协商，是 2 班倒还是 3 班倒，这是具体的工作时间分配问题；是从早上 8 点到下午 5 点，还是其他，这是具体内容。”既然职工委员会和企业管理方可以协商工作时间，为何还需要工会和企业方进行协商？一个主要原因是职工委员会认可工会维护职工利益的基本理念，在访谈中，德国大众职工委员会某先生认为更重要的是，“职工委员会单一的力量是很单薄的，是受限制的，但是如果加入五金工业工会这样的组织，可以在一些公共领域实现框架性的利益目标，如 35 小时工作时间。其中一个核心概念是，工会或职工委员会实现自己利益的能力有多大。举例来说，在与企业协商工作时间减少时，一般情况下雇主方话语权更强。而工会有可能通过有组织的行动，迫使企业方同意一些要求。”

我们进一步以工作时间为例进行说明。大众汽车的集体合同规定了 35 小时工作时间，也写入每个工人的合同里。加班是允许的，但如果需要临时性加班或者增加周末的班次，就需要职工委员会介入协商。有专门的职工委员与企业管理方针对每一个加班的可能性单独讨论，加班时长、怎么加班等；另外，加班是有偿的还是用假期来抵，或者计入工时账户，每一次都给讨论、分析、协商后拿出方案，这个方案再在职工委员会表决。共决加班时间是包含在共决权中的权力之一，必须取得职工委员会的同意。双方就要不停进行协商，这是很重要的一点。当职工委员会内部表决通过方案后，职工委员会就有义务向职工说明为什么要加班，一般通过企业内部系统向员工沟通发布。

最后强调一点，不管是作为职工委员会还是工会，都是在不同的利益中找到平衡点。通过协商、讨论找到一个平衡点，一个大家都能接受的方案。

（三）“大众之道”在制定绩效标准和工资决定方面的应用

在德国，工资集体谈判的双方主要是工会和雇主联合会，职工委员会是一种重要补充。工会劳资谈判时，会设立所谓的劳资委员会作为补充。在区域层面上进行谈判时，便在该区域设立劳资委员会。2008 年，大众汽车《有关绩效和人员配备的劳资协议》的签订双方是大众汽车股份公司和德国五金工业工会下萨克森和萨克森 – 安哈尔特管理区。劳资委员会一方面由专职工作人员组成，另一方面由职工委员会成员组成，后者同时也是工会会员。他们通常代表大多数人，有责任将在企业中了解到的期待与“民意”带到劳资谈判中[①]。实际上，这些人的作用非常重要。如果他们认为企业中无人真正想要罢工，就会提出比较克制的要求，并采取较为妥协的谈判态度。但如果他们认为企业中“士气高涨”，职工要求工资至少上涨 10% 并希望举行罢工，他们就会提出较高

① ［德］沃尔夫冈・多伊普勒著，王建斌、章晓宇译：《德国集体工资谈判制度》，北京：社会科学文献出版社，2014 年。

要求，并采取比较强硬的谈判态度。

在劳资谈判中，具体向哪些劳动支付何种报酬，由各方谈判决定，仅需遵循宪法及强制性法律。但是德国法律中并未规定最低工资，也没有指导工资，而是规定“不允许缔结违反道德的低额工资（常被称为‘饥饿工资’）”[①]，但没有对“饥饿工资”的具体内涵进行说明。原则上，可由谈判方自由决定的工资是与特定工作的价值相关，考虑的因素包括：一是工作岗位对雇员提出的要求，比如复杂工作、高强度工作的等级会高于简单工作和低强度工作，再如，相对独立地拥有较高经济价值的雇员获得的报酬高于仅需按照具体指令进行程序化工作的雇员。二是雇员所必须拥有的技能。三是职业经验。这些因素对岗位价值评定起着决定性作用。通过这种方式确定的工资对应的是“基本薪酬”，占到工资的绝大部分。雇员在工作中的表现通常通过补贴或奖金（或提升）的方式进行评价。劳资协议经常但并非每次都对此进行规定，如规定向工作表现特别好的雇员支付“绩效奖金”，劳动条件极其艰苦的雇员可获得“额外津贴”。对于劳资协议中可能涉及的这些内容，职工委员会都享有共决权。

在大众汽车公司，工人工资往往与工作时间或者工作绩效直接相关，主要有两种模式，分别是计时工资和绩效工资。无论在哪种工资制度下，“大众之道”在关键问题的决策上都起到了重要作用。在计时工资制下，相应劳动时间内的绩效和绩效目标直接

---

① ［德］沃尔夫冈·多伊普勒著，王建斌、章晓宇译：《德国集体工资谈判制度》，北京：社会科学文献出版社，2014 年。

影响到工人的工作量，是这一制度下的关键决策。“大众之道”要求，相关的绩效和绩效目标将由主管与员工进行协商并达成一致意见，而并非由管理方单独决定。

在绩效工资制下，工人工资与工作任务的绩效数据密切相关，是这一制度下的关键决策。“大众之道”要求，对于可计算和确定绩效数据的工作任务，其工作量将由公司与职工委员会基于计划或参考数据进行约定，并且是基于生物学、以一种容易被人理解和接受的方式确定。在进入批量生产后，必须通过持续改进过程来确保实现目标。其中，员工、主管、职工委员会和技术支持部门将共同合作，对于由此导致的工作量任何变化，均由公司与职工委员会达成一致意见。具体说来，在首次从事工作前，主管必须向领取绩效工资的员工告知：工作任务、安全规范、娱乐和休息时间及相关规定，如必要，也包括基于工作任务规定的洗涤时间以及每班次的时间系数和单位目标数量或基于每班次中的技术和/或工作组织条件而需遵守的工作系统相关特征。“大众之道”对由谁、使用什么设备以及如何收集绩效数据等问题都有明确且严格的规定。在员工从事以绩效工资为基础的工作时，必须根据劳资协议规定，系统性计算并确定开展工作所需的数据，由指定的部门负责收集数据。对于各个工厂内负责收集数据的代表，必须由主管、职工委员会以书面形式公布其姓名，并随时更新。在收集数据前，必须及时向相关员工告知收集的目的、范围和流程。大众汽车会采用多种绩效数据的收集设备，以保证清晰明确地记录绩效数据，但在记录的过程中也格外保护员工的知情权、隐私权等。例如，2008 年《有关绩效和人员配备的劳资协议》中就规定：“为了记录数据，可使用集中式和分散式记录的设备。必须提前告知相关员工这些设备的用途和使用方式。”“在数据收集过程中，如果数据能够清晰辨认，那么未经相关员工的书面同意，不得以电影、视频和照片的方式进行光学记录。”大众汽车也会采用“询问”收集数据，也就是我们通常所说的“绩效面谈”。要使用询问方式收集数据，必须先取得职工委员会的批准，并完成如下程序：“必须提前告知职工委员会和受访者所需回答的问题。在不给予时间压力的情况下，仅可向受访者提问他/她在执行工作任务中面临的问题，并获取明确的答案。通过询问收集的数据必须登记在数据收集表中，并仅适用于当前正在检查的工作任务。”在访谈中，拥有 10 多年的大众汽车集团职工委员会专业助理经验、目前在企业方工作的某先生特别提到，“团队领导要与员工进行年度的绩效面谈，与其沟通其绩效表现。”天津大众的车间主管某先生谈到，“持续改进项目（KVP）的完成度会成为上下级绩效面谈的内容。”绩效面谈不仅涉及绩效表现，双方还会谈到工人未来的职业发展。“面谈结束后，经理们会从 200 人团队中选出 20 人，是加薪或者升职的。”

从理论上说，可以在劳资协议中规定所有职工委员会有权共同决定的问题。该协议优先于企业内部的协议。但在实践中，劳资双方从未能在达成的协议中规定该领域的所有问题。因此，大量冲突实际上是在企业层面上，在工会未直接干预的情况下得以解决的。工会与职工委员会间存在任务划分：雇主支付的“报酬”方面最重要的问题，尤其是工资与劳动时间，由劳资协议规定。与此相对的是，职工委员会与雇主等企业内部成员负责决定工作方式与其具体评估，如工作时间或使用摄像头等技术手段监督雇员[①]。

（四）“大众之道”在人员配备方面的应用

根据2008年大众汽车《有关绩效和人员配备的劳资协议》的规定，对于可计算和确定绩效数据的工作任务，其目标人员配备由公司与职工委员会基于计划或参考数据进行约定。进入批量生产后，必须通过持续改进过程来确保实现目标，由此导致的人员配备的任何变化，均由公司与职工委员会达成一致意见。我们以流水线生产为例，来说明“大众之道”在人员配备上的应用。

在大众汽车，流水线、传送带和周期工作是一个生产领域员工必须经历的、受控的工作流程，往往由一名或多名员工执行，而且这些员工的工作系统和工作内容在空间和时间条件上是相互匹配的。这意味着，他们的工作可能是上下游的关系，不能独立存在，需要相互匹配才能完成，如何设计每个岗位的工作内容，以及如何进行人员匹配都成为影响生产效率的关键决策。“大众之道”要求，“在执行流水线、传送带和周期工作时，必须基于人体工程学原则以长期的眼光设计合理的工作内容。为了解决流水线工作枯燥的问题，经职工委员会同意，公司管理层代表将利用所

---

① ［德］沃尔夫冈·多伊普勒著，王建斌、章晓宇译：《德国集体工资谈判制度》，北京：社会科学文献出版社，2014年。

有经济条件，尽可能扩展并丰富工作任务。由于技术进步导致重新设计流水线时，公司将在经济可行的范围内基于最新技术条件将每个工作周期的工作内容对应于1.5分钟。在执行流水线、传送带和周期工作时，必须根据数据收集结果定义流水线所需的员工数量和产能，该定义需要经过职工委员会的批准。”按照这段话的表述，“大众之道”要求公司管理层必须在职工委员会的批准下，在人体工程学原则基础上结合技术进步来设计工作内容，并依据数据收集结果科学地定义所需要的员工数量和产能。持续改进项目可能会带来人员配备上的改变，这些都需要共决，而不是企业管理层单方面决定的。正因为如此，员工在执行持续改进计划时就没有什么负担和包袱，不用担心会因此失去岗位。

由此可见，“大众之道”在大众汽车各部门、各领域的应用非常广泛，并非仅仅发生在生产领域。在研究过程中，我们看到了一个销售部门推行“大众之道”的例子。与生产部门一样，销售部门也有不断控制成本的压力。要完成这个目标，他们首先要分析成本缩减点可能是哪里，一旦发现这些可能性，提出问题的销售部门要做相应的控制成本的计划，这个计划中可能会包含人员缩减。当然，这份计划要得到所有参与人同意后，方可实施，这就包括提出问题的销售部门、人事部门以及“大众之道”专员①、职工委员会等，并且要将计划通知可能受到影响的员工。之后，

① 大众汽车的每个部门都需要选举出“大众之道”专员，负责整体流程的推进、组织会议等。“大众之道”专员通常是工会信任人，也有可能是职工委员会委员，并没有明确的规定。

由“大众之道”专员确认计划的执行。在相关措施实施之后，还需要财务部门测算确认成本控制的结果。如果财务审核认为，整个流程并没有达成控制成本的目的，那么就重新审视流程、重新进行优化。在这个过程中，特别需要关注的是，在计划中被优化员工的去向。计划提出者要填写一份申请表格，表格中包括工作名称、工作内容、成本节省点、成本节省比例、有可能被优化的人员是谁、优化的工作步骤有哪些、四方签字等。

四、在中国企业的应用案例

虽然大众汽车并没有在中国企业大张旗鼓地推行“大众之道”，但是在“将员工更多卷入决策程序、更好维护员工利益，进而提高生产效率和员工满意度方面”做了很多尝试。在访谈中，大众汽车集团欧洲及全球职工委员会某先生也提到，“中国员工如果有机会参与决策的话，他们都很积极地参与。不管是在哪里，在中国或巴西，等等，很重要的是员工的自信。如果他能得到关于工作的信息和资料，通过团队工作、参与等能得到这些信息，他就可以很自信地去工作。因为通过持续改善，也能帮助他的工作。”我们将以在大众汽车中国企业生产领域的持续改进计划和工时账户实施等为例，介绍以员工参与为特点的“大众之道”在大众汽车中国企业的应用情况。

（一）“大众之道”应用于持续改进计划的案例

大众汽车的共同决策制度在集体合同里清晰展现并通过劳资

协议进一步细化。“大众之道”协议中的持续改进项目已经在全球开始应用，目的是提高劳动生产率。当然，大众汽车并不直接下达提高劳动生产率目标，因为如果仅仅定目标，可能会出现生产率提升但是岗位减少或者损害员工利益的情况。而在“大众之道”框架下，通过共决可以有效减少上述情况的出现。

1. 大众汽车中国企业实施持续改进计划的几个案例

“大众之道”本身是生产流程改善的方案，但是通过共决参与使得改善流程兼顾了员工的利益和情绪。在大众汽车中国企业中，持续改进大部分是与生产相关的，这些工作与员工联系紧密，所以员工参与比较多。各个部门的领导，班组长、工段长在工作过程中，与员工进行交流和沟通，讨论生产线上的问题，从中找到相应的解决方法。

我们列举几个在生产线上具体的持续改进计划。一是某个工位的工作是拧紧壳体，但由于高度过高导致疲劳。首先由员工向上级提出将操作位降低 5cm，由上级评估是否可以做。如果班组长、工段长评估后认为可以操作，就可以找相关部门来实施完成。二是某车间通过分析每个岗位的节拍发现，大多员工的岗位都在等待机器，因此还有很多改进的空间。只要减少一些等待的时间，就可以将每人每小时完成的目标提高到 20 台。由于效率提高从而产生了 2 人的冗余，车间有责任将裁减的人转到其他部门。就目前来看，生产线上始终存在持续改进的空间，是否要持续进行改进，主要是看效率提升和保障就业之间的平衡。

在大众汽车中国企业中，每个班组都有 KVP 的指标要求。班组长必须找员工了解可以进行改进或者优化的点。因此 KVP 的压力成为加强班组长与员工沟通的诱因之一，班组长需要主动与员工进行沟通。在访谈中，天津 DQ 工厂某车间班组长介绍他们 2021 年 KVP 的具体情况，“今年班组有每人 0.5 个 KVP 的目标。KVP 分为不同的级别，B–、B、B+、A 级，A 级的级别比较高。KVP 的评级有比较明确的规定，由专门的部门执行。例如，某个岗位调整了料架的位置，减少了走动的步数，节拍优化比例大约是在 8%，被评为 A 级。在成本方面，金额高于 5 万元的成本优化可以被评为 A 级。例如，由于工艺改进，零部件可以混用，光栅就不需要了，可以提供给其他岗位使用，这样就可以节省成本，节省额度达到 5 万元的，可能被评为 A 级。”一位一线工人在访谈中也提到，“目前完成了 1 项 KVP，具体内容是：原先流程中，两个岗位使用的是同一个报警系统，一旦一个岗位报警，另一个岗位也得停止；改进后，一个岗位报警不影响另一个岗位的运作。这个 KVP 被评为 B 级。”

工人们之所以愿意参与 KVP 持续改进计划，主要有 3 个原因：第一，KVP 对员工自己是有利的，通过发现工作中可优化的点，让自己受益。第二，上级有执行 KVP 的绩效要求，KVP 的完成度会成为上下级绩效面谈的内容。第三，就是有奖励，根据 KVP 的评级有不同的奖励，最高可以拿到 2 万元的奖励。

通过实地走访和线上访谈，我们确实发现，持续改进计划已经成为大众汽车中国企业生产线的一个基本动作，员工有意愿、有能力参与这个项目并获得好处，企业也从持续改进计划中取得效益。

2. 企业工会在持续改进计划中的作用

企业工会采取了一系列的措施引导员工参与持续改进计划。包括设置了专门的“创新基金”，为员工的创新和改进提供资金支持；工会牵头，联合其他部门组织专项活动，如“合理化建议活动月”“成本月”等；基层工会还对员工进行相关的培训，因为创新需要技术和技巧；工会还进行“合理化建议评比”等竞赛活动。

某厂区车间工会主席和车间主任搭档管理一千多人的车间，与车间主任同级别，都是二级经理。该主席介绍说，“自己的主要工作职责：员工工作环境、作业环境的改善，少弯一次腰，少跑一点儿路等；各种关爱活动，困难员工的帮扶、EAP 室（员工心理健康项目）的建设、员工在操作上的困难，员工技能提升、班组长素质提升的培训。”某主席也介绍了车间工会在持续改进计划上所发挥的作用，“工会有专门的费用用于评比奖励，无论是合理化建议月、成本月还是安全月，或者其他专项改进活动，会对所有改进进行评比，每年有 6 万~8 万元，给予一些奖品奖励，这些都是制度化的。所在车间在低成本、自动化方面做得比较好。例如，员工要去料斗弯腰取件，考虑能否不弯腰，于是设计了专门的器具，把料斗放在合适的位置上。”

为了更好地发挥作用，车间工会主席经常与班组长沟通，收集问题，哪些地方需要改进、需要帮助。某主席认为，“员工是有改进动力的，因为这对自己的工作有利。有时候，员工和班组长会直接自己解决问题，甚至自己买所需的零件等。当然，如果他们自己解决不了，就会向工会提出来，这些改进往往是自下而上的。”

总之，工会的重要工作内容之一是激发员工参与 KVP 的积极性和热情，并提高其参与的能力。

（二）“大众之道”应用于工时账户调整的案例

1. 工时账户的基本情况

工时账户指的是员工将超出原有工作计划的加班时间储存在工时账户中，企业并不在当下为员工支付这部分加班时间的工资，而是根据工时账户中的工作时间来进行调休，在休息时间照常领取工资。工时账户的优点很多，从员工的角度来看，工时账户为员工提供了稳定的工资预期，能够使员工增强对企业的向心力；从企业的角度来看，工时账户能减轻企业的劳动力成本，也能帮助企业更好地应对各种突发状况；从就业机会保障方面来看，如果每年度工人有平均 0.5 小时的工作时间被纳入工时账户，则相对应地能保证 0.5%的就业率。[①] 工时账户在 20 世纪 80 年代才开始引入德国，1998 年大约 33%的工人拥有自己的工时账户，而到了 2005 年这一比例已经上升到了 48%。[②] 在经济状况不好或者订单减

---

① Burda MC, Hunt J. What Explains the German Labor Market Miracle in the Great Recession? [J]. Brookings Papers on Economic Activity, 2011. DOI:10.1353/eca. 2011. 0004. a

② Burda MC, Hunt J. What Explains the German Labor Market Miracle in the Great Recession? [J]. Brookings Papers on Economic Activity, 2011. DOI:10.1353/eca. 2011. 0004. a

少时，企业可以通过支取工时账户中员工工作时间的方式来渡过危机，同时也为员工保住了工作机会。

2. 工时账户实施案例：某厂区在某周期负工时的特殊处理

（1）某厂区在某周期负工时的特殊处理背景

按照某厂区原先的制度规定，奖金是根据当月工时账户的情况发放的。那么当工时账户里面是负工时时，应扣减奖金。由于新冠疫情以及芯片供给不足等因素导致某工厂在某周期内开工不足，从而使得综合工时账户内将有大量的负工时。那么按照公司原先制定的工时账户政策，负工时产生的扣减将在后续奖金中执行，会对员工收入产生比较大的影响。为了减少这种扣减对员工的影响，该厂区改革了综合工时加班规则，改变奖金扣减方式。

（2）该厂区综合工时加班的新规则

改革以前，每月超过 10 小时的加班工资要支付全额加班费；另外，工时账户超过 90 小时的部分，要全额支付加班费。这种政策使得工时账户中积累的工时数不多，导致开工不足时产生负工时。生产不均衡时，企业支付加班工资波动较大，员工的工资收入波动也比较大。

改革以后，有点儿像累进制税率（见表 3）。20 个小时以下不支付加班工资，累计进入工时账户；20~30 个小时支付 50%；30~40 个小时支付 75%，40 个小时以上支付 100%；另外，超过 90 个小时，全额支付加班工资。

表 3　某厂区改革后的负工时处理规定

加班小时	不足 20 个小时	大于 20 个小时不足 30 个小时部分	大于 30 个小时不足 40 个小时部分	超过 40 个小时部分
支付	0%	50%	75%	100%

同时，公司也根据服务时间情况给予阶梯性的额外奖励，以全部或者部分弥补负工时。

改革以后，工时账户积累的工时数增加，其蓄水池的功能发挥得更好。一旦出现开工不足，可从工时账户中扣减，而不会那么容易出现负工时。这对企业来说，平衡了加班工资支出；对员工来说，其工资收入也变得平稳。

工时账户的目的其实就是减少波动，保证员工收入和企业支出的平稳，某厂区的综合工时变革实现了这个目的。

3. 工会在工时账户调整中的作用发挥

为了保证工时账户调整的顺利进行，该厂区的工会在共同决策和推动员工与企业管理方沟通方面做了大量工作。在方案公布之前，人事部门要先与工会沟通方案，询问意见，工会在征求工人意见的基础上提出一些改进建议。然后企业召开会议，人事总监亲自向经理层去解释工时账户调整的原因、调整方式以及给员工带来的影响等。沟通中的一个核心问题是让员工计算清楚，长远来看，工时账户的调整对员工利益是没有伤害的。最后，尽管仍有很多员工是不满意的，但是通过这些机制也减少了一些负面的影响。

在该厂区中，企业工会和管理部门有例常性的正式沟通，也有很多日常性沟通。工会与总经理每月开 1 次例会，与人事部门每 2 周开 1 次例会，通过例会制度及时沟通政策的变化。日常沟通则经常会发生。该厂区的人事总监是德国人，存在语言不通、不了解生产一线的实际情况；而现任的工会主席是生产负责人，德语很好，与人事总监经常沟通工作。因此，即便有些事项不一定需要共决，人事部门也需要通过工会了解员工尤其是蓝领工人的想法、诉求等。

从该厂区的情况来看，工会在企业管理方与工人之间的沟通上起到了很好的推动作用。工会主席认为，“企业与员工之间的沟通渠道越多越好。工会可以起到双方之间沟通的推动作用而不是主导。”

4. 工时账户与国内综合计算工时之间的联系与区别

大众汽车职工委员会的某专业委员认为，“德国的工时账户与中国的综合计算工时有很大不同。中国的综合计算工时是特殊工时制，在德国没有特殊工时制，只有标准工时，工时账户只是企业的一种‘呼吸机制’，用于调整生产波动所带来的影响。”

德国的工时账户包括三个部分，分别是个人弹性账户、个人长期账户和时间有价证券账户。在德国，个人弹性账户有正负 400 小时的弹性空间，超过 400 小时则要转到个人长期账户或时间有价证券账户。同时约定了“集体提取优先于个人提取”，是指当职工委员会与企业方协商通过某项决定，例如，用工时账户扣减欠缺工时时，个人必须遵守。时间有价证券账户是以钱的方式存在的，可以从个人弹性账户（不超过100小时）和个人长期账户中转入，这个账户的资金可以使职工实现半退休的状态，即不工作也可以领取时间有价证券账户中的资金。处于半退休状态的员工工资成本是由时间账户提供的，即企业负担，而不是社保负担。

德国大众的工时账户与大众汽车中国企业的工时账户也有不同之处。在访谈中，另一位职工委员会委员提到，“目前大众汽车中国企业的工时账户主要体现为个人弹性账户功能，还没有个人长期账户或者时间有价证券账户。主要是因为国内员工的平均年龄较小，还没有制定退休政策的必要，未来会考虑为了满足退休需要制定相关政策。”

关于大众汽车中国企业员工的退休问题，职工委员会某委员提到，“虽然没有个人长期账户或时间有价证券账户，但目前企业是有年金的，年金是个人和企业共同负担，交给专业机构打理，其中的资金是会保值增值的。退休的收益会有三个部分，一是社保，二是企业年金，三是商业保险。企业年金也可以作为共同决策制度中集体谈判的内容，比如不能加工资的话，就加年金。企业是愿意提供年金的，因为可以税前扣除，并且有利于长期留住员工。工时账户的处理方式也可以作为集体谈判的内容。”

（三）“大众之道”应用于班组长选举的案例

大众汽车部分中国企业的班组长是选出来的，而不是由上级任命的。班组长产生的过程一般是这样的：工段长有提名班组长的权力，工人也有提名的权力，通过自荐、他荐、管理者推荐等方式产生班组长的候选人，然后在班组进行选举。选举产生的班组长有一定的试用期（一般为3个月），按照一定的标准进行培养和考核，试用期通过后才能由管理方任命，正式成为班组长。这一点与德国大众的情况略有不同。德国大众的班组长不是管理者，而是自下而上产生的“小组发言人”，班组长在德语中就是“小组发言人”的意思，要代表员工发声。“小组发言人”是“大众之道”的一个产物，主要责任是保障员工的利益等，当然也得承担一部分的管理职责。“小组发言人”产生的流程首先是确定候选人，可以自荐、班组推荐或者管理者推荐；其次是经过职工委员会和职工的一致同意；最后是由职工委员会和管理方组成的管理小组通过任命或者撤销任命。

如何才能从一线员工成长为班组长？天津DQ工厂的某组长告诉我们，“首先自己要有目标。我从当实习生的时候就立志要当工长。其次，企业有很多学习机制可以帮助员工成长。例如，轮岗机制，小组内每周进行轮岗，轮岗有比例要求（30%），目的是培养员工的更多技能；小组之间的轮岗会比较少，但是会有多车间相似岗位的轮岗。每个岗位上岗前需要5天的培训，在两周内完成。培训时间是计算工时的。最后，每个组长都有责任培养核心员工，这些员工也成为班组长的候选人员。”

大众汽车中国企业的班组长也要承担一定的管理职能，不仅要保证生产任务的完成，还要看好现场，保证员工的工作状态，具体包括制订班组计划、员工请假时顶班、现场管理、现场生产监督等，一般不需要固定在某个工位上。天津DQ工厂的某组长在访谈中提到，“班组长很重要的一项工作是与组内员工之间的沟通。流水线上的工作是单调枯燥的，员工有疲劳感，班组长就应该及时发现员工的状态，或者替他工作一会儿，让他去休息一下，这是班组长的日常职责。正常工作中是没有休息时长的，个人有需求的话，就喊班组长来替换。班组长是脱岗状态的。”通过与工人之间的沟通，班组长能够更好地了解可以进行改进或者优化的点，从而完成上级所交代的 KVP 目标。班组长每年还会制订培训计划，这也是他们的工作职责。这位组长还提到，“生产现场有初级培训师，这些人有补贴，一般由班组进行推荐，然后试讲，试用等环节。员工的申请积极性比较高，原因主要是有热情。”总之，选举产生班组长可以说是“大众之道”在生产领域的一种体现。

（四）“大众之道”应用于企业平等协商的案例

近年来，我国汽车市场风云突变，传统汽车领域的利润已经越来越薄，市场竞争越来越激烈。面对新形势，大众汽车中国企业认为只有实现企业效益和职工利益的双赢，才能获取持续长久发展。因此在职工代表大会、集体合同、平等协商机制等方面不断探索，下大力气保障职工合法权益，使职工能够有持久稳定的工作岗位，提供健康、安全的工作条件和生活环境，创造和谐的工作氛围，因为只有如此才能为企业发展带来充足的动力。

上汽大众是上海市第一家开展平等协商的合资企业，并认为平等协商是合资企业工会开展维权工作的重要载体，在维护职工合法权益方面发挥着无法替代的作用。因此上汽大众以相关法律法规和公司集体合同为依据，制定了《上汽大众平等协商规则》，并由工会和行政共同建立专门小组，梳理流程，为平等协商工作不断补充操作性强的细则。同时他们还将平等协商工作的范围由召开平等协商会议向会前筹备和会后传达两端延伸。在会前筹备阶段，工会与行政方之间就协商议题充分交换意见，并深入讨论研究与协商相关的书面材料；在工会内部，针对工会接到协商提议和工会提出协商要求两种情况分别设计筹备流程，使工会方协商意见的形成有更扎实的群众基础。近年来，上汽大众平等协商的议题有：每年的薪酬调整方案、非核心业务转移、竞争上岗管理规定、月报酬制度、个人劳动合同管理规定等。这些议题的产生都是着眼于职工群众最关心、最关注的热点问题，“平等协商”发挥了实实在在的作用。在会后传达阶段，工会制定了规范的传达工作流程，在平等协商会议召开后的第一时间，举行职工代表大会联席会议，与职能部门共同介绍平等协商会议召开的情况、会议精神、会议决议，当场回答职工代表的提问。通过精心的会后宣传、传达工作，提高了平等协商工作在员工中的影响力，确保了平等协商决议的贯彻落实。

上汽大众的某工会委员在访谈中提到，“工会与人事部门有很多对公司发展态势的商讨，包括工资福利、劳动保障、培训等各方面。上个月，刚与人事部门完成了一次民主协商，职位评级的评定、员工休假的使用办法，人力出台的与员工有关的事项都会通过民主协商的程序加以认定。平等协商会议开始前两周，在人力告知协商事项后，工会通过各级组织在员工中进行充分讨论，从而形成员工对议题的建议和反馈。并非每一次议题，行政方都能满足，但是都会坦诚地进行充分沟通，让员工站在公司发展的角度上更能理解公司的决策。源于一个共识，企业发展才是真正的民生。”除此之外，上汽大众公司领导会定期听取工会收集到的民生建议，特色做法是“双周一报”，每双周基层工会干部询问员工对公司发展、工作环境、民生保障有什么意见和建议，并形成报表，汇集到公司工会，由工会主席审阅后，分门别类与其他部门协同处理，要求件件有回应，有条件的就处理。

一汽－大众在推进薪酬改革的过程中，也充分考虑到了员工的参与。薪酬改革是涉及员工切身利益的大事，应让员工有知情权和参与权。2020 年 11 月 12 日，一汽－大众第二届职工代表大会第十六次会议高票通过《职级薪酬体系改革方案》，其基本逻辑以“价值创造”为导向，不论学历高低，不论年龄大小，只要能为公司创造价值，就能获得应有的回报。在 2021 年 8 月的访谈中，某先生提到，“重要的事项比如薪酬改革，先在工会委员会进行表决；然后在党委会进行表决，通过后再在职工代表大会进行表决。涉及员工的事情，必须要严谨。”某女士也从改革的不同阶段介绍了员工参与的情况，“在改革方案的设计阶段，工会联合党群部门、项目组做沟通，向职工做信息的传递。也针对改革的关键点，通过调查问卷等方式收集员工意见，实现对改革方案的共创。在方案的决策阶段，与职工代表充分沟通，在职工代表大会上高票通过，而且是匿名的。今年开始在蓝领的改革，仍然使用这种模式，工会持续发挥桥梁纽带作用。3 万多名蓝领工人，目前即将举行职代会做最后的决策。”改革需要打破旧有的局面，会有很多人不理解，也会伤害到一些人的利益，产生一些诉求。工会在这些问题的解决中发挥了很大的作用。有时候，工会通过自身工作能解决一部分问题；有时候，工会需要协同其他部门共同解决问题。

（五）“大众之道”应用于工会工作创新的案例

在前面的介绍中我们提到，德国大众中有“工会信任人”这个角色，他们是在企业内工作的员工，是工会和企业内工会成员的连接人，他们由企业工会组织选举并由产业工会任命产生。而在大众汽车中国企业中也有一个类似的角色。

上汽大众有数万名员工，公司工会在工作中发现，由于员工人数多、工作类别多、想法需求多、思想变化也多，不同的员工群体有不一样的诉求。而在现实中，员工往往不方便讲工作上的事情，不愿意讲生活中的事情，但这些事情会产生不良情绪并带到工作中，造成摩擦、形成矛盾，有的甚至会产生争议。为了能提前发现问题、找出矛盾，努力把矛盾化解在早、化解在小、化解在基层，上汽大众工会提出建立一支“老娘舅”队伍的设想，及时发现潜在隐患、疏导不良情绪、化解摩擦争议，把员工的思想工作和服务工作做到身边、做在细处，形成更有人情味的思想工作前哨机制。随着工作的逐步推进，“老娘舅”不仅以热心、细心、耐心获得了员工的肯定，并以规范专业的工作方法获得了信任，在此基础上，通过增强专业的后援支持、奖励先进等方式，上汽大众使得“老娘舅”的工作机制逐渐体系化，从而获得明显的工作成效。目前，上汽大众“老娘舅”工作法在实践中开创了密切联系群众的有效形式，不仅能及时发现问题，最大限度地把苗头性、倾向性问题解决在基层，还能够推动持续改进计划，促进和保障了企业的持续发展。有个案例可以很好地说明“老娘舅”在解决职工困难、推动工作改进方面所发挥的作用。“冲压车间的‘老娘舅’看到一名员工从洗手间出来时步履有些艰难，上前一问，原来这位员工腰肌劳损发作，起身这个动作足足用了半小时。腰肌劳损在员工中不是个别现象，‘老娘舅’找到车间经理，隔天就在厕所中装上扶手方便有腰疾的员工使用。‘老娘舅’又对车间 400 名员工进行排摸调查，发现 QRK 检验工段是腰肌劳损的重灾区，由于检验台高度不够，员工在工作时要弯腰 30 度，日复一日腰疾就形成了，车间根据‘老娘舅’的建议抬高了检验台高度，员工在检验零件时腰都直起来了。”

某种程度上看，上汽大众的“老娘舅”与德国大众的“工会信任人”角色类似，都在职工与工会之间起到连接作用，以其员工身份能更容易获得职工的信任，更容易发现工作中的问题，从而及时解决问题，为职工排忧解难的同时也能完成工作改进。

丨 第四部分 丨

职业教育的劳资共决

在德国许多企业中，一线工人要想获得职业的发展必须增加其教育经历，而德国对教育经历的重视与中国企业有所不同，德国企业重视的教育经历不仅包括学历教育，也包括工作过程中的职业培训。大众汽车非常重视一线员工的职业教育培训。职业教育是大众汽车共决机制运用最频繁的领域，不仅提供学徒工培训岗位，还为一线员工提供大量在职培训。另外，为进一步拓宽一线员工的职业发展通道，大众集团还提供“双元制”大学委培学习，鼓励一线员工去大学继续学习，为愿意到大学学习的员工给予奖学金的支持并保证他们的学习时间。在大众集团的职业教育中，无论在学徒工培训岗位或者“双元制”大学委培学习中的招收人数、招收标准、课程内容设计，还是员工参与各类职业培训项目中所提供的补贴、福利待遇等，都能看到共同决策制度的身影。本部分将详细介绍大众汽车的职业教育及共同决策制度在职业教育中的运用。

一、德国的职业教育

（一）德国职业教育体系

德国的小学教育是四年，学生完成小学学习后，将按三个渠道分流。一是 5 年制主体中学，二是 6 年制实科中学，三是 9 年制完全中学。这三个渠道对学生的培养方向不同，主体中学毕业后以接受职业教育为主，实科中学毕业后可升入本科型应用技术大学，而完全中学毕业后可升入大学。德国教育的分流制并非硬性规定。学生在小学 4 年级后有两年的定向期，家长和学生拥有自主选择的权利。当然，无论就读哪种类型中学，学生毕业以后，如果有企业愿意要，都可以去参加职业教育的学习。

1. 德国职业教育内容的划分

德国职业教育内容的划分以《2005 年联邦职业教育法》为准则。该法把德国职业教育分为中等职业教育预备、中等职业教育、职业进修教育（适应性进修和晋升性进修）及职业转行教育。[①] 其中，中等职业教育是德国职业教育的主体。《2005 年联邦职业教育法》对中等职业教育提出要求，即“中等职业教育应该通过合理的培训进程，使受教育者获得在不断变化的工作环境下，从事一项专业性工作而必备的职业技能、知识和能力”。德国中等职业教育与我国中等职业教育大体相当，主要分为“双元制”职业中学教育、全日制学校的职业教育和过渡系统三类，具体包括职业预备学年、职业基础教育阶段、“双元制”职业中学、职业专门学校、职业建立学校、专科高中、职业高中、职业文理中学等多种形式。

“双元制”职业中学是职业义务教育制下负责中等职业教育的学校，与企业共同培养职业人才。所有联邦州的青少年在完成第 9

① 苗晓丹著：《创新背景下的德国职业教育体系及质量研究》，北京：光明日报出版社，2017 年。

年或第10年全日制学校义务教育后，如果没有进入全日制普通中学或全日制职业中学（如职业专门学校或职业文理中学），就需要接受“双元制”职业中学教育。学习时间一般是3~3.5年。“双元制”职业中学是职业教育在此阶段的主要学校类型，也是“双元制”中等职业教育的实施主体。

全日制职业学校对应的大多是具有公共服务和公益事业性质、市场机制作用相对较弱的职业领域，如医疗健康、社会福利、公共管理等领域。学制为1~3年，视专业不同而异。

过渡系统主要针对学习能力相对较弱、未能进入“双元制”职业教育和全日制职业学校的学生。过渡系统包括职业预备学年、职业基础教育阶段等。通过建立和完善过渡系统，既补修初中学业，提供兜底保障，又强化“双元制”入门要求，实现学生从基础教育向职业教育的顺利衔接。

2. 职业教育体系中的“证书”制度

德国的职业教育体系中设置了等级分明的“证书”制度，保证了毕业生的质量。例如，在中等职业教育阶段，3年“双元制”职业学校毕业生，通过结业考试可取得“专业职业”证书；步入职业进修教育阶段，高等专科学校毕业生参加州一级的国家考试，考试合格者或获得“技师”称号，后续通过“师傅”证书考试，可获得“师傅”证书，进而取得经营管理及招收学徒的资格。“师傅”证书考试分笔试和口试，还要进行实际操作和传授知识能力的考查，从而证明参考人员在该领域的实践技能和知识方面是合格的，具有实训教师资格来教育学徒，并可享受更高的工资待遇。“双元制”中等职业教育经历毕业的青年想要获得“师傅”的职业资格，需再经过3年的实践，并在高等专科学校接受6个星期的理论教育，方可参加“师傅”证书考试，通过者获得“师傅”证书。

（二）德国“双元制”职业教育

德国“双元制”职业教育模式，是在20世纪20年代至50年代后期逐步形成的一种以企业为主导、校企合作培养技能型人才的职业教育模式。这种教育模式将传统的学徒培训方式与现代职业教育思想结合在一起，将企业与学校、理论知识和实操技能紧密结合起来，学生既要在培训企业学习实践操作，又要在职业学校学习专业理论和普通文化知识。“双元制”教育中的学生，在与企业签订培训合同后，就开始了学校和企业两个环境的学习过程，兼有学生和学徒双重身份。

德国“双元制”职业教育模式包括“双元制”中等职业教育和“双元制”高等职业教育。

1.“双元制”中等职业教育

德国“双元制”中等职业教育目前拥有国家统一提供的327种不同的须经培训的职业，教育期限分为36个月（大部分所涉职业）及24个月（8%的所涉职业）。“双元制”中等职业教育是以培养高素质的技术工人为目标，以实践为核心，以企业为重点的教育模式。学生在接受9～10年的基础教育之后，自己或通过劳动局的职业介绍中心选择一家企业，按照有关法律规定同企业签订培训合同，得到培训位置然后到相关的职业学校登记报到，并与学校签订相应的培训合同，合同规定了经过3年职业培训应该达到的水平。在3年的职业培训学习过程中，一般每周1~2天在学校接受理论学习，3~4天在企业接受实践培训，教育培养过程由学校和企业双方共同完成。企业负责职业技能和职业经验传授，职业学校负责与职业相关的基础知识和专门知识传授学习。学习期间，学生不需要交纳学费，而且每月还可得到由企业提供的生活津贴及法定的社会保险，学习的最终目标是使学生具备在某一工作岗位上独立制订工作计划、独立实施工作计划和独立评估工作计划所需要的各种能力。[①]

2.“双元制”高等职业教育

20世纪70年代，德国的“双元制”职业教育模式得到进一步发展，“双元制”被应用于高等教育阶段。这种应用主要体现在职业学院和“双元制”课程两种形式。这两种形式拓宽了职业教育与高等教育的衔接途径，使学生在较短的时间内既能接受高等教育，又能学到职业技能，实现学历证书和职业资格证书“双证”教育。

职业学院采用“双元制”校企合作模式，是一种特殊形式的高等教育，其机构本身并不属于高等教育范畴，但由于德国文教部长联席会议承认其文凭与应用科技大学的文凭等值，因此客观上使得职业学院享有高等院校的地位。自2009年起，德国巴符州

① 蔡伟:《德国“双元制”职业教育考察学习之思考》,《统计与管理》，2014年第1期。

的职业学院更名为“巴符州双元制大学”，被德国大学校长联席会议认定为同等于应用科技大学，从而真正确立了高等教育的地位。教学计划和培训课程由学校和企业组成的专业委员会共同制定，双方共同参与教学与实训过程。企业不仅参与专业理论知识的传授，还补充应用性专业知识。在教学上采取工读交替的形式，技能培训主要在企业完成。

“双元制”课程是由德国高校开设的，它是职业教育与高等教育的有效融合。目前，此类学士和硕士课程的总量已达 1000 多门，其中大多数课程由应用科技大学开设，约占总量的 90%。值得一提的是，综合性大学也参与了约 10%“双元制”课程的开发。学生在高校学习的同时，又在企业从事相应的生产实践活动，课程内容与生产实践得到了有机结合。

（三）德国职业教育的特点

职业教育在德国经济社会发展中发挥着独特而又不可替代的作用。总结起来，德国职业教育有以下几个特点。

一是职业教育由企业主导并且全程深度介入。德国法律规定，职业教育必须是学校和企业联合办学，并且要纳入政府与行业协会的监督。“双元制”模式实质上是企业为主、学校为辅。企业办教育需要有资质，德国有四分之一的企业是教育企业。完成义务教育的学生要想参加“双元制”教育，必须先向有培训资格的企业申请，录取后企业与学徒签订《职业教育合同》，再去相应的职业学校登记入学，即招生中企业是主导方，学校是辅助方。培训期间，学生在企业实训操作技能和在学校学习理论交替进行，约70% 的时间在企业，30% 的时间在学校，企业是职业教育的主阵地。为保证学生获得全面、基本的职业技能，各类教育企业广泛设置培训车间，条件不足的也要在车间专门开辟培训角，使学生在企业里真正学习，而不是沦为普通的劳力。由于“双元制”教育始终以企业需求为导向进行招生和培训，实现了所学内容与岗位要求的无缝对接，使得学生一毕业就具备实际工作能力、一入职就能胜任相关工作。

二是职业教育法律地位高、质量标准规范严密。德国是联邦制国家，教育事业通常由州以下地方政府负责，唯有职业教育由一部联邦法律来规范，由联邦政府直接领导和协调。《职业教育法》明确规定了职业教育有关的个人、企业、学校和政府各级机构的权利与义务，从法律上保障职业教育制度的发展和顺利运转。除此之外，《手工业法》《职业教育条例》《实训教师资格条例》《师傅证书考试条例》等，形成了德国职业教育实践的框架性法规体系。德国联邦政府设有联邦职业教育所，州政府也有相应的机构，会同行业协会、工会等机构，共同监督实施“双元制”教育。联邦教研部会同有关部门颁布各职业的培训条例，使每一职业都有全国统一的职业教育标准和教学大纲。这些培训条例是由教研部开发，部长签署的，带有国家政府条例性质，它确保了各州职业资格证书的等值和互认，从而为“双元制”模式的成功运作保驾护航。1996 年至 2017 年，先后设置 84 个新专业，修订颁布 351 个职业的培训条例。每个培训条例均设定了专业标准和框架计划，企业和学校据此细化实施方案，行业协会负责过程监控和结果考核。考核由雇主、雇员和学校三方代表组成的考试委员会具体组织实施，命题标准制定、考核程序设计以及考评技术开发等都有一整套严格程序，保证了考试的真实、严格、可信。同一职业或不同职业的相同科目的考试在同一时间举行，并按照统一标准评分，考试结束后考试委员会统一阅卷，对考试合格者统一发证。

三是职业教育参训学员花费少、回报高、未来可期。德国社会结构比较稳定，社会中下阶层的年轻人完成职业教育，大体上能够保障中等水平的收入和社会地位。拥有“师傅”或“专业技师”头衔的职校毕业生，待遇与本科甚至硕士毕业生处于同等水平，职业进修或较高层次的职业培训更容易晋升管理岗位。另外，“双元制”职业教育学制短、花费少，学生、企业和学校都能有稳定的预期，实现由学校到工作的平稳过渡。因此，“双元制”职业教育对德国年轻人有较大吸引力。近年来，“双元制”职业教育开始向高等教育延伸，不少应用科技型大学也加入其中发展高等职业教育，进一步提高了“双元制”职业教育的吸引力。同时，德国职业教育与学术教育互通性较强，普通学校的学生可以随时转入职业学校，接受“双元制”职业教育的学生也可以经文化课补习后转入普通学校，甚至到应用型大学攻读本科或硕士学位。这就扩大了学生的教育选择权，使之不必担心一旦选择职业教育即丧失获得更高学历的机会。

四是职业教育师资队伍保持“双元”“双师型”结构。德国职业教育师资队伍由职业学校教师和企业或跨企业培训中心培训师构成，根据校企分工分别在各自领域从事教学和培训。从资格准入角度来看，企业及培训师的培训资格准入由行会负责监管，学校由州文教部督学监控。职业学校的实习指导教师必须定期到企业实习或接受培训。企业培训师侧重实践技能，均为相关职业的毕业生甚至具有更高技能水平的“师傅”，在专精技能的同时，也经受过专门的教育理念和教学方法训练，而且其培训带教工作量受到企业认可。

二、大众汽车的职业教育

（一）大众汽车参与职业教育管理的部门

1. 企业行政方

（1）负责培训的机构

大众汽车与培训有关的工作由大众学院负责，其挂靠在人事部门。大众学院下设大众大学、各车间的培训中心等部门，开展具体培训和课程研发工作。大众学院通过内部师资开发、对外购买等方式，为大众集团培训工作提供课程。

大众大学是以研究为导向的企业内部研究中心。研究方向既包括技术类研究，也包括管理类研究。大众大学与普通高等院校类似，设置有与大众集团业务相关的二级学院，如汽车技术学院、研发学院、电子控制学院、人事管理学院等。大众大学本身并不提供学位，而是各学院与德国各大学的教授合作，以贴近企业需求的学术研究为重点，培养硕士研究生和博士研究生。

各车间的培训中心是大众学院的下属部门，从事生产相关的直接培训。不但承担学徒工的培训，还承担普通工人的技能培训。培训内容包括生产流程、机器使用操作、生产安全、人机工程学等。另外，培训中心还承担着一些技术改进和工作创新的工作。培训中心的师傅承担班组工作的改善，持续改善工作坊的很多工作也由培训中心承担。

（2）参与职业教育的部门

大众汽车参与职业教育的行政部门主要有人力资源部门和各专业部门。人力资源部门负责职业教育的整体规划和实施，包括学徒工、委培生等的招收、培养计划，以及各类在职培训的规划和实施。各专业部门负责接收学徒工、委培生，并对其进行日常指导和管理。

2. 劳工代表方

（1）职工委员会

职工委员会在大众汽车整个职业教育方面发挥着协商和协调的作用，具体职能由职工委员会中的教育培训委员会承担。职工委员会参与协调和协商的事项包括：一是与企业行政方就职业教育事项进行沟通；二是协商与职业学校的合作模式；三是确定学徒工培训中的相关事项；四是正式员工的职业技能培训事宜。

教育培训委员会是大众汽车职工委员会中的一个专业委员会，其主要负责协调大众汽车在职业教育方面的工作。教育培训委员会由职工委员会委员、职业教育相关行政管理人员和青年委员会代表一起组成。教育培训委员会建立有协商共决会议机制。教育培训委员会主导的这种协商共决会议机制由职工委员、青年委员、相关部门负责人或技术骨干共同参与。它不单单是发挥相互交流的作用，还具有一定的决策功能。与职业培训开展相关的安排、计划、处置、处理，都可以在协商共决会议中讨论并作出决定。这些决定可以通过书面固化下来，如将电气自动化方面的某些能力提升需求加入电气自动化的职业培训计划里。在对大众汽车青年委员会的几位青年委员访谈时，他们形象地将这种协商共决会议机制叫作“小委员会”。

协商共决会议之所以具备决策功能，主要是因为有职工委员会委员的参加，如果没有他们的参加，那么这个会议就仅仅是一个信息交流会。在与青年学徒工的交流讨论中，有些事项青年委员会可以相对自主自由地决定，但是有些事项青年委员会无法决定，这就需要协商共决会议的参与。例如，学徒工申请参加一个3D打印的新技术培训，这个培训是得到德国职业培训机构认定的，但它并不在职业教育的范围和内容之内，属于大众汽车的一个额外的培训项目。是否能够得到批准，脱产去参加这个培训，就不是青年委员会能够决定的了。这种情况往往需要和工段长层面的协商共决会议来协商。协商共决会议成员一起讨论培训的内容是否有价值，是否影响工作的开展，从而决定是否允许学徒工参加这个额外的培训。

教育培训委员会主导的协商共决会议机制分为三个层级，第一层级是品牌层面，第二层级是区域工厂层面，第三层级是工段层面。不同的问题、不同的程度，会在不同的层面进行决定。一般区域工厂层面的协商共决会议是由教育培训委员会里的职工委员、生产区域各个部门的工段长和区域的青年委员一起参加的会谈。该会谈以生产区域为单位，每个月举行一次。会谈是按照工厂中的职业类别分类举行的专业性会议。因为工厂很大，职业工种分类很多，并不需要每一个员工都了解所有岗位的工作内容，所以这个协商共决会议是分门别类的、单独的专业会议。例如，某次会议是讨论生产工序方面的职业培训，那么只需要涉及该生产工序的部门经理、工段长、技术骨干、职工委员、青年代表等参加会议。

（2）青年委员会

大众汽车青年委员会是大众汽车内代表青年的组织。青年委员会有权要求参与职工委员会的所有会议。大众汽车青年委员会的工作属于共决机制的一部分，通过参与共决，实现对青年群体权益的保护。

①青年委员会组成

在德国，职工委员会、青年代表组织均是通过《企业组织法》来组织和规范的。《企业组织法》规定了青年代表组织的框架和组成形式。其中，明确拥有 5 名以上学徒工就可以成立青年代表组织。大众汽车拥有 2100 余名学徒工，所以建立青年代表组织。

大众汽车品牌在德国有 6 个主要的生产基地，分别有自己的青年代表组织，这些青年代表组织又组成了大众汽车的总青年委员会。本届大众汽车总青年委员会由 15 个青年委员组成，代表着

2100余名学徒工和委培大学生。与职工委员会一样，青年代表组织的管理也是按生产区域来划分的，而不是按业务板块划分。以沃尔夫斯堡工厂为例，分成了6个生产区域，每个生产区域选举产生2~4位青年代表，负责这一个区域的青年工作。

青年委员会中包括了主席、副主席、经审委员等职位，青年委员是从学徒工和委培大学生中选举产生的。目前，青年委员会成员虽然年龄均在21岁到25岁，但青年委员会委员并没有年龄限制。在过去的制度中规定，参选青年委员会委员的最高年龄限制是25岁，25岁以后就不能参选青年委员会委员。但这个规定最近有所修订，参选青年委员会委员不再与年龄相关，只要还是学徒工身份，就没有年龄限制，就可以代表学徒工这个群体。

②青年委员会的服务对象及工作方式

青年委员会代表两个群体，一个是学徒工，另一个是委培大学生。不管学徒工的年龄是16岁还是28岁，只要还是学徒工身份，就可以找青年委员会代表其利益。

在符合公司内部的劳资协议和集体合同条款相关规定的情况下，青年委员会可自主决定其工作内容和工作模式。但在实际工作过程中，因为青年委员会委员们均很年轻，缺乏工作经验，职工委员会会给予大量支持。因此，青年委员会在一些问题的决策上会与职工委员会一起探讨之后作出决定。

③青年委员会的作用发挥

第一，参与对学徒工相关处理决定的协商。跟职工委员会一样，对学徒工等青年员工的处理，必须征得青年委员会的同意，不能单独由企业方面决定。青年代表组织在青年员工的处理决定中具有一票否决权。

学徒工在工厂是由师傅带教的。当学徒工的行为违反规定时，带教师傅在学徒工的管理上不能单独作出处理或者惩罚决定，带教师傅必须征询区域青年委员会的意见。

在对大众汽车青年委员会访谈时，他们介绍了一个案例。在大众青年学徒工和普通员工一样，实行弹性工作制，早上 7:00~9:00 上班，下午 3:10~5:45 下班都是可以的。一名学徒工经常迟到，带教师傅希望把这名学徒工的弹性工作时间取消掉，让他按时来上下班。遇到这种情况，首先带教师傅需要和青年代表组织协商，然后青年委员会委员将主动核实带教师傅所反映情况，最后青年委员会分析判断，并作出决定，由哪一个层面的管理人员参与处理该事件。也就是说，该事件只需在工段长这个层面和带教师傅一起决定即可，还是需要更高一级的经理层面介入进来，或者需要人事部门经理介入进来。无论哪个层面的管理人员参与处理，青年委员会均会全程参与协商，企业方不能够单独作出决定。[①]

第二，了解学徒工工作中出现不良状况的原因。青年委员会在学徒工的管理过程中不是扮演惩罚决定者的角色，而是在企业作出决定前主动参与，站在学徒工利益的基础上去协调这件事情。例如，在上述学徒工经常迟到的例子中，当负责部门计划作出处罚的措施前，青年委员会主动与该学徒工交流、沟通，了解学徒

---

① 本案例由大众汽车集团青年委员会青年委员访谈资料整理。

工经常迟到的实际原因。如果是客观原因造成的迟到，如上班距离较远、交通不便等，青年委员会主动与企业方沟通，帮助学徒工解决该问题。所以，青年委员会并非仅仅参与对学徒工管理的相关决定，而是真正站在学徒工利益的角度，帮助他们处理问题。

第三，参与劳资协议或者集体谈判。在日常具体的工作当中，青年委员会除了围绕着学徒工职业培训和职业教育的内容进行共决，也会参与到整个大众汽车的集体协商或劳资协议谈判中。

以集体谈判和集体合同为例，大众汽车的集体合同是针对大众汽车品牌在德国的所有企业的，也就是6个生产基地共同的集体合同。在大众汽车层面开展集体谈判时，是由大众品牌层面（6个生产基地）共同的总青年委员会代表青年参与谈判。

在集体谈判的过程中，劳方首先会成立一个集体谈判委员会。其成员由职工委员的代表、五金工业工会的代表、信任人组织的代表以及青年委员会的代表组成。他们在劳方的集体谈判委员会内统一立场，然后再代表劳方参加与资方的集体谈判。

在劳方的集体谈判委员会中，大众品牌层面总青年委员会委派青年代表直接参与到集体谈判委员会的过程中。在集体谈判委员会里面，青年代表或青年委员提出与青年相关的诉求，特别是针对学徒工职业培训方面的内容。例如，原来的集体合同规定到2020年已经到期，2021年开始了重新谈判。在刚刚结束的2021年集体谈判委员会中，青年委员会代表提出的要求是保障每年1400个学徒工的职位不被削减。

如果一些关于学徒工职业培训方面的问题和疑问未达成一致，

需要在各个工厂的层面再去谈的话，就需要在各层面的职业教育委员会里先协商谈判达成共识。无论哪个层面关于青年员工的协商谈判，青年委员会均会参与。

第四，保持与职工委员会的沟通。德国的年轻人崇尚自由和个性化，如何让他们与大众汽车严谨、规范的企业文化相融合呢？青年代表组织在其中发挥着重要的作用。大众汽车的青年代表组织有相当大的自主性和独立性。在大众汽车，无论劳资协议，还是集体合同中，均规定了相当多关于学徒工的内容，但这些现存的条款或规定，很多已经年代久远，与现在的情况不太相符。因为社会不断发展，每一代人的情况不一样，所以很多规定需要不断修改。修改集体合同或劳资协议的内容需要和职工委员会进行协商。但是职工委员会委员大多年龄偏大，他们不一定能够完全理解青年的想法和要求。青年委员会的工作就是去说服他们。因此，青年代表会经常跟职工委员会会员或职工委员会委员进行探讨，把青年们的诉求、想法讲清楚，说服他们，建议这种改变是必要的。

例如，弹性工作制的时间问题。以前规定学徒工每天都需要登记上下班时间。虽然施行弹性工作时间，但是需要每天做记录，月底由带教师傅来检查学徒工本月工作时间。而现在经过青年委员会委员的努力，这个记录和检查的规定已经取消，这就是新的变化。

第五，企业的政策及规章制度的解释工作。与职工委员会一样，青年代表组织还有一个重要的职责，即为广大员工、学徒工解释、说明企业的政策和规章制度，这些政策和规章制度均是通过企业方、职工委员会和青年委员会组织共同协商后决定的。职工委员会委员和青年委员会委员要把企业的规范、规程给学徒工解释清楚，告诉他们这个规范、规程制定的背景、目的，以及对学徒工有什么好处。这个解释的过程，不是公司人事部门要求职工委员会和青年代表组织来做的，而是职工委员会和青年委员会主动去做的。青年委员会一直是站在青年员工的角度来考虑问题，通过跟企业的规定规程协作去规范青年员工，不是从企业的角度去考虑。大众汽车学徒工的年龄大多为 16~18 岁，刚刚从中学毕业，对工作内容、工作环境都还很陌生，青年委员会需要对每一级的学徒工做很深入、很细致的交流解释，给他们清晰地介绍公司这些规定是如何制定的，为什么这样规定，使得青年学徒工对这些规定规程理解，然后才能接受这些情况，促进他们更好地完成工作。

④青年委员会与职工委员会的工作差异

因为青年委员会的委员均是年轻人，且产生于学徒工之中，他们和学徒工的关系更加亲近。在大众汽车不同的工作区域开展的学徒工培训中，青年委员会委员会经常与学徒工们聊天。他们不需要问学徒工们学习得怎么样，甚至不需要讨论工作的事情，只是问“周末过得怎么样”“最近看了什么新电影”，这样的交流使他们更像朋友。而朋友式的关系和聊天，学徒工们就少了很多顾虑和防备，有了更多的信任，学徒工会在聊天中说出更多的信息和他们的真实想法。通过得到的信息，青年委员会委员可以有目的地与企业方以及职工委员会协商，以确保学徒工的利益。

职工委员会的委员尽管是代表着员工的利益，但他们与青年员工之间还是存在一定的距离感，亲近程度远无法和青年委员会委员比。一方面，因为青年委员会委员与学徒工之间的亲近关系，青年委员会不被认为是一个权威的上级管理机构，不会被认为像他们的师傅一样，没有一种居高临下的感觉。另一方面，正式员工人数较多，职工委员会委员不可能惠及每一个员工。例如，大众汽车德国狼堡生产基地大概有 6 万名员工，职工委员会委员不太可能有机会认识所有的员工，而学徒工人数相对较少，青年委员会委员能够与大多数学徒工建立个人的交往，甚至产生友情。

（3）博士生委员会

博士生委员会是一个自发组织。《博士生岗位指导原则》是由企业人力资源部门和职工委员会讨论决定的。每年选举新的委员会代表，委员会代表一般 4~5 人。

博士生委员会主要工作包括：一是研究《博士生岗位指导原则》适用性，讨论可改变条款，并与职工委员会、大众人事部门进行沟通。二是召开博士日活动。选择一些博士生分享议题。三是编撰内部期刊《博士生通讯》。《博士生通讯》是双月刊，主要发送对象是公司所有高层领导。目的是让高层领导知道博士生研究的最新情况。四是组织博士生内外部交流活动。组织与其他企业博士生沟通交流。

（二）大众职业教育培养方式

1.“双元制”职业培训

大众汽车的“双元制”学习项目是学校学习和操作实践的结合体。大众汽车的“双元制”培训模式分为学徒工培训和“双元制”大学委培学习。根据不同课程和工厂条件，“双元制”大学委培学习又分为以实践为导向的“双元制”大学委培学习和以培训为导向的“双元制”大学委培学习。以实践为导向的“双元制”大学委培学习，从一开始就直接在与课程相关的专业部门工作；以培训为导向的“双元制”大学委培学习，在学习的同时，还可以参加 IHK[①] 考试，获得相应的职业证书（见表 4）。

表 4　学徒工培训与“双元制”大学委培学习的区别

	以实践为导向的“双元制”大学委培学习	以培训为导向的“双元制”大学委培学习	学徒工培训
学习期限	3.5~4 年	4~4.5 年	3.5 年
申请要求	取决于课程：毕业成绩至少达到 2.1~2.4	取决于课程：毕业成绩至少达到 2.1~2.4	至少需要中学毕业证

① 德国 IHK 考试是德国工商协会（Industrie- und Handelskammer，IHK）所主办的一系列职业资格考试。这是一种德国政府认可的职业证书，持有 IHK 职业资格证书可以证明你已经接受了相关学科领域的专业知识和实践培训，并具备在相关领域内的工作能力，能够提高就业机会和工资待遇。

续表

	以实践为导向的“双元制”大学委培学习	以培训为导向的“双元制”大学委培学习	学徒工培训
实施工厂	沃尔夫斯堡、汉诺威、卡塞尔、布伦瑞克、埃姆登、萨尔茨吉特	沃尔夫斯堡、埃姆登	沃尔夫斯堡、汉诺威、卡塞尔、布伦瑞克、埃姆登、萨尔茨吉特
学习地点	大学和工厂实际工作岗位	大学、工厂和职业学校培训	工厂和职业学校培训
结业证书	学士	学士和 IHK 证书	IHK 证书
月收入	1160.50 欧元	1160.50 欧元	自 1092 欧元起（第一年）
工作时间	寒暑假到企业实习	每周 3 天实习	每周 3 天实习

通过“双元制”培训，学员将获得大量实践经验并详细了解大众汽车的组织和流程。这意味着学员可以在毕业后立即独立承担所在部门的任务。因为除了学习期间的报酬，毕业后还将获得大众汽车提供的永久职位。

在大众汽车，最多可申请 3 个学徒工培训岗位，可以有多种组合方式。例如，第一，可以在同一工厂（例如在沃尔夫斯堡）申请 3 份不同的培训工作。第二，可以在一个工厂（例如在沃尔夫斯堡）申请两份不同的培训工作以及在另一个工厂（例如在布伦瑞克）申请另一份工作。第三，可以在 3 个不同的工厂（例如在沃尔夫斯堡、布伦瑞克和萨尔茨吉特）各申请一份工作。此外，还可以提出三次“双元制”大学委培学习申请。申请者可以决定是在同一工厂申请三份不同的工作，还是在不同工厂申请一份工作。当然，也可以在一个工厂申请两份不同的工作，在另一个工厂申请另一份工作。但最多申请三次。值得一提的是，无论申请次数，在线测试只能参加一次。总体而言，最多可以向大众汽车发送6份申请（3份培训和3份“双元制”），以获得更多的就业机会。

（1）学徒工培训

学徒工是指那些与企业签订学徒工合同的人，其主要依据德国“双元制”职业教育的培养方式。在“双元制”的模式下，学徒工的培养过程采用校企合作的模式，这是大众汽车人才招聘的主要渠道。学生中学毕业后，先报名参加大众汽车的学徒工考试，通过学徒工选拔后，再到与大众汽车有合作关系的职业学校学习。学徒工培训时间一般为三年，有一半的时间在职业学校学习，另一半的时间在大众工厂参加实践学习。在职业学校学习时，主要是进行理论知识的学习。在工厂实践学习时，会被安排到不同的技术部门，由有经验的师傅带领其学习各方面的实操知识和技能。大众汽车的学徒工一旦获得转正，或者与公司签订24个月的劳动合同就不再是学徒工了。

学徒工的选拔、录取、培养计划是由企业的职业培训委员会决定的。大众汽车职业培训委员会由职工委员会、青年代表组织以及企业方的代表组成，共同决定获取学徒工合同的人员名单。

①学徒工职位申请

原则上所有的中学毕业生都可以申请学徒工职位。不管你是文理中学毕业，还是主体中学毕业，都可以申请学徒工的职位。

申请者年龄一般在16岁至18岁，主体中学毕业生比文理中学要稍微小一些。学徒工职位一般会优先给予那些从未接受过学徒工培训的申请者，最后才考虑曾经获得过学徒工岗位或者接受学徒工培训的申请者。但每年也会有一些特例。例如，有一个信任人，2021年的时候28岁，已经有小孩了，但他同样获得了学徒工的职位。[①] 实践中，学徒工大多来自当地的中学生，但也有一些学徒工培训项目面向全国。例如，大众汽车有一个消防员培训，消防员培训的学徒工就来自德国各地。

大众汽车的学徒工培训工作一般在每年的9月1日开始，所以学徒工招收工作一般在每年的9月1日之前开展。最近一次申请时间是2022年8月1日至2023年2月28日。正常情况下，每一名中学生毕业以后均需要自己主动去申请学徒工的职位，大众汽车目前提供约30种培训职业供学徒工申请者选择。

②学徒工的招生流程

大众汽车学徒工的招生工作由大众汽车人力资源部、青年委员会、职工委员会成员共同组成的学徒工选拔委员会负责。学徒工的招生流程一般有以下步骤[②]：第一步，发布招聘公告。在大众汽车的招聘网站上发布招聘公告，申请者一般有6个月左右的时间可以申请。第二步，网上申报及测试。学徒工申请者需要在网上递交申请，同时参加一个网上测试。测试内容一般是一些很基础的知识。第三步，人力资源部门测试和资料审核。网上测试完

① 本案例由大众汽车集团青年委员会访谈资料整理。
② 资料来源：大众汽车集团人事部劳动关系部门访谈资料整理。

成以后，人力资源部门会对所有通过测试的人再进行测试，并对学徒工申请者提供的各种证书和资料进行审核。在审核时，人力资源部门会依据不同的规定和条件，比如申请者在专业方面的学习成绩、申请者的社会生活参与度等。若测试和审核通过将进入面试阶段。第四步，面试。面试环节考察的方式是多样的。有时会让申请者做一些手工操作，比如让申请者接上电线，让灯亮起来。第五步，确定录取名单。学徒工选拔委员会根据面试成绩、有关分析的结果，通过多次的会议讨论，决定最终的录取名单。每年申请大众汽车学徒工的学生有上万人。2023 年大众汽车集团在德国提供了 1150 个学徒工和大学委培生的岗位，另有 250 个在职培训及其他培训岗位（如七三学院和“学徒工 +”项目）。

通过一系列选拔，大众汽车会将已获得学徒工职位的人员分配到相关职业学校，学生不需要自己先去找职业学校。这些职业学校一般与大众汽车有合作关系。大众汽车在狼堡有两个合作的职业培训学校，分别是职业学校一中和二中。职业学校一中主要进行商业和经营管理培训，职业学校二中主要进行工业培训。

当然，既然是选拔，就会存在落榜的情况。如果第一年申请大众汽车的学徒工培训，没有获得相应职位，学生可以先到职业学校参加一年培训。接受为期一年的培训后，可以获得一个培训资格证书。第二年可以凭培训资格证书再申请大众的学徒工职位，但培训资格证书并不是获得学徒工职位的保障。[①]

---

① 资料来源：大众汽车集团青年委员会访谈资料整理。

学徒工申请必须提供的材料有动机信、简历、在普通学校最近获得的毕业证（如初中、实验中学、文法学校），除以上材料还可以提供工作证明（如兼职工作、实习等）、其他学校的最新证书等。

③学徒工培训中各部门的作用

在整个培训过程中企业方和职业学校均有充分的沟通和合作。企业的带教师傅与职业学校相关专业的老师会经常沟通，交流某个学徒工的培训内容和效果；企业方负责职业教育的经理会经常与职业学校校长或者学校相关管理部门的老师直接沟通学徒工的招收、培养计划和日常管理中的问题；青年代表组织会代表学徒工与职业中学的老师交流一些学习和工作中的困惑；职工委员会代表主要关注学徒工个人情况，如发现一些状况或者需求及时与各方沟通。[①]

总之，学徒工的培养过程中，大众汽车各方和职业学校及相关部门均保持着密切联系，以确保对学徒工的培养质量。

大众汽车学徒工在企业学习期间，会得到很多人的指导。企业也会安排专人负责他们的学习和工作。其中，最主要的是辅导员和带教师傅。

首先，大众会为每位学徒工安排一名辅导员。自进入公司开始职业培训起，学徒工将进行分班管理，每个班有一名辅导员作为该班学徒工的主要责任联系人，负责他们的培训工作。学徒工

① 资料来源：大众汽车集团青年委员会访谈资料整理。

在大众汽车学习的三年期间，这个辅导员会始终负责指导他，帮助学徒工解决其遇到的困难和疑问。

其次，学徒工在每个岗位上学习时均有一名带教师傅对其进行指导。学徒工在公司职业培训期间，需要在不同部门参加培训。一般学徒工每6个月就需要转到新的岗位。所以，每位学徒工有多名带教师傅。

④培训程序和内容

大众汽车学徒工培训期限为3~3.5年，具体时长取决于所选职业。学徒工需要参加企业实训，还需要参加职业学校的学习。大约在培训进行到一半时，将为学徒工注册参加期中考试。如果学徒工成功通过，将继续进行后续学习。当完成第二部分学习后，需要进行期末考试。如果通过期末考试，学徒工可获得成为大众汽车正式员工的机会。

大众汽车学徒工在企业培训期间将在各车间的培训中心轮岗学习，主要是对该车间的岗位设备、工具、工作流程进行学习。根据所选培训职业，各培训中心的培训可能每天进行或以更长的时间间隔进行，如每周1~2天。

在职业学校，学徒工将通过理论学习补充并加深已掌握的实践知识。此外，学徒工还可以学到常规培训内容，包括德语、数学和英语。

⑤大众汽车对学徒工提供的保障

大众汽车非常重视学徒工培训，为学徒工顺利完成培训计划提供一系列保障。参加学徒工培训，不仅可能获得具有吸引力的劳动合同、月薪、带薪假期和许多其他额外福利，还能获得独立工作的能力，学会团队协作，并享受学习的乐趣。具体而言，包括以下几项主要保障。

第一，学徒工顺利结业可获得转正的机会。大众汽车的集体合同里规定，只要达到规定的成绩，所有的学徒工都可以转正。

第二，培训期间可获得培训津贴。学徒工收入与正式工人相比，存在较大差异，学徒工的报酬更多的是解决其生活的基本问题，并且起到激励的作用。按法律规定来说，学徒工的报酬并非工资，并不属于他的劳动报酬，而应该叫作培训津贴。培训津贴高是大众汽车吸引优秀学徒工的重要因素，而提供高质量的职业培训课程是大众汽车持续吸引到优秀学徒工的根本。大众汽车与每位学徒工签订单独的培训合同。大众汽车学徒工的培训津贴以每月 1092 欧元为基础，随着实习的时间增加，培训津贴也会增长。大众学徒工的津贴，在同行业中处于较高水平，其他企业的津贴可能只有大众汽车的一半或者更少。德国社会保障方面的低保标准是每个月 450 欧元，而大众汽车支付的培训津贴已经超过了生活必需的一个最低标准的 2 倍。一名受访者介绍到，他最初参加牙医技术员的学徒工培训时，得到的培训津贴只有大众汽车的四分之一。

第三，学徒工拥有充足的休息休假时间。在大众汽车工厂进行学徒工培训时，每周的工作时间为 35 小时，即每天 7 个小时。学徒工有权每天享受 40 分钟的午休时间，其间可在公司餐厅中选择种类繁多的食物。通常来说，上班时间在 7:30 到 8:00，下班时间在 15:10 到 15:40。另外，除了法定节假日和公司规定的节假日，学徒工还可以获得与正式员工一样的 30 天带薪休假。

第四，为学徒工提供特殊的劳动保护。大众汽车除为学徒工提供和正式员工一样的劳动保护外，还提供一些有针对性的劳动保护。如果学徒工年龄小于 18 岁，将享受特别的看护。例如，在生产线上不允许做三班倒的工作。

⑥大众汽车学徒工的职业发展情况

第一，学徒工转为正式工以后的工作安排。近几年，大众汽车集团规定，所有顺利毕业并获得大众汽车转正机会的学徒工，转正后均需要到生产一线去工作。人事部门会根据各生产一线车间所报人员需求，将学徒工分配到各个生产一线车间。2021 年夏天，大众汽车共毕业 2250 名学徒工，均分配到了各个生产一线车间。

但是，由于各车间人数需求和转正学徒工供给存在较大差异，很多转正学徒工不能马上获得与其所学专业对口的工作岗位。该规定从 2015 年开始执行，青年代表组织对该规定是不满意的，还在继续努力与企业方、职工委员会一起协商探讨。

对于大学委培专业的学生，大众汽车的规定相对会好一些。委培学生大学毕业以后，大众汽车将根据委培学生的专业，在对口部门为其提供一个工作岗位。如果实在找不到对口的工作岗位，这些专业委培的大学生可以被安排到生产一线工作，但最长不超过 6 个月，6 个月后企业必须为其找到所学专业对应的职位。

第二，学徒工的职业发展通道。学徒工的职业发展情况受诸多因素的影响，学徒工参与培训的专业方向会影响其岗位获得或职位晋升的速度。当然，在选择职业培训方向时，受到了中学学校成绩、学徒工申请情况等因素的影响，而且在学徒工培训过程中学习的课程和难度也有较大差异。因此，参加不同职业培训后的学徒工其岗位、待遇也不尽相同。例如，参加技术类职业方面的培训，培训结束后并不一定能直接被安排技工的职位，大多数会被安排到生产线上从事生产性功能工作。尽管培训结束后的学徒工的技能水平可能已经超过了生产线的要求，但因为技术岗位数量有限，所以不能直接成为技术人员。如果参加的是办公室文员培训学徒工，培训结束后一般会被直接安排到职能部门。

在学徒工培训结束以后，学徒工依然有获得继续学习的机会，这取决于学徒工成绩的优劣。例如，对于每年毕业的学徒工中，成绩前 10% 的，可获得至少三项权利。首先，可以进入心仪的专业部门工作。其次，可获得两年继续教育培训的机会，在两年之内可以很快进入工作状态。最重要的是能够让学徒工快速地成长起来。相比之下，成绩优异的学徒工职业发展并不会比大学毕业生身份进入大众汽车的员工差。最后，可获得继续去大学学习的机会。在德国的学制里，只有实科中学或完全中学毕业才能进入大学学习。如果学徒工拥有“双元制”职业中学毕业的成绩，又属于前 10%，愿意继续去大学学习，大众汽车会提供类似的支持项目，如学士阶段项目培训、硕士阶段项目培训等。大众汽车会为每个参与的员工提供每月 1000 欧元左右的津贴，支持他们完成学士或硕士学位。当然学徒工获得大众汽车支持的条件是学士和硕士毕业以后，必须回到大众汽车工作一定期限。[1]这种支持项目相当于国内教育中委托培养制度。但与国内委培不一样的是，国内的委培是高中毕业以后进入委培项目的；而大众汽车的委培项目是在学徒工顺利毕业，正式成为大众员工时。只有学徒工成为大众汽车的正式员工后才有获得继续教育的可能性。

例如，一位在做程序员职业培训的学徒工。完成职业培训以后，他的目标就是上大学。这位学徒工在采访中表示，在大众汽车参加学徒工培训一个最大的好处就是，可以参与大型项目，范围广泛，可以学到很多新东西，可以得到很多资源，而这些东西是别的地方所没有的。

（2）大学生委培

“大众汽车双元制大学生委培”计划是大众汽车参与的一种职业教育模式。该目标是陪伴和支持学员成功获得学士或者硕士学位，并帮助学员学习技术和实践知识，拓宽自己的视野。通过该计划，大众汽车与众多大学合作，为员工的职业生涯提供多样化和令人兴奋的开端。

大众汽车的大学生委培与中国常见的大学生委培不一样，它与学徒工培训相似，是一种“双元制”培养模式，即学生的培养分两部分，既有在大学学习的时间，又有在企业实践的时间。委培大学生在大学学习期间主要是学习文化理论知识；而在企业主要是相关专业部门实践学习。委培大学生回到工厂工作的时间有

① 资料来源：大众汽车集团职工委员会访谈资料整理。

的是在假期，有的是每月固定时间回到工厂工作。具体来说，学生中学毕业后，到大众申请委培大学生的职位，获得委培的职位后，首先要到大众的工厂工作一段时间，以便了解工厂的整体情况，然后在接下来的整个委培过程中，可能被安排到一个或者多个专业部门工作。

①大学生委培的类型

大学生委培本质上是一种双元制职业培训项目。根据不同课程和工厂条件，大众汽车提供两种不同类型的大学生委培项目，即“以实践为导向的双元制大学委培学习”和“以培训为导向的双元制大学委培学习”。

“以实践为导向的双元制大学委培学习”，从一开始就直接在与课程相关的专业部门工作。学习时间一般持续3.5~4年。除了大学的学习，学员还将在学期休假期间完成大众汽车委托的各种实践任务。为此，该培训将根据学员的主修课程选择合适的业务领域，让实践活动补充学员掌握的知识。

“以培训为导向的双元制大学委培学习”，在学习的同时，还可以通过经认证的IHK职业培训。学习时间一般持续3.5~4.5年。在此期间，除了在大学获得学士学位，学员还将在大众汽车做学徒，结业后将获得工商业联合会颁发的IHK证书。

②大学生委培职位的申请

“大众汽车双元制大学生委培”计划每年均开展新的培训，一般会有6个月左右的申请时间。大众汽车的实践或培训通常在9月开始，在冬季学期开始之前完成申请。例如，如果想在2023—

2024年冬季学期开始“双元制”学习，申请时间为2022年8月1日至2023年2月28日。

“大众汽车双元制大学生委培”计划面向的目标群体是高中毕业生（或同等学力的学生）。申请“大众汽车双元制大学生委培”计划的学生应具备以下基本条件：

第一，良好的毕业成绩（根据不同课程，至少达到2.1~2.4）。

第二，进阶课程，成绩良好。

第三，对技术、汽车和移动出行的热情。

第四，责任心、主动性、机动灵活性和韧性。

③大学生委培学员的招录

大众汽车大学生委培的招生工作由大众汽车人力资源部、青年委员会、职二委员会成员共同组成的选拔委员会负责。

近几年，大众汽车每年招收的委培大学生大概有300人，这与招聘正常大学毕业生的人数差不多。但近几年，招聘应届大学毕业生的人数有所减少，而是把更多的名额放到委培大学生和一些专业人才的招聘上。

④大学生委培形式和内容

一部分时间，学员将在工厂参加实践。学员可以在位于沃尔夫斯堡、汉诺威（大众商用车）、布伦瑞克、埃姆登、卡塞尔和萨尔茨吉特的大众汽车工厂申请“双元制”学习计划。如果学员想在德累斯顿、开姆尼茨、茨维考或奥斯纳布吕克参加“双元制”学习，那么可在大众汽车萨克森有限公司或大众汽车奥斯纳布吕克有限公司处申请“双元制”学习计划。这意味着学员将在这些大众汽车工厂完成他们的实践或培训阶段。

另一部分时间，学员将在大学完成理论学习。通常，学员就读的大学也位于所选择工厂所在地（或附近）。个别情况下，大学可能距离工厂远一些。

参与“大众汽车双元制大学生委培”项目学习，将可以得到以下实践能力的提升。

一是将理论学习知识提前应用在实践中。

二是建立跨部门网络。

三是与其他“双元制”学习和职业培训参与者交流。

四是了解跨部门业务流程。

五是获取实习本身之外的职业经验。

六是提供论文素材。

⑤大众汽车为委培大学生提供的保障

在大众汽车为参与“双元制”大学生委培项目的学员提供一系列保障。学员除了获得相关的学位、证书，还可以获得一流的培训或强化实践机会，以及极具吸引力的薪水、带薪假期等福利。在培训完成后，还有具有吸引力的月薪和固定合同。具体而言，包括以下几项主要保障。

第一，在大学完成“双元制”学习后，学员将获得学士学位。根据不同课程，学员可获得文学学士、工学学士或者理学学士。如果学员在大众汽车完成以培训为导向的“双元制”大学委培学习，除了学士学位，学员还将获得相关培训的 IHK 证书。

第二，学员可获得有吸引力的培训报酬。大众汽车给予学员的培训保障主要包括三个方面。一是自 2022 年 1 月起，在“双元制”学习期间，学员将获得 1160.50 欧元的月薪。二是学员也拥有获得奖金的权利。每年整个大众汽车都会通过劳资谈判，参与公司过去两个财政年度所获得的盈利分享。三是学员每年还可以得到一笔额外的报酬。根据 2018 年签订的集体合同，大众汽车员工将获得额外的集体工资，作为新的年度一次性付款。该笔款项于 2019 年首次支付。该金额为平均月收入的 27.5%，并于每年 8 月支付。

第三，学员拥有充足的休息休假时间。学员在工厂工作期间与正式员工执行相同的工作时间。大众汽车非常重视员工的工作与生活平衡。学员在白天有更多的私人时间，以恢复精力。使学员无论是在理论学习还是在实践中，都可以兼顾工作和私人生活。另外，公司每年提供超过 30 天的带薪休假，参与“双元制”大学生委培学习计划的学员也拥有此项福利，因此学员有时间进行长途旅行，可在棕榈树下度假、在山间徒步旅行、滑雪，也可以有更多时间陪伴家人和朋友。

第四，为学员提供正式员工拥有的其他福利和劳动保护。例如，学员可享受大众汽车房地产公司优惠条件、低价购物、充足和多样化的餐饮服务、优质的医疗健康保障等。

2. 在职培训

员工职业技能培训和提升需求一般是员工或主管部门的经理提出的，职工委员会一般不会直接提出员工技能培训的需求，而是收集员工的培训需求，代为提出。员工职业技能培训和提升需求一般有两种提出方式。[①] 一是参加企业内部提供的培训。因为大众汽车内部有自己的培训部门，那么培训部门会提供或开发相关的课程。在每年的与员工对话活动中，由员工提出自己需要的技能培训或者愿意参加的培训。另外，在一些部门也会有专门针对技能培训的谈话。通过这些渠道，部门经理或主管收集到每一个员工的继续教育培训需求后，统筹考虑决定培训的内容后，由大众汽车各级培训部门实施培训。二是进入大学继续学习。学徒工毕业后，如果有进入大学的入学资格，自己也想继续深造，就可以申请公司的助学奖学金。大众汽车提供的助学奖学金可以帮助学徒工完成学士或硕士学业。但学徒工在申请公司提供的助学奖学金过程中也需要一定的选拔，职工委员会将参与该选拔过程。例如，现在大众中国的CEO贝瑞德先生，他在大众汽车的职业生涯就是从学徒工开始的。成为正式员工之后，他继续学习，参加了大学学习，并拿到了大学学位。[②] 虽然，通过大学学习进入管理层是特殊情况，但这个例子表明，学徒工身份并不是阻碍一线员工职业发展的因素。

在企业内部提供员工职业技能培训方面，中国有很多成熟的做法，如专业技能培训、师傅带徒弟、技能大赛等活动，而德国大众汽车也有一些相似的方式提升员工的技能。

一是传统的带教方式，在大众汽车叫作培训项目。培训项目类似中国的师傅带徒弟的培训方式。培训项目一般由一名培训员

① 资料来源：大众汽车人事部劳动关系部门访谈资料整理。

② 资料来源：大众汽车狼堡工厂职工委员会访谈资料整理。

或者是一名专家担任带教老师，带教老师为参加该项目的员工或学员讲授专业知识。这种传统的带教方式在过去几十年中应用得很好，对员工的技能提升起到了很大作用。

二是在职学习的方式。在继续教育方面，大众汽车正在努力尝试一种新的方式，提倡一种新的理念，即鼓励员工在工作中学习，努力提高员工主动学习的意愿。传统的带教方式是一种正式的学习方式，但一个人的知识并非仅仅来源于一个正式的途径。从正式途径去学东西，只是在消化知识或者应用知识，学习成果是很少的；另一种学习的成果是在自己的日常工作中去获得的。例如，孩子在学校里学的东西，事实上只是占他所学知识的一部分，更多的知识是在其日常生活中学到的。这一点放到成人教育上，也是一样的规律。

下面我们将详细介绍大众汽车的直接入职培训计划（StartUp Direct）以及跨部门入职培训计划（StartUp Cross）。

（1）直接入职培训计划

直接入职培训计划针对的目标群体是刚刚入职大众汽车，且工作经验少于3年的大学毕业生。

①直接入职培训计划的申请

提供直接入职培训计划的有沃尔夫斯堡、汉诺威、柏林、慕尼黑、卡塞尔、布伦瑞克、萨尔茨吉特、埃姆登等地的大众汽车工厂。在这些工厂中，所有业务部门全年均直接入职培训。

申请参加直接入职培训计划，申请者应该满足以下基本要求：

一是拥有大学学位，毕业成绩良好或优秀。

二是足够的学习时长。

三是已通过相关实习获得初步经验。

四是会讲英语，最好会讲另一种外语。

五是喜欢团队工作。

一般情况，各大众汽车工厂及其业务部门均会在自己的工作领域开展培训，所以申请者除满足以上基本要求以外，还需满足培训部门的一些技术要求。申请者可以在相应的招聘广告中查看技术要求。

②直接入职培训计划的培训内容

直接入职培训计划由几个计划模块组成，总共持续 12 个月。在此期间，学员将获得管理层的个人支持，他们将为学员提供专业和常规建议。

参加直接入职培训计划，学员可以通过不同的计划模块不断发展自己。例如，在入职培训模块，学员可以使用该模块了解广阔的“大众汽车世界”，并帮助学员在公司中找到自己的定位。学员还将有资格参与有关制造和质量控制流程主题的生产任务（生产实践）。在销售模块中，学员将了解销售工作的技术重点。

直接入职培训计划中也包括一个资格认证模块。

直接入职培训计划还为申请者提供在大众汽车的国外工厂工作，获取国际工作经验的机会。具体情况取决于学员正在从事的项目。如果学员有兴趣留在国外，需与学员的主管交谈确认。

（2）跨部门入职培训计划

跨部门入职培训计划面向在短时间内完成学业且成绩高于平

均水平的大学毕业生。Cross 指的是到不同部门培训，包括到国外培训。

跨部门入职培训计划由各种模块组成，可以让学员真正了解大众汽车的诸多不同方面。学员将获得大量经验，并近距离体验这家全球公司的深度和广度。同时学员会遇到很多有趣的人，并扩大学员的社交网络。这里就是学员职业生涯的理想起点。StartUp Cross 的一位 IT 学徒工在采访中说："该计划的灵活结构给我留下了深刻印象。"

①跨部门入职培训计划的申请

跨部门入职培训计划针对的目标群体是新入职的，且工作经验最多 1 年的大学毕业生。

大众汽车提供跨部门入职培训计划的有沃尔夫斯堡、汉诺威、卡塞尔、布伦瑞克、萨尔茨吉特和埃姆登等地的大众汽车工厂。而这些地方的所有业务部门均提供跨部门入职培训。有意向的员工任何时候都可以申请招聘公告中的跨部门入职培训职位。

由于跨部门入职培训计划针对的是成绩优秀的毕业生，因此申请者需要提供证据证明自己的优秀成绩或突出的能力。比如，申请者可以提供实习或其他实践经验、外语技能和大学校园外的活动情况。申请者也可以通过在国外学习或实习的情况（至少连续 4 个月）来证明自己的主动性、机动性和灵活性。此外，申请者还应该具备奉献、热情和团队精神、优秀的社交能力，以及勇于承担责任的品质。

申请者应满足以下基本要求：

一是最多满 1 年的工作经验。

二是已大学毕业，成绩至少达到“良好”。

三是在指定期限内完成大学学习。

四是在学习期间，在国外至少待了 4 个月（国外实习或学期）。

五是已完成相关实习。

六是会讲英语，最好还会讲另一种外语。

七是拥有高度主动性、灵活性、机动性、事业心和创业思维。

八是喜欢团队合作。

②跨部门入职培训计划的培训内容

参与跨部门入职培训计划 StartUp Cross，学员将在 18 个月内真正了解大众汽车，并将在大众汽车的国外工厂体验三个月。跨部门入职培训计划流程安排如下：

模块一：从大众汽车开始

持续时间 12 周。认识大众企业。在先前定义的目标区域内开始学员的跨部门入职培训计划。在这里，学员将了解未来的任务并结识新同事，以及管理导师。与导师和跨部门入职培训团队一起，设计自己的个人培训计划。作为个人导师的管理成员和跨部门入职培训团队将在整个培训期间为学员提供支持。此外，每位学员将由一名来自培训师社区的导师为其指导。

模块二：由此真正了解大众汽车

持续时间 6 周至 8 周。通过为期 6 周到 8 周的业务部门分配活动，学员将沿着流程链了解大众汽车世界。这包括研发、生产、销售、营销、财务和审计控制以及战略领域。在企业不同部门了解企业的各个领域。

为确保学员的技术专长发挥作用，将单独提升学员的技能。例如，通过有关项目管理、演示技巧和跨文化能力的研讨会。学习过程中，还提供激动人心的短途旅行、信息活动和讲座，以及与管理层成员进行深入交流。

模块三：走进广阔的世界

持续时间 12 周。在为期三个月的海外项目中，学员将获得丰富的经验。跨部门入职培训团队将与学员共同商定去哪一家工厂，并且会在这次旅行的组织方面提供支持。作为一名新员工，申请者可以在跨部门入职培训计划中尽早获得国际经验，同时从事激动人心的项目。

模块四：与客户深入接触

持续时间 2 周。跨部门入职培训计划的另外两个重要组成部分是零售业和汽车城的实习。这样学员就可以了解如何与客户打交道。在这里，学员将获得有关客户期望以及交易和销售流程的有趣知识。在该计划中，学员还将参与社会和可持续发展项目。

模块五：不间断的专有技术

持续时间 3 周。通过这个生产计划模块，学员将了解大众汽车生产中的流程。在这里，学员将体验三班倒的节奏，亲身体验大众汽车是如何制造汽车的。

3. 新的培训方式：七三学院

七三学院属于大众汽车自有的继续教育的模式之一，是大众汽车应对数字化转型的大胆尝试。大众汽车建立七三学院的初衷是："不再依赖 IT 专家，而是选择依靠一直在我们身边的人才。"学员不必一开始就是 IT 专家，也能够与大众汽车一起打造数字化汽车世界。大众汽车将为学员赋能，在短短两年内就能够让学员成为一名优秀的软件开发人员。

七三学院的培训是一个最新的思维方式，也是一种新的认知方式。在七三学院，不再由一个专家讲课，大家一起学，而是每个人都把自己的经历和经验拿到课堂上来分享，在每个小组里一起工作，并在工作中解决问题。在解决问题的过程中，学习新的知识。工作中是允许犯错的，因为大家认为，在改正错误的过程中可以学到新的东西。

当然，这中间有一个甄选的过程，要通过一些测试，也要看申请者自己的意愿是怎样的，是不是有这种意向去做。例如，七三学院每个学年中，100 人里大概 70% 的人是大众汽车自己的员工，而这 70% 里又有 50% 是直接来自工厂生产一线，就是生产线上的员工。按照以前正常的情况，员工一开始在生产线上工作，这一辈子基本都在生产线上工作了。但通过这个学习以后，就有可能进入另外一个领域。七三学院学员的平均年龄大概是 30 岁，最小的 18 岁，最大的 54 岁，但所有人都是同时在这里学习。

（1）七三学院的软件开发人员资格认证计划申请

七三学院培养的是软件工程师，其最大的特点是，进入七三学院不需拥有任何的学历，即使没有得到中学毕业的成绩，也可以加入七三学院；而且不管年纪多大，都可以进入学院学习。

在七三学院学习跟原来的成绩和学历完全无关，重要的是学员自己有没有这样的天赋，自己愿不愿意，有没有激情去学习新的技能。

因此，七三学院软件开发人员资格认证计划面向的目标群体比较宽泛，以下人员均可以申请软件开发人员资格认证计划：一是 IT 人才；二是辍学大学生；三是具备技能，但由于资格原因无法获得稳定就业机会的求职者；四是即将毕业或已经毕业的学生；五是已经在大众汽车工作，并申请内部职位调动的人员。

但申请者仍然需要满足一些条件，这些条件主要是考察申请者对软件工程等专业的兴趣。例如，申请者符合以下条件，即可参加培训计划。

一是对软件行业有一定热情，并且知道 UX 的含义。

二是喜欢调试家用电脑。

三是具备基本的编程经验，如参加学校的计算机俱乐部。

四是喜欢深入研究 IT 问题，比如父母的电脑怎么又死机了。

五是能够从学校教授的数据和计算机学科中获得很多乐趣。

六是享受事情顺畅发展的快乐。

七是乐于团队工作，并享受合作成果。

八是喜欢讲英语或想要学习或提高。

申请一般会持续几个月时间，最近一次申请期限为 2022 年 3 月 30 日至 2022 年 5 月 15 日。本次资格认证为期两年，将于 2022 年 12 月 1 日开始，于 2024 年冬季结束。

（2）七三学院的学习内容与保障

①学习地点

七三学院的软件开发人员资格认证计划在距离沃尔夫斯堡大众汽车工厂不远的大众移动生活园区内实施。移动生活园区（MLC，Mobile Life Campus）是大众汽车集团提供的、设施完善的培训和工作场所，不仅拥有优美的空间设计、现代技术条件，还配备了公司餐厅、咖啡厅，并且交通也很便利。

②学习内容

软件开发人员资格认证计划主要包括两个压缩模块，其中包括如何掌握软件开发的所有必要模块。此外，还包括以下课程：

一是软件开发人员的数学基础。

二是 JAVA 编程。

三是技术计算机科学。

四是理论计算机科学。

五是数据库和实时数据处理。

六是英语。

七是项目和时间管理。

③学习保障

在七三学院，大众汽车将提供如何让学员成为优秀软件开发人员的详细计划。另外，在学习期间，学员可享受所有公司福利，以便为顺利学习提供保障。七三学院提供以下学习保障：

一是全方位的支持。

二是针对未来工作领域进行持续数月的项目实习和实践。

三是国际知名讲师。

四是高品质硬件。

五是在 8 到 18 人的小组中进行预结构化学习。

六是多元化和年龄各异的学习群体。

七是每月 1134.50 欧元的资格认证报酬。

八是 30 天带薪休假。

（3）七三学院学习后的收获

①获得软件开发人员资格

一是如果成功完成提供的资格认证，那么在大约两年后即可成为一位初级软件开发人员。二是如果学员还没有任何职业证书，那么在获得资格认证后还可选择参加为期 4 个月的额外培训，以成为应用程序开发 IT 专家，并获得 IHK 证书。

②获得无限期劳动合同

在通过软件开发人员的资格认证后，学员可获得一份大众汽车提供的无限期劳动合同。使学员的临时劳动合同将变为无限期劳动合同，同时学员的报酬也将对应于大众汽车的标准工资表。

三、劳资共决与大众职业教育

关于职业教育共决权问题，《企业共决法》第 96 条至第 98 条有明确规定，但这个规定是比较开放性的，没有很详细的规定，每一个企业在实施过程中，可能有一定的差异。但可以明确的是，职工委员会和青年代表组织在职业教育方面均具有共决权。在整个大众的职业培训体系当中，共同决策制度很多环节都发挥着重要的作用。在大众汽车学徒工的招录、培训内容的制定、学徒工的福利待遇等方面都有共决的身影。

（一）共同决策制度与职业教育的流程设置和制定

1.共同决策制度在“双元制”职业培训招生中发挥着较大的作用

共同决策制度在学徒工、委培大学生的招生和考试过程中发挥着较大的作用。虽然在整个考试过程的测试和访谈都是由企业方具体执行的，但是在每一次出成绩以后，职工委员会方面是要参与到结果的评定评判里面去的。另外，每一次在集体合同协商的时候，学徒工录取人数都是一个争论的焦点。而职工委员会和工会始终坚持的观点是保证学徒工的人数不下降。事实上，大众汽车也是给年轻人提供更多的就业机会，特别是本区域的年轻人。这也是大众汽车履行社会责任和承诺的体现。

2. 共同决策制度实现了学徒工转正机会的公平性

共同决策制度改变大众汽车学徒工转正的标准。大众汽车的集体合同里规定，只要达到规定的成绩，所有的学徒工都可被转正。并非一开始就是所有学徒工都有机会转正的，这个规定是青年代表组织通过共同决策制度实现的。过去很长一段时间，学徒工是按一定比例转正的。在“汽车 5000”项目，只有 85% 的学徒工可以转正，15% 的学徒工不被转正。这就造成一种竞争非常激烈，出现互不相让，用尽一切手段挤进前 85% 的现象。青年代表组织认为学徒工按比例转正的规定有失公平，应该给所有人同样的入职机会，即达到标准，就可以得到无限期的工作合同，但是如果学徒工自己不努力学习和工作，学徒工考核未达到标准就不能入职。所以，青年代表组织与企业方就这个问题展开了协商谈判。

青年代表组织通过共同决策制度实现了学徒工转正机会的公平性。现在，大众汽车实行以成绩为基准的转正机制，学徒工的成绩合格率达 63% 以上就可获得转正的机会。同时，对未获得转正机会的学徒工给予改变的机会。如果学徒工的成绩合格率没有达 63% 以上也并非永远失去转正机会，而是给予 24 个月的有期限合同，这类似中国的试用期合同。在这 24 个月之内，学徒工将进一步被观察，考察学徒工在这 24 个月内的工作表现、工作效果，以及是否有负面的工作反应。如果学徒工在这 24 个月之内工作做得很好，最后也会被录用转正。

现在这种转正的规定，对学徒工是非常友好的，是一个非常成功的共决的例子。学徒工是一个混合的班级，每一年度的学徒工都来自不同的学校。一方面，他们的知识培训背景不一样，有些是文理高中毕业，有些是普通高中毕业，或者其他的高中毕业；另一方面，他们年龄也不一样，从 16 岁到 18 岁不等。在原来实施 85% 转正率的时候，学徒工之间的关系非常紧张。因为转正率的存在，学徒工们是竞争的关系，每个人都为自己着想，以至于互相之间的猜忌非常大。甚至于自己的笔记，都不会给其他同学看。通过共同决策制度后，以成绩合格率决定是否转正，大家的目标是一致的，彼此之间相互帮助，学徒工之间的氛围一下变好了，有了团结感。这次共决为所有学徒工提供了一个均等的就业机会。即使是第一次没有转正的学徒工，学徒工可以通过这24个月来证明自己，然后得到转正的机会。所以这是共同决策制度在大众汽车一次非常成功的尝试。①

（二）共同决策制度与培训内容的设置

一是共同决定培训的内容。在专业培训方面，职工委员会的参与度很大，对培训内容是什么，员工需要什么样的培训内容，具有结构性、内容性的决定权。青年委员会的代表也会参与所有职业教育方面的专业委员会，他们代表青年员工和学徒工，将其要求和想法表达出来，产生影响。实际工作中，职工委员会以及青年代表组织根据最新的发展要求和员工们及学徒工的诉求，与企业方紧密协商，最终确定企业方提供职业培训的内容。例如，随着智能汽车的发展，工厂对软件编程人员的技能要求越来越高，职工委员会就会与企业方协商，提供关于软件编程新技术应用的培训。另外，职工委员会还会通过德国的工业和手工业联合会主动与各类职业培训的专业机构建立联系，与他们一起继续讨论关于职业培训的内容，与企业方协商制定出明确的职业培训方案，供后续持续开展类似培训。

二是共同决定辅导的程度。辅导程度上的协商，往往存在很大的争议。对于企业方面来说，出于成本节约的考虑，基本上会

---

① 资料来源：大众汽车集团青年委员会访谈资料整理。

按照 1∶30 的比例安排带教师傅，即一个师傅带 30 个学徒工。[①] 这样的比例是合适的。但是从职工委员会的角度（包括青年委员会的角度）来看，情况就不一样了，他们希望辅导的程度更深入一些，认为 1∶20 才是比较合适的；而且在某一些专业领域或者特定项目，甚至需要 1∶5 或者是 1∶2 的方式来安排带教师傅。出现以上分歧时，往往会在职业教育专业培训委员会里进行详细的协商讨论，最后通过共决的方式来决定。

（三）保障学徒工、委培生、博士生利益

学徒工、委培生、博士生等“双元制”职业培训学员的权益保障是共同决策制度的重要内容。首先，“双元制”职业培训学员的培训津贴的标准、涨幅等都是职工委员会、青年代表组织与企业行政方协商共决的。例如，大学委培生每年可额外获得一笔报酬。根据 2018 年签订的集体合同，大众汽车公司员工将获得额外的集体工资，作为新的年度一次性付款。该金额为平均月收入的 27.5%。而大学委培生适用于这项集体合同则是共决的成果。其次，“双元制”职业培训学员在工厂学习的时间以及享受休假的天数也是共同协商决定的。学员除了享受每年 30 天带薪假期，每年 12 月 24 日和 12 月 31 日也可以享受公司规定的带薪假期。最后，通过协商共决提出有针对性的劳动保护。例如，学徒工无须参加生产线上的三班倒工作。

---

① 资料来源：大众汽车集团职工委员会专业助理的访谈资料整理。

（四）在职培训中保障员工利益

在职员工的职业培训中，共同决策制度同样发挥着保障员工利益的作用。首先，通过协商共决保障员工获取技术提升、转岗培训的机会。2019年，大众汽车的劳资协议中有一个“数字化路线图”，职工委员会站在现实的基础上与企业管理层协商，在未来的发展中数字化发展对就业岗位带来的影响，从而为大众内部转岗培训提供依据。例如，大众汽车电气工程师转岗培训为汽车电池的工程师，在新能源汽车快速发展的情况下，未来汽车电池工程师岗位将非常重要。其次，通过协商共决保障在职员工参加培训期间的工资收入水平和参与培训的时间。最后，每期培训人数也需要由企业行政部门、业务部门、职工委员会等共同协商决定。培训人数的多少决定了可以享受公司培训福利的员工的多少，这也是共决的重要内容。

德国作为一个高度发达的工业化国家，职业技术教育走在世界前列。“双元制”职业教育模式享誉世界，是企业与职业学校密切配合、实践与理论并举的职业教育制度，对德国中等技术人才储备起到了不可替代的作用。职业培训工作在大众汽车的发展中发挥着重要作用，而共同决策制度则是推动大众汽车参与德国职业教育的关键。共同决策制度推动了大众汽车开展职业教育的深度与广度，提高了学生参与“双元制”培训、一线员工参与技能提升培训的积极性，有效保障了参与职业教育的学员、员工的劳动权益。

| 第五部分 |

战略发展与劳动关系共决

在传统的经济发展要素中，劳动、土地、技术、企业家等至关重要，是影响企业发展的基础。其中，劳动要素扮演着较为复杂的角色。从发展经济学角度来看，劳动要素一般对应着劳动人口的语境，数量众多的劳动人口可以为经济发展带来成本优势，企业通过成为“劳动密集型”企业，雇佣大批劳动人口从事初级产品的生产或加工，并不断积累企业利润。此后，企业开始进入高级产品的研发和生产之中，并不断推动在技术和企业家要素上的投入，进而推动价值链的持续上移，获取更多的利润。然而，在这个过程中，劳动要素一直处于消极的状态，在人与机器的关系中总是处于下风，并被赋予浓郁的成本色彩。即便在企业转型升级后，劳动要素往往会流转到劳动人口集中地区以继续保持低成本优势，而与此对应的是技术和企业家要素在分配中获取更多的比例。

在大众汽车，劳动者得到了系统的保护，有严格的就业保障，工资福利会稳步增长，劳动者被鼓励提高技能并掌握多项技能，不断对劳动过程和机器运行加以改善。有了安全保障的劳动者会积极地对待企业，用认真负责且持续改善的态度对待自己的工作，并在人机协同中形成很高的劳动生产率。劳动不是可以随意增减的浮动成本，而是与机器一样，都是企业的“固定成本”。因此，从长远来看，劳动甚至是更为重要的固定成本，企业从劳动者长期的技能、知识、经验和精力中获取竞争力。当然，劳动要素对于企业权力结构的参与以及以工会为代表的集体劳动关系制度，是劳动能够作为积极要素的制度基础，大众汽车的劳动关系共同决策制度对于劳动积极性的产生功不可没。

一、公司的治理

我们对于大众汽车共同决策制度的讨论更愿意放在公司治理模式的角度来看待，这样就可以理解不同国家和制度如何看待“企业是谁的”这一根本问题。公司治理（Corporate Governance）是涉及企业权力安排以及经营决策的重要制度。在企业所有权和经营权分离的前提下，股东如何向管理层授权和监督，使其行动符合股东利益，是公司治理关切的核心问题。在这个基础上，通常有两种不同的公司治理模式。第一种是股东模式。在这种模式中，股东价值最大化是企业的基本目标，对股东负责并寻求资本市场最大化收益成为企业管理决策的根本导向。第二种是利益相关者模式。企业的各种支持者，包括雇员、供应商、客户等，在企业里都有发言权，企业管理层在决策时需要权衡彼此之间的利益。

（一）两种公司治理模式

公司治理模式的背后是资本类型的不同。在股东模式背后，是发达的资本金融市场以及涌动的“机构投资者”。这些以养老基金、共同基金、信托机构为主的投资者，采用“投资组合”的方式进行风险管理，即在很多公司持有小股份，并只关心股份是否可以快速且高额回报。这些投资者大多由职业的投资经理来运营，并在竞争激烈的投资业绩压力下，进一步强化短期的投资回报率。股东模式形成了分散化的企业所有权市场，当企业管理经营与投资者期待不一致时，便会大量抛售股票，来迫使企业管理者转变经营决策。一方面，股价下跌会不断提高企业融资的成本，加大企业经营负担；另一方面，股价的下跌和抛售还会带来其他企业的恶意收购，并可能使得企业管理层解散并造成重大个人损失。因此，股东模式中的企业管理者不得不重视来自资本市场中“投资经理”的意见，对企业收益和股价更加关注。

利益相关者模式则是根植于传统以大银行和大企业资本为主的集中化的企业所有权市场。与股东模式中通过股票市场吸收资金不同，利益相关者模式中的企业融资渠道以银行、相关企业以及公共部门为主。这些“耐心资本”并不追寻短期目标，而是追求战略性的商业利益，追求长远的产业竞争力，甚至追求某些公共目标。他们在企业股份中往往占据较大比例，其与企业的关系不仅体现在资金往来方面，也体现在企业战略决策的制订或者监督过程之中。他们往往会向企业派出代表，深度参与到企业的经营活动之中，在获取可靠经营信息的同时，保证战略关系的稳定和长久。因此，利益相关者模式中的企业管理者与股东、工会、地方政府等相关主体是战略同盟关系，并且可以投资那些短期没有回报的项目。

在股东模式中，企业实行的是由CEO主导的单一董事会管理。

CEO 通常也是董事会主席，在选择董事会成员时也起到主要作用，在与其他经理人磋商后，可以单独作重大决策，并对这些决策负全责。而在利益相关者模式中，企业实行的是监事会和董事会共存的双层委员会制度。监事会是企业的最高决策机构，负责投资项目、兼并重组、董事会任命、资本结构变动等重大事项决策，而这些决策也都是由各利益相关主体的企业派驻人员相互协商一致达成的。董事会负责公司日常运营，并向监事会汇报工作，董事会成员基本是公司高管。如果董事会有主席，其作用通常是“平等的首席”，其他成员在他们负责的领域都具有很大的自主权。

社会经济的发展特别是基本经济制度和经济体制的变革，使人们对公司这一商业组织的理解不断加深，对公司目的和公司的价值判断也发生了一定的变化，这直接影响了公司内部决策权的分配模式和公司内外部利益关系的衡量标准。德国是利益相关者模式的代表。按照德国法律，监事会是企业最高决策机构，而监事会的成员不能只是股东代表，还必须有三分之一或者一半的成员来自职工代表，双方共同组成的监事会拥有制定企业大政方针、任命并领导作为监事会执行机构的董事委员会的权力。职工代表在审议企业的年度决算书、经营状况报告、企业利润的分配方案、企业发展计划书等方面具有与股东代表同样的权力。不仅如此，法律还规定董事会中要设立负责劳动关系的董事或者人事董事，其提名权掌握在职工监事的手中。在监事会决策过程中，股东代表和职工代表如果意见相左而使得支持票和反对票票数相同时，代表股东利益的监事会主席在二次投票中拥有两票表决权。但事实上，这种情形非常少见，一旦出现分歧时，双方往往会在二次投票前就进行协商和谈判，而不是简单付诸“少数服从多数”。对于利益相关者模式而言，协商比竞争更重要，参与比结果更重要，决策需要照顾到对方以及更为广阔的多主体利益，同时这种利益也是一种长期利益和整体利益。同时，不同的治理模式有不同的收益分配结构，股东模式有优先获得企业收益的权力，利益相关者模式则将企业的收益优先分配给扩大再生产和劳动者工资环节。[①]

（二）大众汽车的公司治理模式

大众汽车的监事会由 20 名监事组成，其中股东监事 10 名，职工监事 10 名。截至 2022 年，在股东监事中，保时捷家族两席、皮耶希家族两席、卡塔尔集团两席、下萨克森州政府两席、外部监事一席，还有股东代表推举的监事会主席；职工监事中，德国五金工业工会三席、大众职工委员会三席、MAN 职工委员会一席、奥迪职工委员会一席、保时捷职工委员会一席、管理人员协会一席。大众监事会的股东代表呈现了较为集中的结构，其中下萨克森州政府拥有两席，而政府公共目标便是保证地区居民就业，监事会中的政府代表不需要表现为对大众汽车运营与业务决策的直接影响，而是表现为对就业发展和区域责任的关注和期望，这已经超越传统股东利益。在《大众汽车公司法》制定之初，规定

① ［美］彼得 ·A. 霍尔，戴维 · 索斯凯斯等著，王新荣译：《资本主义的多样性：比较优势的制度基础》，北京：中国人民大学出版社，2018 年。

无论股东持有多少股权，股东的最高投票权不得超过公司股份的20%，这就意味着拥有20%原始股份的州政府实际上具有一票否决权。

这对于大众汽车的利益相关者模式至关重要，同时也是防止在股票市场被恶意收购的防火墙。2005年，保时捷发起收购大众汽车行动。[①] 为了规避《德国证券法》中股东持股超过5%必须公示的规定，隐藏自己收购的意图，保时捷公司联合了美林投资银行、德意志银行等多家金融机构通过不同的账户收购大众汽车的股票，持有了31%的大众汽车股份，并一举成为大众汽车第一大股东。然而正是《大众汽车公司法》的这项规定，阻碍了保时捷公司进一步的收购进程，因为政府是反对资本市场的恶意收购进而对企业正常运营和劳动者安全造成的动荡影响。虽然，保时捷公司向欧盟法庭起诉《大众汽车公司法》违反公平交易原则，并在2008年修改了《大众汽车公司法》，取消了对于股东投票的限制，但这为大众汽车留下了宝贵的时间。受到美国次贷危机的影响，大多数支持保时捷公司的金融机构主营业务大幅滑坡，资金的匮乏使得保时捷公司原定2008年底控股50%的目标被推迟到2009年初才实现，并背负了近百亿欧元的沉重债务，无法再有任何进展。此时，现金流充裕的大众汽车开始反制，并得到了政府和工会的支持。2009年，大众汽车出资获得了保时捷公司49.9%的股权，并在2012年完成对保时捷公司剩余股份的收购，100%

① Werner Widuckel, (2003), Paradigm development of co-determination at Volkswagen.

拥有保时捷公司的汽车业务。最终，保时捷公司被大众汽车反收购。

从这个案例可以看出，德国也受到股东模式的影响。随着全球化的发展，德国放松对资本的监管，股权分散化、投资基金规模快速增长，企业间的兼并重组不断发生，这些都使得企业提升股价和短期收益的压力不断提高，这也为资本市场的投机创造了空间。但即便如此，德国企业中的股东、政府、经营者和劳动者之间形成的战略同盟关系依然稳固。为了防止恶意收购，劳动者会在监事会上全力支持经营者。大众汽车对保时捷公司收购的反制就得到了大众汽车职工委员会的全力支持。在 2008 年 9 月 12 日召开的监事会会议上，共有超过 40000 名员工来到沃尔夫斯堡总部大楼前进行示威游行，以支持保留《大众汽车公司法》。大众汽车职工委员会也致函欧盟委员会，表明《大众汽车公司法》关系到大众汽车所有职工代表的共同决策权，并宣称“员工民主原则不能被资本方的大宗股票所破坏”。收购之初，保时捷公司的董事会主席“宰杀圣牛”的言论，更是激发了职工委员会上下保卫大众汽车的决心。在大众汽车反收购保时捷公司的过程中，职工委员会更是全力配合。

虽然《大众汽车公司法》最终被修改，但此次收购后，大众汽车把之前公众持股的分布式股权结构变为高度集中的股权结构。通过控股公司，皮耶希家族和保时捷家族持有大众汽车的大多数股份，加上卡塔尔和下萨克森州分别持有 17% 和 20% 的股份，这三个主要投资者共持有所有股份的 89%，而公众持股证券的份额仅占 11%。股东结构的集中化和主要投资人的主导地位大大降低了大众汽车被恶意收购的风险，同时也直接降低大众汽车对于股票价值变化的依赖性，利益相关者模式更加稳固，公司长期战略的地位明显提高。当然，这并不意味着股票的投资回报或价值变化不再具有意义，因为主要投资者，尤其是保时捷公司和卡塔尔方面还期望通过股票的价值增加而获得更高的投资回报。但现在董事会可以更加充分地证明为什么长期战略要优于短期战略，以实现长期产业盈利目标。

二、企业战略选择

全球化背景下国际金融市场的变化会对企业战略和结构产生重大影响，迫使企业更加关注股东价值和回报率，并可能破坏过去利益相关者之间的可信承诺以及以此为基础的稳定关系。然而面对这种趋势，并不是所有企业都是被动的接受者。实际上，对于那些过去重视长期利益联盟关系的大企业而言，当面对金融市场业绩与其内部管理模式相矛盾时，反而会在利益相关者之间建立更加紧密的关系，以共同应对外部的风险挑战，并在企业战略层面作出更加积极的反应。大众汽车无疑是这方面出色的代表。

（一）两种公司战略

在战略制定领域存在两种方式，第一种是由外而内的战略。这种战略认为决定企业获利能力的首要因素是“产业吸引力”。企业在拟定竞争战略时，必须深入了解决定产业吸引力的竞争法则，把竞争者、客户、供货商、员工置于战略流程设计的出发点，并在此基础上进行产业定位，采取低成本或差异化的竞争策略，并把战略分解到企业内部管理的方方面面。第二种是由内而外的战略。这种战略认为企业竞争优势取决于是否能以低成本、超过对手的速度构建核心竞争力。企业核心竞争力是建立在核心资源基础上的技术、产品、管理、文化等综合优势在市场的反应，是企业在经营过程中形成的不易被竞争对手仿效并能带来超额利润的能力。

两种战略是在特定环境下的选择。如果环境稳定，企业倾向于在产业中进行差异化战略或市场细分战略，实行渐进式创新，并在长期雇佣关系上努力进行人力资本投资。如果环境快速变化，企业倾向于选择低成本且灵活的竞争战略，利用核心资源孤注一掷地进行战略决策或破坏式创新，迅速进入新产品市场和开发新产品，从而获取先发优势。从时间的先后顺序来看，两种战略实际上很难兼得。一个企业的成长往往源于产业的发展，产业为企业发展以及稳定的运营方式源源不断注入资源。然而随着产业成熟度的上升以及利润率的降低，企业很容易作出退出旧有产业并进入新产业的决策。如果没有约束，这种转型会进行得非常快且彻底，尤其在股东模式的框架下，企业战略制定者与股东投资者的动机是高度一致的，在股票市场的驱动下，会迫使企业快速进入那些高利润的新兴产业。然后，由于新领域的陌生性和不确定性，企业并没有建立起新产业需要的核心竞争力，很容易陷入过去长期依赖的保守思维方式，从而导致企业在新兴领域投资失败并最终造成战略失败。这样的商业例子比比皆是。

实际上，环境稳定问题是指信息的不确定性问题。企业是在大量复杂的信息基础上制定战略的，而许多信息是不透明或模糊的。这里既有企业之间的信息壁垒所带来的横向信息不对称问题，也有企业内部科层之间的信息壁垒所带来的纵向信息不对称问题。当企业面临环境的不确定性越大，也即意味着风险性越大，这就越依赖企业管理者的判断以及个人权威，强调内部决策执行效率，并不断通过减少科层、弹性雇佣、加大绩效差距等缩减成本的战略单边模式予以强化，以期在迅速变化的市场上取得先发优势。当制度环境的信息是确定的时候，企业很可能实行的是基于产业的战略多边模式。德国作为莱茵模式的代表，在横向信息方面，国家和地区层面具有代表性的社团主义模式有助于企业之间的协调，缓和同行业内企业之间信息不对称带来的冲击。同时广泛存在的产业工会和雇主协会，抑制了企业有关劳动力的竞争，协调了工资，分摊技术开发与成本，推动劳动者技能升级，满足了雇主对于劳动力市场稳定的需求。在纵向信息方面，企业内部职工委员会的设置减轻企业管理层与雇员之间信息不对称问题，双方在不断取得共识的基础上进行了信息交互，同时工人被授予广泛的自主权，帮助企业推动渐进创新。

（二）大众汽车的战略互信

大众汽车在近百年的发展历程中，能够长期耕耘汽车产业并不断发展壮大，得益于其卓越的企业长期战略。一方面，作为一家典型的德国企业，悠久的社会对话机制以及和谐的产业环境，为其发展提供了稳定的外部环境。这种以协调市场经济为特征的环境为企业提供更多的是合作关系而不是竞争关系，大众汽车与供应商、客户、合作者、工会、行业协会、政府等利益相关者保持着良好的合作关系。在这种可预期的稳定环境中，大众汽车可以围绕高质量、高附加值的产品来定位自身的竞争战略。另一方面，共同决策制度成为大众汽车内部劳资关系的团结机制。通过制度化的参与方式，劳资双方分享大量有关自身利益和信念的信息，不仅增强工人对企业战略的信心，同时也增强企业战略制定的合理性和可持续性，劳资双方由此形成利益共同体和命运共同体。劳资之间的战略互信成为大众汽车最为持久的核心竞争力，这种互信得到国家和社会层面的认可，企业在发展过程的各项决策都有员工的广泛参与，都能得到员工的支持和理解，从而大大减少了内部信息不对称的问题，保证企业具有卓越的战略执行力。

今天，大众汽车劳资之间的战略互信已经成为大众企业文化的标志。大众汽车第一任总经理 Heinrich Nordhoff 曾经说过一段名言，“一个企业的价值并不是由它拥有的建筑、机器或是银行里的钞票来决定的。只有为此而工作的人，以及决定这一行为的精神，才是企业的价值所在。”在大众汽车的企业文化中，强调“经济效益和就业保障同等重要”“以合作解决冲突”“通过信任，协同员工来促进转变”“共同承担责任”“一致的可持续发展观”“参与的文化”。可以看出，大众汽车强调不是单向的管理关系，而是一种双向的平等关系，这种关系背后是因为大众汽车的员工拥有参与到企业管理活动的权利和机会，企业也积极寻求与员工的合作，以形成稳定的劳动关系和经营秩序。

大众汽车战略互信能力的形成取决于共同决策制度的基础性作用，正是由于工人集体权利的保障，使得企业管理方不得不认真对待这样一支强大的工人力量。企业对待他们的方式不是消灭，而是更好地妥协和包容，形成企业发展的整合性力量。当然，战略互信能力的形成还必须找到双方共同利益的基点，如果把这种基点放在传统的工资福利分配上，则可能陷入“囚徒困境”下的零和博弈，最终会导致无法调和而关系破裂。大众汽车在长期的发展历程中，逐步找到了这个战略基点，那就是就业保障。在大众汽车的企业目标中，特别强调就业保障和经济效益同等重要。实际上，就业保障和经济效益获取似乎是一个比较难以平衡或者非此即彼的关系。就业保障经常作为劳动力成本要素，在企业需要经济效益的压力下，通过裁员等压缩劳动力成本方式来换取经济绩效。尤其在股东模式下，就业保障往往被认为是政府责任，企业应当根据外部市场环境变化和内部经营水平变化，形成灵活的劳动力聘用和解雇决策，进而增强自身经营弹性，企业只需要对资本负责而不需要对劳动力履行保障义务。

然而，裁员对组织的伤害却是长远的。对于利益相关者模式而言，裁员意味着企业对于政府、工会以及员工承诺的改变，从而让其在行业内声誉、政府支持以及社会认知方面受到很大的影响。岗位不仅意味着企业与员工关于薪资的劳动合同，更是一种长久的相互依存的心理契约，而裁员则是违背了这种承诺。尤其经历裁员后的员工没有了安全感，对自身前途充满疑虑，这些“幸存者”不知自己的位置是否牢靠，对公司的战略方向也无从把握，他们可能自问是否下一个厄运就会降临到自己头上。由此，企业员工精神开始萎靡不振，丧失工作热情，还可能造成毁灭性的心理打击，其结果不仅使企业丧失宝贵的人力资源，而且因出现怠工行为、躲避行为，极大地降低组织绩效，管理学界把这种现象称为“裁员幸存者综合征”。“裁员幸存者综合征”促使组织运行功能发生紊乱，组织义务、忠诚、业绩和创新无法实现，这也是许多企业一蹶不振的原因。

大众汽车在发展历程中，数次碰到经济危机。20 世纪 70 年代，由于石油危机、甲壳虫单一产品的过度依赖以及日本汽车竞争的冲击，企业持续大亏损。20 世纪 80 年代，由于自动化生产线的引入和国际化战略的实施，企业面临大规模冗员的难题。1993 年，产能扩张与市场需求脱节带来巨额亏损。2004 年，大众汽车虽然创下了“首次售出超过五百万辆汽车”的新纪录，但当年整个集团的销售回报率仅为 1.8%。2008 年，全球金融危机以及数字化战略转型使得企业用工需求大幅减少。大众汽车总是在处理由于产能削减、成本控制与技术升级带来的劳动力过剩问题。但无论怎样困难，大众汽车在监事会共同决策制度的框架下，坚守就业保障的承诺，最大限度地保障员工就业岗位。在企业员工的大力支持下，每一次的风险挑战反而形成了大众汽车上下同心，共渡难关的战斗力和凝聚力，成功推动企业不断地发展进步。

（三）将就业保障作为战略要素

就业保障如果作为成本要素的话，能够让大众汽车走出经济危机的唯一方法，便是大力提升劳动生产率，以对冲不断扩大的劳动力成本。也就是说，劳动力富余的问题要逐步转变为如何更好提升企业效率的问题，即用更高的劳动生产率来减少或避免裁员的发生。需要特别指出的是，在股东模式下，这种对冲方式很难成行。由于企业内部纵向信息存在严重不对称的问题，劳资双方很难取得相互的信任，劳方会质疑资方裁员只是借口，而资方也会怀疑劳方是否甘愿提升生产效率。因此，裁员问题很容易带来劳资冲突和极端化的趋势，并长期影响企业的劳动关系氛围。大众汽车因为有共同决策制度的支撑，职工委员会拥有让雇主告知其企业相关一切事务的权利。企业管理方不能以构成商业秘密为由拒绝提供信息，倘若该信息的确是秘密的，只能责成职工委员会不能把信息透露给第三方。在劳资双方信息交互的推动下，双方对于企业经营的困难是能够取得共识的，而要避免裁员，就只能提升劳动效率和企业效率，提升的各种手段也会得到工人的广泛支持。

大众汽车把就业保障作为战略要素，在推动劳动生产效率提升方面经历了由表及里的深化过程。

在第一阶段，劳动效率的提升主要通过缩减用工成本来实现，而其中最重要的手段就是工时灵活化。1993 年，大众汽车的集体合同中开创了四天工作制，将工作时间缩减至四个工作日，每天工作 7.2 小时，每周工作 28.8 小时，并同意该政策持续到 2006 年。缩减工时是在降低企业成本和就业保障平衡关系下的选择，对于企业而言，通过缩减工时可以减缓人工成本增长的压力；对于工人而言，在保住就业岗位基础上可以拿出更多的时间用于休闲度假和家庭，让工作生活更加平衡。同时，缩减后的工时可以用来增加就业岗位，从而避免企业在经济发展下长期裁员。工时调整成为大众汽车重要的管理政策，也被同行追寻模仿。此后，大众汽车还推出“工作时间账户”，将工时作为“资产”，除了通过支付加班费的方式外，主要通过调休的方式来实现对劳动者的补偿。其中的“长时间工作账户”，即通过较长一段时间的连续加班，积累的“盈余”足够调休半年甚至一两年，乃至提前退休。时至今日，提前退休成为大众汽车主要的“裁员”方式。

在第二阶段，大众汽车在工时灵活化的基础上，进一步推动岗位灵活化来提升劳动效率。2001 年，大众汽车开创了著名的“汽车 5000”项目。大众汽车管理层本想把某车型生产线迁至斯洛伐克，以利用当地更低廉的人力成本。但在最终监事会的决策中，该车型保留在德国，成立一个新的子公司，即“‘汽车 5000’有限责任公司”。该公司实施不同于大众汽车的集体合同，在其集体合同中，工作时间被约定为每周 35 小时，同时劳动报酬可以低于大众汽车集体合同的工资标准。这也就意味着，相比于以往集体合同的规定，“汽车 5000”项目的工人具有更长的工时以及更低的薪酬。最终“汽车 5000”项目招聘了 5000 名新员工，其中 3500 名员工是之前生产线转移所造成的失业者。可以看出，“汽车

5000”项目是高人工成本和迁厂之间的折中方案，为了避免迁厂带来的失业问题，大众汽车打破过去大一统的用工方式，形成了内部劳动力市场，实施不同的岗位结构以及工时工资政策，具有了相当程度的灵活性，保证了企业竞争力和就业保障之间的平衡。

在第三阶段，提升劳动效率的方式不再只是单向的成本控制，而是着手于通过流程优化来提升生产效率。2006 年，大众汽车开始推广“大众之道”。“大众之道”是以丰田精益生产方式为原型，通过建立学习型组织团队以及持续不断的改善优化，来提升劳动生产效率和企业竞争力。改善优化包括了流程的优化、成本的优化以及岗位的优化。这些优化的前提是工人对劳动生产过程信息的完全共享，是基于提升企业效率重要性的认同。同时，“大众之道”中所有的决定必须有员工的参与，优化的过程如果带来岗位的消失，大众汽车就要为其找到新的岗位，并通过提供培训让员工适应新的工作岗位，同时工资收入不降低。让员工在学习型的组织中不断学习来提升自己的工作技能，来适应新的工作岗位，而不是通过裁员。在这样的就业保障下，员工主动深入工作组织的技术设计和理念之中，通过提出专业的建议来优化工作组织的生产流程，以提升企业的竞争力，核心目标就是提高质量、劳动生产率和客户满意度。

在第四阶段，提升劳动效率的方式不再局限于生产场所，而是开始聚焦于企业和产业层面。一方面，“大众之道”深入企业管理的方方面面，覆盖了企业的所有部门以及供应商的管理体系，大量经营信息的累积使得员工和职工委员会可以从企业管理的高度去斟酌和审视自身诉求的合理性，考虑到就业保障和产量、物流成本、零部件生产、销售前景等方方面面的关系，更加关注企业的整体发展，并以企业的变革进程作为行动导向，从而使得就业保障与企业战略更加紧密贴合。另一方面，职工委员会积极参与到企业产品和投资战略之中，对产品发展及其相关产能和就业影响进行战略评估，职工委员会实际上已经成为战略专家和企业运营专家。在这种战略能力的支撑下，职工委员会可以参与自动化生产线的设计，劳资双方的集体合同不仅是关于薪酬福利的调整方案，而是要列出企业提出的具体产品生产规划承诺，包括当前和未来产品。其中，对于生产基地的投资往往成为重要的战略输出。当企业面临经济下行压力需要减员时，职工委员会往往要求投资相应的生产基地作为补偿。从长远来看，投资有利于生产基地的可持续发展，并形成对未来用工需求的保障。

可以看出，在就业战略要素的推动下，大众汽车获取了一种战略核心竞争力，一方面，这种竞争力体现在企业稳定性与灵活性的平衡，通过制度化的就业保障，大众汽车保留了稳定且有深厚技能积累的工人队伍，同时也形成了灵活的内部劳动力市场政策，在工时、岗位等人事政策上形成了一种弹性的“可呼吸”结构。大众汽车一直秉持“中线人事政策”，所谓的“中线”，是指人事政策需要兼顾职工保障和企业发展，以求同时对工作氛围与生产效率产生积极影响。在经济不景气的情况下不裁员，通过短期工作来保障就业；在经济繁荣期间灵活化用工，增加加班、轮班班次，聘用短期合同员工。另一方面，这种竞争力体现在劳资的战略互信上，大众汽车通过长期的就业承诺获得了员工的“民心”，劳方代表不断演变成企业管理专家，并主动与企业管理层达成合作，共同致力于实现加强企业竞争力的目标，帮助企业克服成本困境带来的生存危机，积极参与政策制定，保证利润增长和生产灵活性。正因为就业战略要素的推动，大众汽车并没有像股东模式企业那样，不断进出新的行业领域以获取利润增长点，而是长期扎根于汽车产业，利用和经营好劳动者这个“重资产”，以获取持续深厚的产业经营能力。通过劳动者提升企业运行效率，又通过生产基地扩充吸收富余劳动者，从而形成了大众汽车效率和规模不断正向循环的结果。大众汽车已经成为当今世界汽车产业举足轻重的“巨无霸”。

三、共同决策与精益生产

大众汽车的利益相关者模式不仅在监事会决策层面，同时也进入生产领域。汽车工业的生产组织方式经历了比较大的变化，从大规模生产到精益生产。不同生产组织方式中，最为关键的是如何处理人与机器的关系。大规模生产中，人是分工体系中的“螺丝钉”，要服从机器；而在精益生产中，人的积极性被充分激发以促进生产效率的提高，机器服从人。“大众之道”是大众汽车共同决策制度在精益生产领域的成功应用，其价值在于通过制度化的工人权利持续保障工人积极性的产生，促使在生产流程和生产方法上的持续改善，形成了权益保护和劳动生产率提升的动态平衡，并不断提升共同决策制度的产业深度和战略质量。

（一）大规模生产方式

汽车工业的发展兴起于福特的大规模生产方式。为了破除以往单件生产的劳动效率低下等问题，福特在T型车的生产方式上采取了全新的流程。一方面，福特坚持零部件全部标准化，不需要特别打磨和再加工，同时大量减少零件的种类和数量，直至零件可互换。这种方式不再需要技艺高超的装配工人，工人的角色转变成只需要简单安装的“组装工”。另一方面，福特开创性地推出移动装配线，总装线把汽车送到工人面前，工人减少无效走动，持续保持工作的状态，同时促使所有岗位的工人加快工作节奏。大规模生产方式对于提升劳动生产率无疑是划时代的，福特一位装配工的平均工作周期由过去的514分钟减少为2.3分钟；在使用移动装配线后，这个时间周期又进一步缩短到1.9分钟。①

随着零部件的可互换，工人也可以互换。工人不再需要高超的技艺，也不需要打磨零件、寻找和修理工具、检查质量，只需要执行简单的任务，可能只是套螺丝或者装车轮。同时，为了能够跟上移动装配线的速度，他们需要遵守工作纪律，车间里面有众多严苛的领班或者工头，要负责监督工人的工作状态，并随时替换不合格的工人。在这种“概念与执行分离”的泰勒分工体系中，企业出现了专门设计组装流程以及改进工艺流程的工程师群体，他们收集过去工人身上的技艺部分，通过科学的知识体系进

① ［美］詹姆斯·P. 沃麦克等：《改变世界的机器》，北京：商务印书馆，1999年。

行归纳总结，并设置和安排生产任务，交给那些被“去除技艺”的工人去执行。

在这种生产体制下，一线工人是没有职业前途的，他们只是机械的体力工人，并随时有可能被替换。1915 年，福特海兰公园工厂的总装工人人数超过 7000 人，大部分都是刚到底特律的农场农民。在工作过程中，工人不会有职业伦理感，不愿意提供有关操作运行的情况，也不会对改进操作提出建议，因为这些都是工程师的责任，他们只有“动作”而已。这带来一个重要的问题，为了保障移动装配线的速度，零部件的差错以及组装的差错没有得到工人及时的纠正，并在后期的工序中不断形成倍增效应，并最终造成劳动力、材料和时间上的巨大浪费。在大规模生产的要求下，虽然装配速度得到极大的提升，但与之相伴的是工人责任心的丧失以及大量返工现象的产生，大大影响产品质量，这些都直接反映到企业的运营成本中。

（二）精益生产方式

20 世纪 70 年代，美国汽车工业遭受日本汽车的强大冲击。以丰田为首的精益生产方式由于具有更好的产品质量和成本控制优势，逐渐取代了大规模生产方式，并成为全球汽车产业主导的生产组织方式。一方面，精益生产能够根据市场环境变化而动态调整，转变过去工厂单一主体的管理方式，通过把工人、零配件厂、经销商等多主体纳入生产组织体系之中，调动各主体的参与积极性，从而能够更快地适应市场需求并更好地降低成本。另一方面，精益生产的理念实际上是利益相关者模式在生产组织方式中的体现。生产过程和企业经营过程中充分吸收和考虑多方主体的想法，在产品设计、工艺流程优化、配件标准、销售渠道方面予以积极的体现，从而使得精益生产相比于大规模生产而言成为一个“更为庞大的机器”，同时也更加精准有效，这就是著名的“即时生产系统”（JUST IN TIME）。

工人是精益生产方式的核心要素，调动工人的积极性，最大限度地增强工人的责任心，使之能够快速发现生产问题并进行改进改善，成为精益生产的核心特征。在新的劳动体制中，工人不再是孤单的岗位个体，而是分进了不同的团队。团队中的工人需要学会多种技能，所有工种，大家轮换干，工人们可以彼此替代。团队会选出一个组长，其不再扮演大规模生产方式中监工的角色，而是团队的协调者；其本人也要承担组装任务，特别是团队内有人缺勤时，由组长来顶替工作。在完成工作任务后，组长需要组织团队，专门拿出时间集体讨论，对改进工艺流程提出建议，鼓励工人主动思考问题，以便能够在问题变得严重之前就提出解决办法。

责任心是建立在权力基础上的。精益生产中的企业需要对工人赋权，才能换回工人对企业的责任心。精益生产的车间中，实行的是“看板管理”，生产的全部信息，包括日生产目标、当日生产的汽车数量、设备故障、人员短缺等都在显示屏上展示出来，所有工作岗位上的工人都可以看到。而在大规模生产时代，这些信息都是管理者独享甚至不愿意让工人知道的信息，因为相互之间没有信任的基础。精益生产中工人权利的象征是工序台上的

“拉线”，每一个工序的台位上设置了一根拉线，企业会叮嘱工人，只要组装线上出现了问题而他们又解决不了时，就可以立即让整条生产线停下来，然后整个团队的人都过来一起解决问题。对于汽车工厂而言，停止生产线的决策事关重大，涉及上下游各个环节，会带来重大的影响，然而这项权利却可以如此“轻易”赋予普通工人。这种情况产生了一个不可思议的反差，在大规模生产方式下，工人们没有停止生产线的权利，生产线却因为各种各样的故障常常停下来；而当精益生产的工人们拥有这项权利时，生产线实际上从来没有停下来。[①]

（三）“大众之道”的实践

精益生产方式在本质上是一种相互承担义务的体制。工人和雇主同甘共苦、相濡以沫，企业有珍惜熟练工人的意识，为留住他们作出牺牲并愿意赋予团队责任，工人有珍惜工作岗位的意识，愿意为工作和改善投入更多的精力和经验。当这一体制正常运转，就会使体制中的每个成员产生积极参与和促进不断改善的意愿，这正是精益生产方式的实质和核心。然而，在精益生产方式不断取代大规模生产方式，变得更加流行时，却显现出精益生产理念和技术相分离的趋势。当那些实行大规模生产方式的汽车企业纷纷实行精益生产方式时，对工人而言，精益生产方式可能比大规模生产方式更不利。管理者试图证明系统中存在“松弛”现象，

① ［日］大野耐一著，谢克俭、李颖秋译：《丰田生产方式》，北京：中国铁道出版社，2016 年。

包括浪费工时、工人超员、库存超量等，并通过精益生产方式消灭全部松弛点，包括把富余的工人裁减掉、加大工人工作载荷等；工人提出的不断改善生产方式的建议换来的结果居然是更累，甚至失去工作岗位，这严重违背了以工人为本的精益生产理念。

推广过程中面临的问题提醒我们，精益生产是需要建立在制度化的工人权利基础上的。没有权利的工人注定处于心神麻木的状态，对于改进工作环境束手无策；如果拥有权利，工人就能提供创造性张力，主动应对各种挑战。一方面，工人需要就业保障的权利，日本企业的终身雇佣制是精益生产的重要制度基础。企业对工人的就业保障提供承诺，即便在汽车市场疲软的时候，也不会裁员，企业与工人之间有长远的心理契约，劳动力已然成为与机器同等重要甚至更为重要的固定资产。因为机器总会折旧和贬值，而在雇佣保障下的工人则会不断提高技能，企业可以有效发挥他们在知识和经验方面的作用，从而产生更大的经济效益。另一方面，除了就业保障的被动权利外，工人还需要能够抵御企业单边决策的主动权利，使企业在各项政策中始终考虑到工人的利益。这就是民主管理的权利，工人或工人代表可以去影响组织决策的权利。通过民主管理的平等参与、充分知情、决策透明，维护了企业内部原有的工作关系，提升了员工对自身价值的肯定和对企业共同体的认同与责任感。

大众的精益生产建立在坚实的工人权利基础之上。2006 年，大众汽车股份公司的大众品牌总职工委员会、大众汽车萨克森有限公司和德雷斯顿汽车制造有限公司的职工委员会共同签署了

“大众之道”框架协议。“大众之道”以大众汽车生产体系（VPS）为基础，全面推广精益生产模式，通过持续的“KVP”（持续改进流程），不仅要做到杜绝浪费、实现卓越质量、提高生产力和提高客户满意度，还要通过提高参与度让员工更理解、更接受生产流程的改进，提高员工的热情、能力和满意度，并最终实现公司可持续竞争力和就业保障。经过多年的发展完善，大众汽车生产体系目前由四个核心要素和六个流程工具组成。大众汽车生产体系的核心要素包括团队合作（班组工作）、目标协议流程、目视管理、持续改进流程；大众汽车生产体系的流程工具包括工位组织、物料管理、过程质量控制、全面生产维护、标准化操作、整体组织发展。这些要素和工具是利用现有规定以及“大众之道”执行小组的内部和外部经验来进行定义和开发的。

“大众之道”中的工人权利有三个层面。第一个层面，“大众之道”是大众汽车劳资双方集体协商的结果。2006 年，大众汽车与工会和职工委员会之间签订了关于“大众之道”实施的集体合同和劳资协议。在协议中，双方承诺要应用“大众之道”带来生产力提升，同时承诺对效率的追求不会对可持续发展和未来就业产生影响。第二个层面，在推行“大众之道”时，职工委员会委员、工会信任人与企业管理者一起围绕三个问题沟通讨论：“一是多余的工作岗位如何处理？二是有些功能被改善掉了，对工人工资的影响如何处理？三是生产效益提高后，收入和利润提高后，如何分配？”双方在讨论这些问题的解决方案时，则一直秉持集体合同确立的原则，包括员工不会失去工作、工资收入不会受到影响、有技能提升的机会等。第三个层面，在执行“大众之道”的过程中，企业管理改善目标必须通过目标协议的方式来达成。改善目标是由管理层根据公司战略中规定的规格自上而下制定的，但这些目标如何达成，必须通过主管和工人或者工人团队之间相互接受的协议来达成，而不是简单的命令执行。工人或者工人团队可以对目标的可实现性以及必要的措施和资源发表意见，必要时可拒绝目标协议，也可以为目标协议给出自己的补充建议。如果双方都没有达成一致同意的目标协议，则交给上一级的劳资双方进行协商解决。

可以看出，“大众之道”相比于精益生产，员工的参与度更高、参与范围更广，小到工作环境和条件的改进，再到生产线的设计即各流程环节的布局，大到投资设厂等决策，员工都有权参与。“大众之道”在强调提升劳动生产率的同时，不一定要精简人员或者增加劳动强度，可以通过减少和避免不必要的流程来实现。在这个过程中，员工不需要担心提升生产效率会导致工作岗位消失，也不需要担心生产方式的改变会减少其工资收入，只需要不断提出优化建议，促使生产线和生产流程不断改进，甚至工人自身都有权利参与到生产线的设计。“大众之道”是精益生产与共同决策制度的联合共同体，共同决策制度为员工在工作场所的权利提供了制度层面的保障，精益生产则使生产效率提升成为企业劳资之间的“黏合剂”，让员工相信企业的竞争力和可持续发展是维护员工利益的基础。同时，通过“大众之道”，共同决策制度下沉到工作场所，职工委员会的工作内容更加繁重和细化，与相关部门的沟通协调更加频繁，这也推动职工代表更加专业化和体系化，并增强了其在企业战略和管理决策中的地位，并为“大众之道”的实施构建更加坚实的管理基础。

四、工会与职工委员会

大众汽车工人权利的制度性保障，自然与工会的作用密不可分。欧洲作为工业革命以及大规模工人运动的发生地，工会始终是一股强大的政治和社会力量，其通过自身庞大的组织基础以及大规模社会动员能力，影响和形塑了欧洲国家的主要政治经济制度，并成为国家和企业的主要对话伙伴。与此同时，工会的触角不仅停留在会员服务层面，而是借助国家法律制度，延伸到社会运行乃至企业运营的方方面面，成为欧洲国家的社会基础乃至生活习惯。大众汽车劳动关系共同决策制度的实施，离不开工会组织以及职工委员会的重要作用，劳动要素的积极性被充分调动，使得大众汽车可以长期深耕汽车产业，这也是大众汽车在企业经营领域能够长盛不衰的制度密码。

（一）战略工联主义和商业工联主义

对于企业战略和经营而言，工会是重要因素，但却存在截然相反的认知。一方面，工会是以“垄断的面孔”出现，因为工会的垄断力量，导致工资提高在完全竞争的市场条件下，扭曲了收入分配，带来企业就业水平和产出的下降，进而损害整个市场经济效率。另一方面，工会往往又是工人的“代言人”，工会能够成为工人诉求表达的正常渠道，从而能够在冗长的组织科层体系下起到信息交流、员工关怀以及稳定员工队伍的作用，进而改善企业经营管理效率，带来更好的经济稳定性以及促使工作场所的社会公平。实际上，工会以何面孔出现，与国家治理方式和公司治理模式密切相关。在市场经济国家中，工会模式可以分为战略工联主义（Strategic trade unionism）和商业工联主义（Business trade unionism）。

协调市场经济国家的工会大多是战略工联主义模式。受到两次世界大战的影响，摒弃阶级对立，致力于国家建设，成为战后欧洲国家的社会共识。在此背景下，合作主义（corporatism）成为欧洲主要国家的政制建构。根据国家形势为谋求各种经济和社会目标之间达到平衡状态，而在政府、工会组织和雇主组织之间实行三方伙伴主义，从而形成“主要利益集团之间的制度化合作”（institutionalized cooperation among major interests）。其中，工会组织、雇主组织与执政党之间常常被称为社会对话伙伴，是国家的主要利益相关者。工会与执政党、雇主组织形成良性互动，工会不把自己的活动局限于工人的本身利益问题上，而是考虑到自己对国家社会经济和企业发展的总体责任，工会的作用要超越狭隘的劳资关系领域，呈现出一种宏观的、战略性的、全方位的态势。

自由市场经济国家的工会则是商业工联主义的代表。工会单纯为会员争取利益是这种模式的核心。这种被称为“面包和黄油”的工会主要关注工人眼前的经济利益，尤其是工资和福利。工会会员付钱来购买包括利益代表和集体谈判在内的专业服务，而工会通过支持主流政党的候选人来换取政策上的照顾。工会也对宏观政治不感兴趣，精力主要用在会员的经济改善方面，并频繁利用罢工等手段分享企业利润以及争取体面的工作条件。在股东模式下，商业工联主义日益呈现对抗姿态。以实现股东利益为核心的企业想方设法绕开工会，无论是采用柔性的人力资源管理，还是大量使用反工会顾问组织，都能看出企业对工会的高度戒备和厌恶；而工会则只能用罢工等“撒手锏”与之斗争，并用更激烈的态度进行更高的工资要价，以满足工会会员的需求。劳资双方由此形成恶性循环，这也是为什么英美等国家的制造业资本跨国迁移以及工会密度持续大幅下降的重要原因。

（二）德国工会的合作主义

德国是战略工联主义的代表。虽然德国法律保障工人结社的权利，产生了各式各样的工会，但总体上呈现了集中式工会结构。德国工联是德国最大的工会组织，并形成了以行业工会为主的代表性结构，德国的工会会员基本被八大行业工会覆盖，分别是五金工业工会（IG Metall）；服务行业工会（Ver.di）；矿产、化工和能源行业工会（IG BCE）；建筑、农业和环境行业工会（IG BAU）；食品、消费和餐饮酒店行业工会（NGG）；铁路和交通运输行业工会（EVG）；教育和科学行业工会（GEW）以及警察工会（GdP）。行业工会代表了本行业的全体职工利益，与政府以及行业雇主组织一起，深入参与到有关行业发展和治理的各种政策制定之中。

在企业层面，德国工会的合作主义体现在两个方面，一个方面是企业与产业工会的关系，另一个方面是产业工会与职工委员会的关系。产业工会作为行业性组织，其主要职能是与行业雇主组织一起推动行业集体协商的开展，通过集体协商来确定本行业的工资增长幅度以及行业性的劳动标准。一旦达成集体合同，企业就需要遵守其中的规定，并受到法律的保护。这样一种设计，可以使得最具有结构性矛盾的工资问题提升到行业层面来协调解决，从而减少了职工委员会在企业中代表维护职工利益的压力，也使职工委员会主要以合作姿态参与到企业管理运营之中。德国的《企业组织法》规定，职工委员会必须真诚地与雇主合作；职工委员会必须每月与雇主会面一次，并且设法以一种“诚实的精神”解决出现的问题；职工委员会不可支持特定政党的立场；职工委员会不允许组织罢工；职工委员会不得从事会妨碍工厂中社会和平的活动。①

这些规定确定了德国企业处理劳资关系是以寻求并达成共识为基准的原则，职工委员会虽然参与企业内部各项规则的制定，但并不参与集体合同的协商制定，因此也不允许使用罢工这样的劳动斗争方式。但这并不意味着职工委员会没有“斗争手段”，因为产业工会与职工委员会还有重要的关联。产业工会在企业中大力发展会员，而职工委员会又是由职工选举产生。因此，如果产业工会在企业覆盖面很大的话，职工委员会就会有鲜明的工会色彩，并通过职工监事参与到企业经营决策之中。德国五金工业工

① ［德］鲁道夫·特劳普－梅茨，岳经纶编：《中国产业民主——兼论德国、韩国与越南》，北京：中国社会科学出版社，2012 年。

会在汽车行业具有相当大的影响力，在大众汽车的会员覆盖率能够达到百分之七八十。2022—2026 年度，五金工业工会党团的职工委员占了沃尔夫斯堡工厂 73 个席位中的 66 个（90.4%）。大众汽车现在的职工监事中，就有两位来自德国五金工业工会。这样一来，产业工会和职工委员会构成了德国工会合作主义的双元结构，工会和职工委员会有着清晰的权责分工，一方面，职工委员会把拥有“罢工权”的产业工会作为核心利益的代表机构以及最后的“撒手锏”，为职工委员会在企业层面的合作形成充分的空间；另一方面，产业工会通过职工委员会介入企业经营决策之中，从而能够更好地理解企业经营，能够顾及企业利益，保障企业的健康发展，最终促进总体且稳固的合作主义结构。

（三）合作主义的经济效用

劳资合作主义的结果对于企业具有重要的经济效用，并体现在三个方面。其一，由于合作主义可以使员工诉求得到充分尊重和表达，可以有效降低员工离职率，雇佣和培训成本也随之降低，工作团队得到延续和巩固。长期稳定的劳资关系也会激励企业增加投资以培养员工技能，对专有技术进行投资，从而总体上提高企业生产率。其二，合作主义中的工人声音为管理方也提供了生产一线的重要信息，为调整管理方式和制定管理政策提供了重要基础，而这些促使管理方采取更合理的人事政策，并对生产以更严谨态度进行监督管理，从而减少了生产组织上的松弛，进而提高生产率。其三，合作主义产生了工资增加的事实，但也促使企业改变人均资本占用水平，提高劳动力素质，加快技术进步的速率，为劳动力更新设备，引进和投入新技术的研发，从而加快企业生产效率提升。

上述的分析是基于经济学的成本收益角度的分析，实际上，企业劳动关系状态是决定生产率提高还是下降的关键因素。工会对生产率的影响作用，不仅取决于劳方和资方各自的行为，也受到双方相互关系的左右。如果劳资关系良好，管理方和工会团结合作做大蛋糕，并争夺各自的蛋糕份额，那么工会就有可能使生产率升高。如果劳资关系是恶劣的，管理层和工会没有共同的目标而相互争斗，生产率可能因工会化而下降。如果企业把工会作为生产车间的一种积极力量，从长期的角度而言，那些做积极反应的企业将变得兴盛，那些不做积极反应的企业将在市场上处于不利的地位。发端于美国的金融危机虽然也波及德国，但与其他发达国家相比，德国企业的业绩恢复速度是相对较快的。劳动者利用监事会要求经营者重视企业的长期发展与技术革新，由此减少了金融危机对企业的影响。大众汽车数次在经济危机中的解困，也得益于坚实的劳资合作主义传统。

在大众汽车，工会一直是积极的战略合作要素，从职工委员会的设置以及工作开展就能看出这种合作的广度和深度。职工委员会紧跟大众汽车投资的步伐，大众汽车的各品牌以及工厂都设有职工委员会以及大量的专业委员会，广泛吸纳来自职工中的专业化人才，大众汽车沃尔夫斯堡厂区职工委员会就下设 23 个专业委员会。在合作层次上，职工委员会主席会与生产基地负责人以及人事主管就战略议题进行协商合作；职工委员会常务委员和相关职工委员与厂长以及生产部长就公司厂区劳资协议协商合作；企业专业委员会中的专家与职工委员会的专家以及专业助理就相关劳资议题进行协商合作；基层领导、人事专员与基层职工委员就日常工作进行协商合作。职工委员会不仅是职工利益诉求的表达，而是深化到生产一线运营、产品规划、技术改造等领域专业化力量，无论在战略层面还是运维层面都具备了专家的素养和能力，他们与企业管理者紧密合作，共同推动大众汽车的繁荣进步。

在全球化的浪潮中，任何国家和企业都不能独善其身。在追求经济绩效和股东价值的资本市场推动下，世界范围内出现放松劳动力市场管制从而更加自由的趋势。然而当很多人认为各国会“殊途同归”之时，我们却通过大众汽车的案例发现事实并不是如此。各国对全球化的反应可能需要进行区分，即自由市场经济国家的普遍放松管制和协调市场经济国家的有限转变。德国作为协调市场经济国家的代表，经济全球化与传统共同决策制度的矛盾张力不断凸显，德国过去产业关系高度集权统一的格局被打破，呈现分散化的趋势。劳方权力不断在向资方妥协的同时，也不断下沉到工作场所，并不断助推职工委员会的主体性和权力性，形成更多企业级的集体协商成果，这也是大众汽车职工委员会重要性体现的宏观背景。但即便共同决策制度受到冲击，传统的产业工会体制以及监事会劳资各半的代表结构依然是底线保障，就业保障与企业发展同等重要的内核没有变化，德国共同决策制度的发展是传统结构的灵活化，而不是以新的美国结构予以替代。

大众汽车在这种有限转变中，一方面，需要面对不断增大的全球化竞争压力，在经营绩效和劳动生产率方面提出了更高的要求，并通过全球生产基地的布局来寻求降低成本；另一方面，大众汽车依然从共同决策制度的制度中获取竞争优势，没有为了降低工资成本而放弃。大众汽车基于共同决策制度基础上的劳资合作传统以及深度，已经成为其独特的竞争优势。无所不在以及无所不能的职工委员会，生产领域深度合作的“大众之道”，监事会以及产业工会在就业保障方面提供的战略执行能力，这些都形成了有效的激励制度，解决了企业信息不对称、敲竹杠、逆向选择以及团队合作生产等组织难题，在劳资之间形成了信任关系，在主要利益群体间形成了网络关系，促进了战略的长期性和可持续性，也创造了大众汽车的“百年基业”。

在新自由经济大行其道之时，大众汽车共同决策制度不应当只是个例，希望有更多企业能够从大众汽车共同决策制度的发展历程和结果成效中汲取营养：不是学习如何把劳动力当作“轻”资产来抛除，而是把劳动力当作企业“重资产”，当作长期战略合作伙伴，当作重要的战略推动要素，通过在企业治理结构中形成劳资制衡，强调工人代表的协商谈判和对话机制，增进生产领域劳资合作的专业化能力，在保障工人长期利益的同时，促进企业自身长期可持续性发展。虽然这使得资方的持股成本有所提高，但却实现了企业整体能力和竞争优势的增加，并最终将转化为坚实的产业竞争力。

附　录

附录 1：大众汽车历史阶段划分表

主要阶段	第一阶段：1945—1965 年，经济共决		第二阶段：1966—2005 年，政策共决			第三阶段：2005—2008 年，过渡期	第四阶段：2009 年至今，战略共决
具体阶段	福利共决 1945—1949 年	收入共决 1950—1965 年	就业危机 1966—1975 年	新技术 1976—1992 年	全球化 1993—2005 年		2009 年至今，电动化与数据化转型
大众面临的挑战	1. 战后百废待兴 2. 由战时军备企业向民用企业转型 3. 内部各方势力的矛盾激烈	战后资本主义黄金时期，德国经济快速发展与扩张	1. 石油危机、布雷顿森林体系崩溃、日本汽车制造业的兴起导致经济衰退，增长停滞 2. 福特制生产模式与管理方式僵化	1. 个性化生产需要 2. 生产流程再造	1. 全球化深入发展 2. 海外生产基地已具备统一基准，工厂间竞争加剧 3. 产能扩张与市场需求脱节造成 1993 年的亏损	利润率陷入疲软	1. 柴油门危机与环保压力 2. 数字化与电动化趋势，新能源汽车与自动驾驶技术 3. 共享经济与移动出行新业态的发展 4. 国际产能分配矛盾突出

续表

主要阶段	第一阶段：1945—1965 年，经济共决		第二阶段：1966—2005 年，政策共决			第三阶段：2005—2008 年，过渡期	第四阶段：2009 年至今，战略共决
					4. 全球化市场对专业化分工和生产灵活性的要求更高 5. 内部生产流程与组织结构弊病亟待改革		5. 员工结构变化，白领雇员、灵活雇员比重增加
公司战略	1. 呼吁具备高度社会整合功能的企业内部角色 2. 倡导劳资双方合作	1. 福特式大规模生产 2. 单一产品化战略 3. 迅猛开拓国际市场 4. 降低政府与行业等外部势力影响	1. 紧缩战略 2. 雇员利益让步于企业生存（产能削减、薪酬下调和人员撤裁）	1. 自动化生产线的引入 2. 生产国际化战略的强化（大量海外生产基地的建立）	1. 整合全球资源 2. 重组集团生产网络	成本缩减战略，全力以赴计划	1. 数字化灵活生产战略 2. 产量增长战略 3. 电动化战略 4. 利润与市值增长战略

续表

主要阶段	第一阶段：1945—1965年，经济共决		第二阶段：1966—2005年，政策共决			第三阶段：2005—2008年，过渡期	第四阶段：2009年至今，战略共决
		5. 推行企业内部集体合同					
职工委员会的创新应对措施	1. 匮乏时期福利性物资的筹备与分配 2. 为重建提供组织支持与协调作用	1. 与工会联手将企业利润增长转化为员工待遇的实质性提高 2. 积极参与薪酬分配	1. 参与就业政策制定，以确保就业岗位为工作重点 2. 限制与降低裁员造成的不良社会影响 3. 平衡各生产基地利益	1. 以一系列工作场所规定减少技术变革对就业和员工福利的影响 2. 致力于企业竞争力的提升	1. 以一系列项目与措施保障就业 2. 明确职工委员会对企业利益和竞争力提升存在责任 3. 扩大共同决策权至生产采购政策领域 4. 跨国利益代表机构的设立	开展三轮谈判以寻找裁员的替代性解决方案	1. 利用企业的增长期为员工争取经济利益 2. 劳务用工的处理成为工作内容之一 3. 协调国际间生产基地的利益 4. 整合内部层级，革新利益代表的工作方式 5. 对企业战略

续表

主要阶段	第一阶段：1945—1965年，经济共决		第二阶段：1966—2005年，政策共决			第三阶段：2005—2008年，过渡期	第四阶段：2009年至今，战略共决
							发展的考虑成为影响共决的重要因素
标志性成果	1.1945年首个民主选举的职工委员会成立 2.1947年《工作条例》颁布	每周40小时的全额工资补偿	与企业联合制定“中线”人事政策，兼顾职工保障和企业发展	自动化下新的工作时间政策，关注工资差异，如何缓冲与技术改进有关的降职和减员对员工造成的影响	1.1992年欧洲集团职工委员会成立，1998年全球集团职工委员会成立 2.1993年集体合同 3.Autovision项目 4.1993年生产基地与就业保障研讨会	1.2005年“职工委员会对话” 2.2006年未来集体合同 3.2006年“大众之道”	1.多份全球框架协议（GRV） 2.2016年“未来协议” 3.2019年数字化转型路线图

续表

主要阶段	第一阶段：1945—1965年，经济共决		第二阶段：1966—2005年，政策共决			第三阶段：2005—2008年，过渡期	第四阶段：2009年至今，战略共决
					5.1994年采购协议 6.2001年“汽车5000”项目 7.2004年降薪集体合同		

附录 2：大众汽车共同决策主要历史事件图

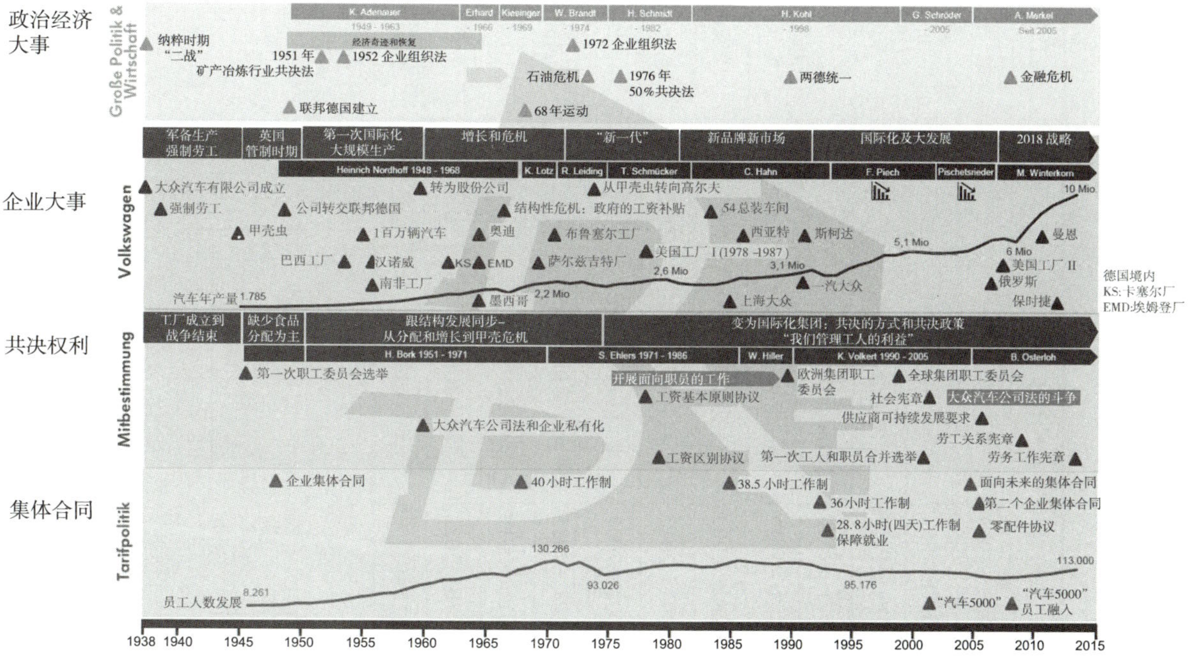

附录 3：大众集团 CEO 和职工委员会主席任职情况

年份	总经理	年代	职工委员会主席
1945—1948	Ivan Hirst[①]	/	/
1948—1968	Heinrich Nordhoff	1951—1971	Hugo Bork
1968—1971	Kurt Lotz		
1971—1975	Rudolf Leiding	1971—1986	Siegfried Ehlers
1975—1982	Toni Schmücker		
1982—1993	Carl H. Hahn	1986—1990	Walter Hiller
1993—2002	Ferdinand Piëch	1990—2005	Klaus Volkert
2002—2007	Bernd Pischetsrieder	2005—2021	Bernd Osterloh
2007—2015	Martin Winterkorn		
2015—2018	Matthias Müller		
2018—2022	Herbert Diess	2021 年至今	Daniela Cavallo (Mrs.)
2022 年至今	Oliver Blume		

① 伊万的头衔当时并不叫总经理，而是被称为英军驻德高级官员（Senior Resident Officer of the British Military Government）。

后 记

对大众的最初印象与大多数国人一样，通过遍布街道的桑塔纳等汽车知道大众是个德国汽车品牌，有着很长的历史。这种仅仅停留在品牌营销层面的认知，在2016年3月的一次会谈上有了改变。经过友人的联系，时任大众汽车（中国）投资有限公司人力资源部总监陈彤先生陪同大众汽车集团职工委员会的林靖先生来访，在这个本是有关中国劳动关系状况的交谈过程中，我初步了解了大众的历史，并对大众劳动关系架构有了基本认识。不同于印象中国外工会与企业呈现的剑拔弩张，大众汽车能处处体现劳资和谐，职工委员会与企业能够精诚合作、相互支持，尤其代表人力资源的陈彤先生和代表工会的林靖先生在交谈过程呈现出的相互平等、尊重和亲切，给我留下了深刻印象。

后来，我多次受邀参加了大众汽车与中国投资企业工会主席的交流会，交流会上有德国本部以及中国企业的工会工作交流，虽然交流视角不同，但维护职工权益的同时促进企业健康持续发展的思维却是相同的，劳动者权益并不是被当作单边成本要素，而总是置于劳资双边战略要素来考虑。更为印象深刻的是，代表劳方的职工委员会深谙企业管理之道，像是企业管理者和运营专家，不仅能够对企业战略发展有深入理解和把握，而且还能够在详尽列举企业运营信息的基础上提出职工权益保护意见，从而使得职工权益维护与企业战略发展可以达到高层次的平衡。在这个过程中，你能深刻感受到职工委员会作为企业战略合作伙伴的角色和作用。

我们在进一步了解大众汽车何以做到职工权益与企业战略平衡发展的原因时，大众汽车的劳动关系共决制成为讨论中总被提到的中心制度，在这种劳方被赋权参与和共同决定企业涉及职工利益重大事项的管理制度中，不仅体现在企业法人治理结构中职工监事的重大权利，也体现在专业化、规模化的职工委员会运行体系中，更体现在企业与职工委员无所不在、无所不包的协商议题中。随着了解的深入，我们也产生了一个疑问，共决制虽然强化了基于劳动者权益基础上的横向信息交流，但是否会对以科层制为中心的纵向企业管理造成效率影响，劳动力成本要素又是如何通过共决制成为推动大众汽车发展的战略性要素。

在大众汽车（中国）投资有限公司的支持下，我们召集国内劳动关系研究领域知名青年学者开始对这个议题进行研究。由于受到新冠疫情的影响，研究的过程非常曲折，但在各方面的支持下，最终形成《大众之道：经济、政策与战略的劳资共决》这本书。本书分为五个部分，第一部分由中国劳动关系学院法学院丁晥婧博士负责，第二部分由中国劳动和社会保障科学研究院涂伟博士负责，第三部分由中国劳动关系学院劳动关系与人力资源学院岳玲副教授负责，第四部分由中国劳动关系学院工会学院汪鑫博士负责，第五部分由我本人负责，并统阅全书。

在此过程中，感谢大众汽车品牌总职工委员会秘书长马库斯·比伯，他大力支持和关心项目的研究，给予我们重要的指导，给予我们持续的信任。感谢大众汽车集团（中国）人力资源、组织及信息技术流程执行副总裁傅勤彦，正是在他的积极推进和支持下，这个项目的落地和完成都进展顺利。感谢大众汽车（中国）投资有限公司人力资源部总监陈彤，他增进了我们对汽车行业的理解，并为项目的开展保驾护航，他代表了国际一流企业职业经理人的风范。感谢林靖先生，他是项目具体联络人，他深广的知识体系、坚韧的责任态度、专业的语言能力，为项目的开展提供了基本保障。

在研究过程中，感谢时任大众汽车集团国际人事部亚太区负责人黄玉寅先生，他是当年上汽大众的人力资源总监，为我们分享了很多关于上汽大众的经验做法以及中德跨文化管理的洞见。感谢来自德国大众方面职工委员会、企业方、工会方以及学者的帮助，他们分别是时任：大众汽车集团职工委员会主席 Daniela Cavallo，大众汽车集团欧洲及全球职工委员会秘书长 Dariusz Dabrowski，奥迪集团职工委员会主席 Peter Mosch，大众汽车集团职工委员会专业助理 Thomas Nikiel-Bloch，奥迪集团职工委员会专业助理 Sabine Kiefer，大众汽车集团沃尔夫斯堡工厂职工委员会常务委员 Gerardo Scarpino 和 Jürgen Hildebrandt，大众汽车集团青年委员会 Adriana Gilbo、Gianna Leo 和 Lukas Ullrich；五金工业工会总部常务委员会 Conny Schönhardt，五金工业工会总部国际部 Romy Siegert，五金工业工会狼堡分会主席 Flavio Benites，国际工业联盟 Georg Leutert；大众汽车集团人事部劳动关系部门负责人 Katja Baumunk，大众汽车集团历史档案室 Dr. Dieter Landenberger，大众汽车集团沃尔夫斯堡工厂生产管理部门 Christoph Harland-Juhl，大众汽车集团人事部战略和创新部门 Thymian Bussermer；杜伊斯堡大学社会学系工作和培训研究所教授 Thomas Haipeter，埃尔朗根 / 纽伦堡大学教授 Sabine Pfeiffer。

在研究过程中，感谢来自大众汽车（中国）投资有限公司以及一汽 – 大众、上汽大众的帮助，他们分别是时任大众汽车集团（中国）工会主席刘云峰，一汽 – 大众工会主席刘延昌，上汽大众工会主席华恩德；一汽 – 大众人力资源部总监李松梅、人力资源业务伙伴部部长赵艳辉，一汽 – 大众党群工作部工会主管于波，一汽 – 大众学院部长陈昊，一汽 – 大众动力总成事业部蔡坤，一汽 – 大众长春生产部高启政、张爱敏和金涛；大众天津自动变速器公司工会主席王本学。

本项目获得大众汽车集团及大众汽车（中国）投资有限公司的内容支持及经费资助，在此对提供帮助和支持的各位同事、朋友表示诚挚感谢。

闻效仪

2024 年 4 月

图书在版编目（CIP）数据

大众之道：经济、政策与战略的劳资共决 / 闻效仪等著. —北京：
中国工人出版社，2023.10
ISBN 978-7-5008-8293-0

Ⅰ. ①大… Ⅱ. ①闻… Ⅲ. ①汽车企业—工业企业管理—研究
Ⅳ. ①F407.471.6

中国国家版本馆CIP数据核字（2023）第200748号

大众之道：经济、政策与战略的劳资共决

出 版 人	董　宽
责任编辑	罗荣波　王晨轩
责任校对	张　彦
责任印制	栾征宇
出版发行	中国工人出版社
地　　址	北京市东城区鼓楼外大街45号　邮编：100120
网　　址	http://www.wp-china.com
电　　话	（010）62005043（总编室） （010）62005039（印制管理中心） （010）62382916（工会与劳动关系分社）
发行热线	（010）82029051　62383056
经　　销	各地书店
印　　刷	北京市密东印刷有限公司
开　　本	880毫米×1230毫米　1/32
印　　张	9.875
字　　数	200千字
版　　次	2024年5月第1版　2024年5月第1次印刷
定　　价	48.00元